新时代科技企业思政工作发展建设研究

李杰 著

吉林大学出版社

·长春·

图书在版编目（CIP）数据

新时代科技企业思政工作发展建设研究 / 李杰著 . --

长春 : 吉林大学出版社 , 2022.8

ISBN 978-7-5768-0928-2

Ⅰ. ①新… Ⅱ. ①李… Ⅲ. ①企业－思想政治教育－

研究－中国 Ⅳ. ① D412.62

中国版本图书馆 CIP 数据核字（2022）第 200251 号

书　　名　新时代科技企业思政工作发展建设研究
　　　　　XINSHIDAI KEJI QIYE SIZHENG GONGZUO FAZHAN JIANSHE YANJIU

作　　者　李杰
策划编辑　矫正
责任编辑　郭湘怡
责任校对　李潇潇
装帧设计　久利图文
出版发行　吉林大学出版社
社　　址　长春市人民大街 4059 号
邮政编码　130021
发行电话　0431-89580028/29/21
网　　址　http://www.jlup.com.cn
电子邮箱　jldxcbs@sina.com
印　　刷　天津和萱印刷有限公司
开　　本　787mm×1092mm　1/16
印　　张　13.5
字　　数　200 千字
版　　次　2023年6月　第 1 版
印　　次　2023年6月　第 1 次
书　　号　ISBN 978-7-5768-0928-2
定　　价　78.00 元

前　言

改革开放以来，随着以经济建设为中心的发展战略的确立，各行各业抓经济的意识深入人心，反映在企业中，就是只重视硬经济指标，而忽视软环境的作用，这使得思想政治工作在企业的地位有所削弱。近年来，随着对国外企业成功经验的借鉴和企业运行规律认识的深化，人们又开始重视企业的软环境建设。但是，从国外企业借鉴来的、与现代经营理念相适应的软环境经常是企业伦理、企业文化或者是人力资源管理等概念，这些概念与中国传统的思想政治工作若即若离。具体到国有企业中，如何在坚持传统思想政治工作优势和特色的同时引进现代企业建设理念，处理好思想政治工作和其他各项工作的关系，成为摆在企业经营者和思想政治工作者面前的一项课题。

从国有企业自身的实践来看，不同企业对思想政治工作的运用和贯彻不尽相同，参差不齐。有的企业能够将企业自身特点融入思想政治工作的规律中，结合企业文化、企业伦理等观念，探索出一些创新性的做法；有的企业则将思想政治工作机械地分解为若干硬性指标，为了完成硬指标而去进行思想政治工作的简单说教；还有一些企业在进行企业党建、企业文化、企业伦理等方面的建设时，忽视了思想政治工作，将思想政治工作视为可有可无的摆设，把思想政治工作置于"说起来重要，做起来次要，忙起来不要"的尴尬境地。

如何发扬党在企业抓思想政治工作的优良传统，发挥思想政治工作在企业发展中的"生命线"作用，在新的条件下再次赋予思想政治工作强大的生命力、战斗力，成为一项重要任务。

2015年9月，中共中央办公厅印发的《关于在深化国有企业改革中坚持党的领导加强党的建设的若干意见》中指出，坚持党的领导，是中国特色社会主义最本质的特征，也是国有企业的独特优势。在协调推进"四个全面"战略布局的伟大进程中，必须毫不动摇坚持党对国有企业的领导，毫不动摇加强国有企业党的建设。① 因此，在国有企业思想政治工作的开展中，要坚定不移地落实党的领导，充分发挥党组织的领导核心作用、党支部的战斗堡垒作用和党员的先锋模范作用，坚持党的建设与国有企业改革同步谋划。国有企业思想政治工作作为中国特色社会主义经济工作和其他一切工作的生命线，为推动国有企业深化改革与谋求更好的发展提供了强大思想保障和精神动力。新时代下，中国特色社会主义事业发展要取得更加卓越的成效，离不开国有企业经济工作的不断发展和壮大，而国有企业经济工作的发展壮大，一刻也不能离开思想政治工作这一保障条件的创新与优化。

2017 年 10 月，中国共产党第十九次全国代表大会在北京召开，会议明确指出："中国特色社会主义进入新时代，我国社会主要矛盾已经转化为人民日益增长的美好生活需要和不平衡不充分的发展之间的矛盾。"② 在新时代的背景下，我国社会主要矛盾发生了变化，为国有企业思想政治工作提出了新要求。2018 年 8 月，习近平在全国宣传思想工作会议上强调，新形势下的宣传思想工作必须以新时代中国特色社会主义思想和党的十九大精神为指导，增强"四个意识"和坚定"四个自信"，自觉承担起"举旗帜、聚民心、育新人、兴文化、展形象的新使命"③。因此，在新时代下，国有企业思想政治工作不但没有失去必要性，而且比以往更加具有紧迫性和长期性。

在我国，无论是国有企业还是民营企业，使用科学管理、推进企业思想政治教育的创新发展，以思想政治教育引领和推进企业文化建设，已然成为优化企业管理、提升企业经济与社会效益，实现企业生存与发展的现实意义。而科技型企业的企业特征和其他类型企业相比，具有一定的思政

① 中办印发《关于在深化国有企业改革中坚持党的领导加强党的建设的若干意见》[N]. 人民日报，2015-09-21.

② 习近平. 决胜全面建成小康社会 夺取新时代中国特色社会主义伟大胜利——在中国共产党第十九次全国人民代表大会上的报告 [M]. 北京：人民出版社，2017：10-11.

③ 习近平在全国宣传思想工作会议上强调：举旗帜聚民心育新人兴文化展形象 更好完成新形势下宣传思想工作使命任务 [N]. 光明日报，2018-08-23.

工作开展优势，创造高素质员工队伍，也是保证科技型企业长久发展的必然选择。

科技型企业通常指的是产品技术水平高、科技含量高的企业，具备较强的核心竞争力，对于社会的发展有着突出的贡献。在我国的科技型企业中，很多是各级政府单位附属的行政事业单位的研究机构转化为特殊形态而存在的企业。科技性企业具备非常明显的特性，比如人力资源是第一资源，属于无形资产，也是科技型企业最重要的资源，其管理模式和要求与其他的一般企业存在明显的区别。

在我国，科技型企业是在改革开放以来，特别是在 20 世纪 80 年代中期科技体制改革逐步深入的大环境下逐步发展壮大起来的，并在 80 年代中后期得到快速增长。科技型企业是创新驱动发展战略的主力军，其更应该健康、快速地领跑经济。科技型企业在活跃市场、扩大就业、技术进步、产业结构调整、经济增长和社会稳定等方面发挥着愈来愈重要的作用。国际经验显示，科技型企业在社会经济发展中起着极为重要的效用。在竞争激烈的国际大环境中，科技型企业要想获得发展，亟须主动积极地增强其核心竞争力，而核心竞争力的关键是人——科技型企业的员工。[①] 因此，科技型企业对员工也提出了极大的挑战。科技型企业的骨干是知识型员工，他们专业知识丰富、学术水平较高、综合素质较强，是推动创新发展的重要力量；他们独立性、思考性特点突出，对各类问题和现象有比较独到的认识和见解，敢于挑战传统观念和认识；价值观呈现出多元化的特点，在面对同一个问题时有着独特的认识与看法，在思想政治水平上的表现也参差不齐。有些员工过分追求自我价值，存在浮躁心态，急功近利，缺乏恒心和吃苦耐劳精神；强调自我，缺乏团结协作精神；不能脚踏实地地开展各项工作，没有投入先进技术的研发中；等等。这些因素也使思想政治工作的难度更大、要求更高。因此，在新时代背景下必须进一步加强科技企业思想政治工作，针对科技企业思想政治工作存在的问题，探索行之有效的改进和优化措施，切实强化科技企业思想政治工作的精神引领作用，有效提升科技企业整体管理水平，促进科技企业和谐健康发展，保持强大的

---

① 金鑫. 科技型企业核心员工离职现状与离职特征分析[J]. 企业技术开发(学术版)，2015(02)：8-15.

市场竞争力和进一步发展的旺盛的生命力。由此而言，在新时代背景下，深入开展科技企业思想政治工作的系统研究，是新时代中国特色社会主义现代化建设的伟大实践赋予我们的一个极具挑战性的时代课题。

本书从企业思想政治工作的内涵与特征切入，梳理改革开放以来国有企业思政工作取得的成就；阐述新时代加强科技型企业思想工作的必要性，以及新时代科技型企业思政工作发展建设面临的新机遇与新挑战。以马克思主义关于思想政治工作的基本理论、中华优秀传统文化和西方企业政治文化思想、中国共产党人关于国有企业思想政治工作思想作为新时代科技型企业思政工作发展建设的理论基础加以详细阐述。以 Z 科技有限公司为例，分析新时代科技型企业思政工作的现状，深入剖析存在的问题及成因。探讨新时代科技企业思政工作与企业文化建设的融合发展，并选取国内外优秀科技企业，如国外的美国微软公司和日本松下集团，中国的华为、中天科技集团、南京中网、金天科技集团、株洲时代新材料科技股份有限公司等企业文化建设与思政工作实践的成功案例，分析其成功经验，为我国科技企业思政工作发展建设提供借鉴参考。在此基础上，从创新科技企业思政工作理念、完善科技企业思政工作内容体系、加强思政工作队伍建设、精准满足职工发展的需要等方面入手，以点及面，有针对性地提出具有实际可行性的科技企业思政工作的对策路径，并在分析互联网环境下科技企业思政工作的特征和面临的机遇与挑战的基础上，提出新媒体在科技企业思政工作发展建设中的应用策略。以此为我国新时代下科技企业思政工作的整体发展建设提供帮助。

由于笔者能力有限，虽然尽力对新时代科技企业思想政治工作的开展建设做出一些比较有意义的研究，得出一些比较有价值的结论，但是科技企业思想政治工作中存在的问题、导致问题的原因及优化对策都具有特殊性、复杂性和长期性，本书仍旧存在许多不足。如果以后有机会，笔者会尽可能运用思想政治教育相关专业知识、采用多种研究方法进行更深入的调查研究，并提出更多具体的、有可操作性的建议，同时期盼学术界的各位专家能够在该方面有更多更有价值的研究成果。

目 录

第一章　新时代科技企业思政工作
发展建设概述

习近平在全国国有企业党建工作会议上强调，让思想政治工作成为企业组织的重要基础工作，同时将企业在经营过程中产生的问题结合起来考虑，以此确保企业的发展道路平坦，在企业工作的职工能够讲道理，办实事。企业的思政工作情况和运营情况与企业员工的思想政治工作情况有直接联系，尤其是在人才聚集的科技型企业，企业干部需要依托党组织的领导，引领员工做好相应的思政工作，努力激发员工的工作积极性，确保员工形成统一健康的三观，进而确保企业的长久发展。

本章从企业思想政治工作的内涵与特征切入，梳理改革开放以来国有企业思政工作取得的成就；界定科技型企业的概念并从科技型企业核心竞争力的视角归纳科技型企业的特征；在此基础上阐述新时代加强科技型企业思想工作的必要性，以及新时代科技型企业思政工作发展建设面临的新机遇与新挑战。

一、企业思想政治工作相关概述

企业思想政治工作，从地位上讲是国企经济工作和其他一切工作的"生命线"，从结构上讲是团结干部职工实现国企各项任务的"中心环节"，从历史经验与现实诉求讲是党在企业的"政治优势"。这是因为，企业思想政治工作是党的思想政治工作的重要组成部分，是党对企业进行思想领导、政治领导的基本途径、基本实现方式，是党在企业中的意识形态实践活动。在执政党意识形态的意义上，企业思想政治工作带有执政党"外赋权威的性质"①。企业思想政治工作包括政治工作、思想工作、思想政治教育工作，"是政治工作中的思想性部分和思想性工作中政治性部分的总和"②，也包括了"思想管理、思想交往等一般形式"③。企业发展赋予企业思想政治工作光荣而艰巨的使命，吁请企业思想政治工作教育引导职工、启发职工觉悟、团结带领职工谱写崭新的篇章。

（一）思想政治工作的内涵

从一般意义上讲，思想政治工作是指无产阶级及其政党在进行无产阶级革命和社会主义建设的过程中，为了引导和促进人们认同、掌握马克思主义的理论、政治取向、政策主张而进行的宣传、动员、教育等方面的工作及其科学的理论。通常而言，我们所提到的思想政治工作就是指中国共产党的思想政治工作。与思想政治工作的一般性含义相对，中国共产党所开展的思想政治工作是指中国共产党在领导人民群众进行无产阶级革命和社会主义建设及改革的过程中，用马克思主义理论及其中国化的最新成果来武装全党和全国人民的头脑，引导人民理解及把握我国革命、建设和改革的基本理论、基本路线、基本纲领、基本经验和各种重大方针政策，增强人民群众投身革命、建设和改革伟大事业的积极性、主动性和创造性，使人民群众能够更好地发挥推进社会进步作用而进行的政治动员、理论宣传、思想教育等方面工作。由此可知，思想政治工作具有以下三个内涵：思想政治工作是党的工作的重要组成部分，思想政治工作的对象是广大党员和人民群众，思想政治工作的首要内容是对马克思主义理论及其中国化的最新成果的宣传与教育。

（二）企业思想政治工作的内涵

关于企业的思想政治工作的概念，通常指企业的政工工作，即企业的党建工作，其中既包括思想工作，也包括政治工作。思想工作主要指一定的阶级、政党和团体帮助人们树立与社会发展相一致的思想，改变偏离社

---

① 朱耀斌. 新时期国有企业思想政治工作研究：一个历史与逻辑分析的视角 [M]. 广州：世界图书出版公司，2013：2.

② 张耀灿，郑永廷等. 现代思想政治教育学 [M]. 北京：人民出版社，2006：50.

③ 余仰涛. 思想政治学研究方法论 [M]. 武汉：武汉大学出版社，2006：69.

会发展要求的思想导致的行为活动。其目的在于使人们的思想更加符合切近客观实际，以便于更好地去改造主观世界。思想工作的主要内容包括党的宣传教育和转化工作、系统的思想政治教育、日常的思想政治教育，以及思想转化工作等。政治工作指一定的阶级、政党和团体为了实现自身的纲领及根本任务所进行的行为活动，常见形式有阶级斗争、政权建设、党的思想和组织建设等。具体内容大体可以分为四个方面：协调处理内部关系的工作和制定政策、计划、规章制度等工作；组织实施政治任务的工作；党务相关工作，如党的宣传、组织、党办、纪检和统战工作等；最后是群众工作。

但思想政治工作不同于思想工作和政治工作，可以将思想工作和政治工作的角色理解为两者共同组成了思想政治工作，缺一不可。思想政治工作是政治工作中的思想性部分，主要是指政治工作中政治动员、理论宣传和思想教育等方面。同时，思想政治工作也是思想工作中的政治性部分，主要涵盖了思想工作中的政治动员、理论宣传和思想教育等方面的工作。党的十九大以来，在新形势下开展思想政治工作一定要切实做到围绕中心、服务大局这一基本原则，时刻坚决贯彻践行政治意识、大局意识、核心意识、看齐意识的"四个意识"。

（三）企业思想政治工作的特点

第一，思想政治工作具有政治性。企业思想政治工作政治性鲜明，坚持中国共产党的领导，高举中国特色社会主义思想伟大旗帜，坚定不移地坚持走中国特色社会主义道路。企业的思想政治工作必须坚持意识形态主阵地。上层建筑及意识形态领域都是思想政治工作的服务对象，一定阶级或政党从本阶级或其代表阶级的利益出发，借助思想政治工作这一工具进行宣传、动员和教育等工作。大型企业中的思想政治工作其政治性的特点可以有力地保障党和国家的政策方针落实到位，在关乎国民经济的领域中与党中央的步调相一致。

第二，思想政治工作具有科学性。企业思想政治工作以马克思主义理论为指导，以社会主义核心价值体系为引领，以其高度的科学理论体系和方法论为根本遵循，因此能够保持长久生命力。其科学性体现为指导思想与实施方法的科学性，思想政治工作是以马克思主义为基础的科学，而马克思主义是科学的世界观与方法论，因而思想政治工作具有科学性。企业开展思想政治工作以科学的世界观和方法论为指引，在企业发展的关键期与重大节点上能给予科学的指导，帮助企业健康良性地经营发展。

第三，思想政治工作具有群众性。开展思想政治工作的本质就是群众性工作，这一特性是由中国共产党的性质所先天决定的。江泽民曾指出："党的思想政治工作本质上是群众工作，是宣传群众、教育群众、引导群众、提高群众的工作，因此必须坚持走群众路线。各级领导干部一定要牢固树立群众观点，带着对人民群众的深厚感情去做思想政治工作，老老实实向人民群众学习，诚心诚意为人民群众服务。"[1] 企业思想政治工作的对象主要是其员工队伍，有效开展思想政治工作可以为企业经营打下坚实的群众基础，在人力资源方面更好地保障企业生产运转。

第四，思想政治工作具有实践性。企业思想政治工作与企业文化建设密切相连，是企业发展的重要实践性环节。思想政治工作只有在实践中开展并接受实践的检验，才能做到不断丰富自身理论体系，不断提升开展工作的水平。思想政治工作源于社会实践，是社会实践的产物，其出发点也是实践。思想政治工作的开展进行是否真正有效只能依靠实践对其进行检验。企业组织思想政治工作的目的是更高效地进行生产经营的实践活动，国有企业，尤其是科技型国有企业，因为其重要的行业地位，必须依靠思想政治工作实践性的特点在国民经济发展中起到保驾护航的重要作用。

（四）企业开展思想政治工作的作用

在党的十九大修改后的新党章中明确指出，国有企业党委（党组）发挥领导作用，把方向、管大局、保落实，依照规定讨论和决定企业重大事项。国有企业和集体企业中党的基层组织，围绕企业生产经营开展工作。企业在建设、生产、发展和改革等诸多重要环节中，除了遵循已有的成熟的市场经济体系及商业规律，还必须依靠思想政治工作这个强大的武器，在实践中充分发挥思想政治工作不可替代的重要作用。思想政治工作在实践中所表现出的作用主要如下。

---

① 江泽民. 江泽民文选（第三卷）[M]. 北京：人民出版社，2006：95.

第一，教育作用是思想政治工作的基本作用。企业运用多种形式开展思想政治工作可以有效地转化企业员工的思想观念，帮助企业成员纠正错误的思想，进而树立正确的世界观、人生观和价值观，帮助其形成良性健康的职业道德素养，做到自觉为企业贡献力量、创造价值。同时，企业通过开展有效的思想政治工作能够激发员工的内在潜能，最大限度地调动企业员工的积极性、主动性和创造性。企业以日常生产经营性活动及其他事务性工作为基础，结合思想政治转化与潜能开发，可以起到进一步激发员工创新性思维的效果，促进整个企业职工队伍的全面发展，使企业的运转充满活力，使员工的积极性、主动性和创造性向业务工作转化，进而为企业创造更大的价值，为社会创造更多的物质财富。

第二，企业开展思想政治工作可以起到导向作用。导向作用体现在按照党的宗旨、纲领、路线、方针、政策的要求，通过政治动员、理论宣传和思想教育等手段，影响或改变企业员工对于某些问题的观点和态度，使其能够自觉认识到自己的根本利益并为实现党和国家、社会和企业的发展目标而奋斗。这种作用在大型国有企业中尤为明显。在实施改革开放和社会主义市场经济的进程中，难免有一些资本主义的腐化思想对国有企业员工队伍进行腐蚀，加之大型国有企业通常处于关乎国家经济命脉的重要行业和领域。及时有效地通过开展思想政治工作，发挥导向作用，可以将员工的思想价值观点引领到正确的轨道上来，进而保证党的路线方针政策得到科学的贯彻执行，保证企业的经济安全职责和社会保障责任能够得到行使和发挥。其中，导向作用具体体现在理想信念导向、奋斗目标导向及行为规范导向上。企业通过开展思想政治工作，为自身的广大员工队伍发挥正确的示范引领作用，为广大干部员工队伍的建设提供了一盏指路的明灯。

第三，思想政治工作的开展有利于在员工队伍中发挥协调作用。其具体表现在以下三方面。一是协调了企业员工间的利益矛盾。我国广大人民群众的根本利益是一致的，但不可否认的是人与人之间的利益矛盾却又是客观存在的。这种矛盾既要通过收入分配的方式进行调节，也需要通过开展思想政治工作进行协调。通过企业内部开展座谈交流的形式，广泛征集广大员工的建议意见，可以及时了解员工的思想动态和情绪问题，随之消除彼此间的误会与不满情绪，最终达成共识。二是协调了员工队伍中的人际关系。企业中各部门分担不同的生产经营任务，各项工作的开展需要其他部门的支持。而在业务工作的交流中难免会掺杂个人主观情感，不良情绪或误会的存在会影响到领导干部间、员工间及干部群众间的人际关系健康化。开展形式多样的思想政治工作，可以使广大干部、群众队伍进一步加深了解，通过多种形式的活动也可以释放员工队伍紧张的情绪，平复心情，以更好的精神状态投入工作当中。三是思想政治工作可以协调员工的心理状态。心理状态是指人们的心理活动在某一短暂时间内的相对稳定性。尤其是大型国有企业往往肩负着保卫国家经济安全和民生稳定的重要生产任务，国有企业的员工在这种工作环境下长此以往地进行高强度工作，其精神心理均一直处于紧绷的状态，容易引发因心理原因导致的消极行为。因此，开展思想政治工作可以帮助员工正确认识问题、分析原因，进而克服不良心理状态给自身带来的消极影响。在对主观世界进行纠正的同时也降低了客观实践活动出现偏差的风险。最终达到维护企业安全有序生产经营、保障国民经济健康有序运转的目的。

第四，企业需要通过思想政治工作起到凝聚作用。江泽民曾指出，在新的形势下加强思想政治教育工作，是建设有中国特色社会主义理论和党的基本路线的要求，是改革开放和现代化建设的要求，目的是增强党和国家的凝聚力。增强干部队伍和群众队伍的凝聚力，更好地发挥社会生产力，集中力量把国民经济搞上去。[①] 国有企业是在中国共产党的领导下进行生产建设的企业。因此，对于国有企业的员工队伍而言，就需要时刻依靠党的领导来达到凝聚的目的。在企业中有效地开展思想政治工作是我们党和国家的政治优势的体现，是我们党能够实现领导核心作用的可靠保证。除此之外，坚持将马克思主义作为行动的指南，是依靠科学的理论凝聚。企业员工队伍的达到凝聚的作用还需要依靠共同理想。一个民族的共同理想是凝聚全民族力量，推动全民族前进的强大精神力。而一个企业的员工队伍的共同理想是企业获得更好的发展，员工自身有更多的获得感与满足感。通过积极广泛地在全企业内开展思想政治工作，可以更加坚定企业员工的

---

① 江泽民，《在党的第十四届二中全会上的讲话》（第四部分），中国共产党新闻－文献资料 [EB/OL]. 中国共产党新闻，1993-03-07. http://cpc.people.com.cn/GB/64184/64186/66695/4494833.html.

理想信念，使之凝聚在这个美好发展愿景下，共同为企业和自身的持续成长积蓄力量。

第五，思想政治工作具有维持企业生产环境稳定的作用。众所周知，稳定是压倒一切的政治任务，如果没有稳定，就没有和谐人际关系氛围和企业运营基础，也就失去了发展的前提和基础。通过开展思想政治工作，能够保证企业的稳定状态，使员工队伍能够安心地从事生产建设任务；能够为企业的平稳有序发展输出价值。企业主体通过开展多种思想政治工作达到维持企业运营环境稳定的目的，同时也能够化解员工间矛盾，使之形成统一的思想认识，有利于建设更加稳定的员工队伍。思想政治工作在起到稳定作用的同时，也能更好地发挥其保证作用的特性。

二、改革开放以来国有企业思政工作取得的成就

改革开放以来，伴随着波澜壮阔的中国特色社会主义建设，国有企业的思想政治工作也经历了开拓开放、日新月异的发展，取得了巨大的成就。

（一）实现了国有企业思想政治工作的改革创新

1978年，以真理标准大讨论为契机，党掀起了一场思想解放运动，思想政治工作迎来了新的发展机遇。十一届三中全会彻底否定"以阶级斗争为纲"的错误理论和实践，把党和国家的工作中心重新转移到经济建设上来，开启了改革开放的新时期。改革开放以来，党始终把改革发展稳定作为全党全国工作的大局，思想政治工作坚持服从服务于这个大局不动摇，着力在全党全社会牢固树立发展是党执政兴国的第一要务的思想观念，增强抓住机遇、加快发展的紧迫感、责任感和使命感，增强投身改革开放和现代化建设的积极性、主动性和创造性，增强稳定压倒一切、维护安定团结的思想意识，把全党全国人民的思想、精神和力量凝聚到推动科学发展、促进社会和谐上，积极推动经济社会发展切实转入以人为本、全面协调可持续发展的轨道，实现了思想政治工作的改革和创新。实践证明，思想政治工作只有始终围绕经济建设这个中心，一切在大局下思考、在大局下谋划、在大局下行动，才能准确把握时代脉搏，充分体现时代特色，才能很好地发挥职能，履行好肩负的使命。

（二）回答了国有企业思想政治工作的目的任务

新时期的思想政治工作通过对人们进行辩证唯物主义、历史唯物主义的教育，使人们树立正确的世界观，具备更强的分析和解决问题的能力；通过引导人们积极参加各种社会实践活动，增强人们变革世界的能力，从而更自觉、更有效地从事社会主义现代化建设。

新时期国有企业思想政治工作的根本目的，就是要不断提高职工群众的思想道德素质，提高人们认识世界和改造世界的能力，促进人的全面发展，动员职工充分发挥主观能动性，积极参加和谐企业建设，为建设中国特色社会主义，最终实现共产主义而奋斗。

与思想政治工作的根本目的相一致，国有企业思想政治工作的根本任务是造就适应新时期要求的职工队伍，坚持抓好理论宣传工作，建设社会主义核心价值体系，努力消除市场经济的负面影响，培育职工的现代意识，形成积极健康的精神状态，增强人们的法制纪律观念，促使职工养成重视教育、重视科学的态度，提高职工的文化知识素养，增强建设现代企业的本领。

（三）坚持思想政治工作"生命线"的定位

长期以来，党始终把思想政治工作定位为党的其他各项工作的"生命线"。新民主主义革命时期，思想政治工作一直被置于非常重要的位置，1938 年，毛泽东在评价军队政治工作时指出："政治工作的研究有第一等的成绩，其经验之丰富，新创设之多而且好，全世界除了苏联就要算我们了……"[①]1942 年，他在审阅谭政《关于军队政治工作问题的报告》时，亲自加上"共产党领导的革命的政治工作是革命军队的生命线"一句，从此，思想政治工作"生命线"地位被突出出来。

改革开放新时期，党始终高度重视思想政治工作，明确指出思想政治工作是经济工作和其他一切工作的生命线。只有抓住思想政治工作这条"生命线"，经济建设和其他各项工作才能显示出勃勃生机。根据中央精神，国有企业思想政治工作始终牢牢把握"生命线"的定位，自觉把思想政治工作与国有企业经济建设、企业文化建设、精神文明建设等结合起来，用

---

① 毛泽东选集（第二卷）[M]. 北京：人民出版社，1991：554.

思想政治工作的特殊优势推动其他各项建设的开展，在其他各项工作的进行中加强国有企业的思想政治工作，确保党的路线方针政策在企业得到贯彻执行，保证企业发展的正确方向。改革开放以来的实践证明，国有企业思想政治工作只有始终坚持"生命线"的基本定位不动摇，企业的各项建设才能够有力推进，党的政治优势才能在企业中得到发挥。

（四）遵循规律，不断推进思想政治工作的科学化建设

改革开放以来，党遵循企业发展的一般规律，结合中国企业自身的特色和实际，创造性地把思想政治工作运用于国有企业建设中，积极探索国有企业自身的发展道路和国有企业思想政治工作的发展规律。在国有企业思想政治工作科学化的研究上，围绕国有企业思想政治工作的重大理论和现实问题，充分利用互联网和现代分析手段开展调查研究和舆情信息工作，把国有企业思想政治工作建立在企业的发展变化上，大力开展国有企业思想政治工作研究，在国有企业思想政治工作的科学化和正规化上取得重大突破，逐步实现了从经验型向科学型的转变，在理念上实现了从管理型向服务型的转变，在工作决策上实现了从根据主观愿望、根据行政指令开展工作向从实际出发、按照规律开展工作的根本转变。

国有企业自身的正规化与国有企业思想政治工作的科学化相映生辉，在国有企业思想政治工作科学化取得重大进展的同时，走出了一条符合中国国情的企业发展道路，正确的企业发展道路又推动着国有企业思想政治工作科学化进一步发展。中国特色社会主义国有企业发展道路的基本特征集中表现为：始终把国有企业的改革发展放在中国特色社会主义的整体布局中去把握，使国有企业的改革发展主动承担起完善基本经济制度的责任；始终把国有经济布局战略性调整作为提高国有企业经营质量的重要环节，通过形成国有资本有进有退、有所为有所不为的合理流动机制增强国有企业对重点行业、关键领域的控制力和带动力；始终把建立现代企业制度作为国有企业改革发展的方向，通过完善公司法人治理结构形成有利于国有经济发展壮大的制度基础；始终把坚持和完善党对国有企业的领导作为重大原则不动摇，通过加强改进企业党建思想政治工作充分调动和凝聚各方面的积极力量，为国有企业改革发展提供强有力的思想政治保证和组织保证。

（五）确立了"以人为本"的工作理念

改革开放以来，党牢牢坚持为人民服务的宗旨，始终把实现好、维护好、发展好人民群众的根本利益作为一切工作的出发点和归宿，思想政治工作根据党的宗旨确立了以人为本的工作理念。

邓小平根据改革开放以来社会发展和广大人民群众的思想实际，指出思想政治工作应该以培养有理想、有道德、有文化、有纪律的"四有"公民为目标，着力提高人民的思想道德素质和科学文化素质；江泽民指出，思想政治工作应着眼于人民素质的提高，努力实现人民思想和精神生活的全面发展，把人民要求的满足作为思想政治工作的着力点，并且强调思想政治工作要"以科学的理论武装人，以正确的舆论引导人，以高尚的精神塑造人，以优秀的作品鼓舞人"，从理论武装、舆论导向、精神塑造和文化激励等方面为人的素质提高服务；21世纪，胡锦涛明确提出了"以人为本"的理念，指出思想政治工作应围绕人的素质提高和全面发展服务，在这一精神的指导下，国有企业不断深化对人的理解，充分肯定企业职工群众的作用，更加重视人的价值，既教育职工群众、引导职工群众、鼓舞职工群众，又尊重职工群众、理解职工群众、关心职工群众，努力提高职工群众的思想政治素质、科学文化素质、健康素质和心理素质，促进职工群众的全面发展。新时代国有企业高质量发展，人事、劳动和分配制度日趋健全，治理体系更加完备。以习近平同志为代表的中国共产党人就国有企业思想政治工作领导体制、运行机制、方式载体提出了思路，明确了举措。习近平认为，要把思想政治工作作为企业党组织一项经常性、基础性工作来抓。[①]在2016年召开的国有企业党建工作会议上，习近平提出了"四个坚持"，点明了加强国有企业党建工作的总体要求。

改革开放以来，正是坚持以人为本，坚持为了群众、服务群众的方向，才解决了国有企业发展的依靠力量和目标归宿问题，才使国有企业的发展取得了举世瞩目的成就。

---

① 习近平在全国国有企业党的建设工作会议上强调：坚持党对国有企业的领导不动摇 开创国有企业党的建设新局面 [N]. 人民日报，2016-10-12

（六）确定了思想政治工作在改革中深化、创新的发展思路

改革开放初期，伴随着国门的打开，国外的思维方式和思想观点进入国内，国内封建思想的残余也随着环境的变化而有所萌动，针对这一现实，邓小平强调，一定要把思想政治工作放在重要位置，牢牢坚持，不可放松，他告诫全党，在工作重心转移到经济建设上之后，要研究如何在改革开放的新条件下坚持思想政治工作，防止因为主要精力在经济建设上而忽视思想政治工作的倾向，思想政治工作在改革开放的过程中只能加强不能削弱。

面对发展社会主义市场经济条件下的新情况、新问题、新矛盾，江泽民指出，如何提高思想政治工作的实际效果，是改革开放道路上的一个紧迫课题，必须从国际和国内、历史和现实的角度，深刻分析新形势下对广大干部群众的思想活动发生作用的客观环境及其基本特点，正确审视和解决那些影响干部群众思想活动的重大理论问题和实际问题，不断丰富思想政治工作内容，创新思想政治工作方式。

进入新时代，我国经济社会发展呈现出新的阶段性特征，以习近平同志为核心的党中央坚持以社会主义核心价值观培育企业文化，创新思想政治工作的方式方法和手段，推进思想政治工作在改进中创新。2016年习近平在国有企业党建工作会议上的讲话，成了国有企业党建与思想政治工作融合发展的指南，明确国有企业加强党的建设使其成为"六个方面"的重要力量。党组织嵌入企业治理结构融入企业生产经营管理，形成党委统一领导，党政齐抓共管、党政工团相互配合、企业内部各经营主体和治理主体分工协作的"一盘棋"格局。以习近平关于党管党、全面从严治党的新思想、新观点和新论断为依据，国有企业党管党、全面从严治党与思想政治工作的融合推进。通过阵地建设和管理，把思想政治工作理念的创新、手段的创新与党的基层工作创新结合起来。围绕把国企"做大、做强、做优"的振兴战略，继续丰富国企思想政治工作的新实践。

三、新时代加强科技型企业思政工作的必要性

（一）新时代的内涵

2017年10月18日，习近平在中国共产党第十九次全国代表大会上的

报告中强调："经过长期努力，中国特色社会主义进入了新时代，这是我国发展新的历史方位。""这个新时代，是承前启后、继往开来、在新的历史条件下继续夺取新时代中国特色社会主义伟大胜利的时代，是决胜全面建成小康社会、进而全面建设社会主义现代化强国的时代，是全国各族人民团结奋斗、不断创造美好生活、逐步实现全体人民共同富裕的时代，是全体中华儿女勠力同心、奋力实现中华民族伟大复兴中国梦的时代，是我国日益走近世界舞台中央、不断为人类作出更大贡献的时代。"①习近平对新时代的内涵作出了高度凝练的概括总结，五个"时代"分别对应着新时代的历史脉络、实践主题、人民性、民族性和世界性，我们可以从这五个方面把握中国特色社会主义新时代的内涵。

1. 历史脉络的新时代内涵

从历史脉络看，这个时代是继往开来、承上启下的，它是在新的历史条件下继续夺取中国新时代特色社会主义伟大胜利的"新时代"。自改革开放以来，中国特色社会主义就是党的全部理论和实践的主题，中国特色社会主义是在实践中不断完善和发展并具有生命特征的形态。如今，中国特色社会主义发展历程可以分为三个阶段：第一个阶段是从十一届三中全会到党的十五大，形成和确立了邓小平理论，改革开放政策解决了人民的温饱问题，人民生活总体达到小康水平；第二个阶段是从党的十五大到党的十七大，形成和确立了"三个代表"的重要思想，小康社会开始全面建设；第三个阶段是从党的十八大以来至今，形成和确立了习近平新时代中国特色社会主义思想，小康社会进入决胜的关键时期，新时代掀开了全面建设社会主义现代化国家的新篇章。

2. 实践主题的新时代内涵

从实践主题看，这个时代是我们党全面建成小康社会、进而全面发展社会主义现代化强国的"新时代"。中国改革经历了一段加速发展的历程，它是由小变化到中变化再到大变化的。1985 年 9 月，邓小平说："现在人们说中国发生了明显的变化。我对一些外宾说，这只是小变化。翻两番，达到小康水平，可以说是中变化。到下世纪中叶，能够接近世界发达国家

---

① 习近平. 决胜全面建成小康社会　夺取新时代中国特色社会主义伟大胜利——在中国共产党第十九次全国代表大会上的报告 [N]. 人民日报，2017-10-28.

的水平，那才是大变化。到那时，社会主义中国的分量和作用就不同了，我们就可以对人类有较大的贡献。"①中国特色社会主义的发展经过长期以来的量的积累，逐渐迎来了质的变化，正如党的十九大报告指出："五年来的成就是全方位的、开创性的，五年来的变革是深层次的、根本性的。"②我国的综合国力、国际影响力和人民幸福感显著提升，从而制定了新时代中国特色社会主义发展战略，即2020年全面建成小康社会，2035年基本实现社会主义现代化，21世纪中叶建成富强民主文明和谐美丽的社会主义现代化强国。

3. 人民性的新时代内涵

从新时代的人民性看，这个时代是人民建造美好家园、实现共同富裕的"新时代"。党的十九大报告指出："我国社会主要矛盾已经转化为人民日益增长的美好生活需要和不平衡不充分的发展之间的矛盾。"③新时代我国的主要矛盾发生了重大的转变，体现出国家走向了新的发展历程，体现出人民走向了新的美好生活。新时代的中国要解决好眼前问题才能得以有更好的发展。一方面，中国特色社会主义的发展解决了多方面短缺的问题，从国家到民生，都是在党的领导下进行的；另一方面，中国特色社会主义的发展走向更大的发展格局，在解决好眼前问题的基础上，更加注重"质"。只有解决了人民最关心的问题，人民的生活水平才会提高，才能实现共同富裕。

4. 民族性的新时代内涵

从新时代的民族性看，这个时代是我们全体中华儿女勠力同心去实现中华民族伟大复兴中国梦的"新时代"。鸦片战争后，中国陷入了半殖民地半封建的黑暗时代，实现中华民族的伟大复兴，需要不断开拓、不断创新、积极进取，改变人民的命运，在探索的过程中诞生了中国共产党。在中国共产党的正确领导下，努力奋进，把握新时代的新时机，奠定了政治发展

① 邓小平. 邓小平文选（第3卷）[M]. 人民出版社，1993：143.
② 习近平. 决胜全面建成小康社会　夺取新时代中国特色社会主义伟大胜利——在中国共产党第十九次全国代表大会上的报告 [N]. 人民日报，2017-10-28.
③ 习近平. 决胜全面建成小康社会　夺取新时代中国特色社会主义伟大胜利——在中国共产党第十九次全国代表大会上的报告 [N]. 人民日报，2017-10-28.

的根本基础，迎来了质的变化，成为中华民族新时期的中坚力量。在中国共产党的带领下，中国人民彻底推翻帝国主义、封建主义和官僚资本主义三座大山，完成了新民主主义革命，建立了新中国，结束了中国几千年的封建社会，向自由平等的新时期转变。中国共产党领导人民进行了伟大革命，确立了社会主义基本制度，为中国的繁荣发展打下了根本政治制度的基础，使中华民族成功实现从站起来、富起来到强起来的质的飞跃，使中华民族伟大复兴迎来光明前景。

5. 世界性的新时代内涵

从新时代的世界性看，这个时代是我国日益走近世界舞台中央、不断为人类作出更大贡献的"新时代"。党的十八大至今，中国的经济实力迅猛提升，总体稳居世界第二，对世界的经济总量起到至关重要的作用，成为推动世界经济的重要力量。习近平提出人类命运共同体及"一带一路"的倡议，推动诸多方面的发展，受到各国的重视与大力支持，中国已经成为推动、维护世界和平发展的引领者。中华文化的影响力日益增强，为中国特色社会主义事业的发展指明了方向，提供了选择，贡献了力量。中国特色社会主义拓展了发展中国家走向现代化的途径，给世界上那些既希望加快发展，又希望保持自身独立性的国家和民族提供了全新选择，为解决人类问题贡献了中国智慧和中国方案。

简而言之，"新时代"就是中华民族强起来的时代，是新时代中国特色社会主义发展的战略安排。在这个新时代背景下，对研究科技型企业思政工作发展建设并对科技型企业进行企业文化建设与思想政治工作的融合，激发员工的工作积极性，确保员工形成统一健康的三观，增强企业核心竞争力，促进企业可持续发展任重而道远。

（二）科技型企业的概念与特征

1. 科技型企业的概念

对科技型企业的定义，无论政府管理部门或是理论界，目前都尚无具体、明确、统一的定义或标准。一般认为，科技型企业指的是那些产品或服务所具备的技术含量较高，以科技作为其核心竞争力，并且能够通过科技创新不断推出满足市场需求的新产品新服务，并以科技手段开拓广阔市场的企业。这类企业一般分为两类：一类是通常意义上的科技型企业，主要从事信息、电子、生物工程、新材料、新能源等技术产业领域的产品和新技术的开发、应用；另一类为以客户信息和偏好开发供应链管理或特许经营、知识密集为特征的公司。国内外不同学者从个人研究的角度，也提出了一些观点。例如，舍曼（Sheman）认为，在科研开发创新与技术人才储备方面能够持续进行高比例投资，并且生产出能够随着科技开发而不断更新的高科技产品为主营业务的企业，即为科技型企业。陈志认为，科技型企业是指具备大量资源能够将生产优势转化生成技术优势，不断使企业组织架构动态适应匹配循环创新，从而不断为社会输送以智力为核心产品的企业类型。[①]

由于对科技型企业的定义尚无统一定论，因此本文书根据研究对象的特定性，仅从科技型企业的范围上进行了较为宽泛的界定。关于科技型企业较为公认的界定标准是根据该企业研究与开发的经费占销售额的比重或以科学家、工程师在总职工人数中所占比重来确定。例如，经合发展组织采用指标法，通过对企业技术含量指标的测算，规定 R&D 投入占销售收入的比率达 8%~10%，即为高科技企业。由此可见，科技型企业，并不局限于某一特定行业的企业，只要技术含量达到一定比例，就能够具备形成科技型企业的基本条件。

关于本书研究科技型企业思政工作发展建设时需要讨论到科技型企业的界定范围，将限定标准仅局限为高新技术企业或已经处于发展成熟期的大企业未免过于狭窄，应当扩宽适用于技术或规模处于起步或上升期的中小型科技企业。因此，本书采纳有关科技型企业界定范围基本的标准，暂且按照我国在 1999 年发布，针对境内申请创新基金时，注册成为科技型中小企业所需要满足的基本资格条件核定[②]。

（1）符合国家法律法规、相关技术政策、已在当地工商行政管理机关依法登记注册，具有法人资格、财务管理制度的企业。

（2）具备较高研发创新能力和市场竞争力，能够不断收获潜在经济社

---

① 陈志. 科技型企业核心竞争力研究 [D]. 北京：中国农业大学，2004.

② 依据源于我国 1999 年发布的《科学技术部、财政部关于科技型中小企业创新基金的暂行规定》——笔者注

会效益，并且生产研究领域符合科技发展的动态前沿，有形成新兴产业发展潜力的企业。

（3）原则上不超过 500 个员工，其中科技人员学历背景不低于大学专科等级的比例需要达到 30% 以上，并且直接从事研究开发的技术员应占职工总数的比例需要达到 10% 以上的企业。

（4）主营业务应当是高新科技产品或服务，包括对产品进行研发、实验、生产、试用等整个知识化流程，且研发经费的投入使用占据销售营业额的比例不得低于指标为每年 3% 的企业。

2. 科技型企业的特征

（1）人力资源为关键资源

经济增长的因素无非是土地、资本、劳动力和知识技术，封建社会中，土地是经济增长的主要因素，传统工业时代，劳动力和资本成为经济增长的动力，20 世纪 50 年代，西方学者通过分析经济增长影响要素，发现美国经济增长的原因既不是土地，也不是劳动力和资本，而是知识技术因素。其后，20 世纪 80 年代，保罗·M. 罗默（Paul M. Rome）研究得出收益递增的生产方式，并提出知识技术是收益递增的主导因素。同时，知识技术的递增效应对其他生产要素有促进效应，这一关于知识技术对收益增长贡献的理论也成为其"新经济增长理论"的重要组成。20 世纪 90 年代后期，新兴科技和知识经济得到推崇，而这其中都有知识和技术的影子，而人才作为知识和技术的载体，人力配置及对人才的竞争成为科技创新发展的关键影响因素，科技竞争更多体现为人才的竞争，在这一问题上各方都达成了共识。

经济发展的不同阶段，企业的资源战略中心发生了改变，农业经济时代，土地作为主要的生产场所，是企业的重要资源，而工业经济时代，工业大生产兴起，这时候资本积累成了企业发展的重心，因此资本成为企业资源重心，而科技兴起使得人类进入知识经济时代，这一时代的特点体现在对人力、知识技术的重视，知识和技术成为企业的资源重心。科技企业作为当前阶段中国知识经济企业的代表，聚集了大量的智力资本，知识和技术在企业生产中其作用要比传统生产要素的土地、资本和劳动更为关键和具有决定作用，企业只有拥有具有创新能力的科技人才，才能保持强劲的创造价值的动力，科技人才其创造价值的方式脑力劳动甚于体力劳动，通过积累知识、创意设计等环节来增加所提供产品或者服务的经济附加值，知识和技术通过人力资本的形式得以体现，一般来说，作为科技人员，其知识积累和技术运用是一个积累的长期过程，伴随着知识的增多和技能的娴熟，其价值创造潜能越大，而且智力资本具有难以传递、积累时间较长的特点，一旦智力资本结合传统资源要素，便会较大提高企业的生产能力，也能使企业获得竞争优势。

（2）无形资产比有形资产创造更大价值

一般来说，企业的资产可以分为有形资产和无形资产，作为科技类企业来说，其有形资产主要包括厂房设备等固定资产，同时还包括如存货、现金、正在研究的项目等流动资产，另外还包括企业的对外投资，如股权和债券投资等。一般来说，科技型企业的账面资产并不是很高，这和账面资产主要是指有形资产有关，通常情况下，科技型企业其无形资产要高于有形资产，和传统工业企业来比，科技型企业的资产规模相对较小，且其单个固定资产价值较高，一般具有很强的专业适用性，现代科学的兴起及学科交叉发展，科研手段的日渐丰富，科研成果转化速度日益加快，设备折旧速度也逐渐加快，这也客观增加了企业有形资产保值的成本和难度，科技型企业转制以来原有政府各部的科研事业单位资产转移到科技型企业中，这些资产不能直接用于经济生产中，因此其并不能带来企业经济价值的提升。

从无形资产来看，科技型企业的无形资产包括专利及专有技术、商标权及企业商誉等，科技企业无形资产不能通过财务报表体现，这些无形资产一般不能以数量化指标进行衡量，因此其无形资产通常不可量化，正是基于无形资产不具有实物形态，因此在现实生活中，人们往往容易忽视这些资产所具有的价值，对科研类机构来说，其无形资产的积累非朝夕所完成，而是需要时间的积累，有一个过程，通过一次投资是无法实现的，科技企业转制以来，按照市场化经营的思路，在科技产业化和科技产品转化过程中，科技企业的有形资产和无形资产的有效配置实现了企业的竞争优势地位，企业通过技术的垄断获取超额垄断利润，对于科技企业来说，其生产过程主要依赖于技术创新及新项目研发等，因此其有形资产损耗相对较小，更多是靠无形资产的技术等提供创造性劳动成果，因此这类企业的核心竞争力是无形资产，无形资产对企业十分重要。

（3）经营性兼公益性产出并重

科研院所经过转制，成为现代企业，作为企业来说，其需要在市场中谋得生存发展，必须通过提供产品或者服务，获取市场份额，实现效益最优化，这是企业生存的宗旨和运行的原始动力。而就当前我国来看，科研企业自转制成立以来，在较长时期内仍然充当着实现国家科技战略目标及攻克行业关键技术障碍的主要角色。一方面，科技企业是现代企业技术创新的主体，然而现阶段科技企业研发创新能力不够强，除少数具有垄断性质与得到国家大力扶持的企业科研创新能力强外，缺乏垄断优势和政策扶持的科技企业，其科研与创新能力仍不是很强。转制型科技企业聚集着国家产业发展战略的科技资源，涉及国防安全资源，调查抽样显示，约有三分之二的转制科研院担任国防军工任务，其技术扩散收入在总收入中占比在7%到38%不等，央企科技企业转制以来，承担国家项目科研经费呈现出逐渐上升趋势，这些企业的科研能力积累是一个长期的过程。另一方面，转制科研院还要提供攻克行业关键技术等服务，虽然这些并非企业获取经济价值的目标，也不会对企业经营收益产生影响，但是行业技术的进步及行业技术难题的解决对企业的长期发展不无裨益，基于我国国情和转制科研院的科研能力，由其履行行业公共关键技术研究责无旁贷。

科技型企业为市场提供的产品与服务，其价值构成不仅包括物化劳动，也包括智力资本价值。然而，智力资本对物化劳动价值具有决定作用，其产品和服务具有以下特点。

第一，产品具有多样性。科技企业需要专业设置及人员专业分工，产品技术复杂，而且每一项技术具有外生性；另外，面对多样化的市场需求，有些客户需要完整的一套技术，有的需要技术运用的方案，要满足客户价值创造，企业为市场提供产品和技术服务，这些产品具有多样性。

第二，产品的附加值较高。科技产品价值主要反映在其科技含量上，科技企业的产品形成有的来自垄断技术形成，也有的来自高端技术类产品，这些都能有效避开与传统产品形成竞争，相较于传统制造类企业来说，科技企业通过对知识和技术加工并融入物化产品中，是加工的成果。

第三，产品风险性很高。现代科技的发展，使得科学技术更新换代的速度加快，企业技术经济寿命大为缩短，企业技术和产品横向与纵向发展，使得其更新较快，而科研研发投入作为资金与智力资本投资，一旦研发的某一环节出了问题，那么这一投入将面临较大风险，失败的概率较大，同时企业新技术的研发不仅面临着技术骨干的忠诚度等问题，也面临着企业人员流动的风险，加之知识不可藏，企业核心技术难以保存，核心技术是企业获得垄断优势的重要保障，一旦流失，将直接反映在企业价值的损耗上，因此企业核心技术的保护等问题使得企业产品风险性大增。

（4）管理方式以尊重与激励为主

管理即使"大棒加胡萝卜"，科技型企业其有形资产较少，而智力资本的无形资产较多决定了其管理的特性，相较于传统企业，科技型企业更注重技术和人力资源，企业更为重视知识技术的管理。

首先，科技企业的人员构成以高学历群体居多，这些人教育层次较高，创造能力也较强，科研能力较扎实，根据马斯洛需求层次理论，科技人才需求层次一般较高，除满足基本生活需要外，还追求工作环境及个人工作的成就感等因素，因此科技型企业的人员管理不宜过于死板，而应该具有充分灵活性，要通过更为丰富多样的激励方式来激发其能动性和创造性，如为其创造更为舒适的办公环境、加强人文关怀、鼓励员工参与企业管理、推行员工持股等，只有这样才能更好地将员工个人发展目标与科技企业发展结合起来。

其次，科技型企业核心业务主要是项目开发，业务操作中多为单个员工或者多个员工协同工作，因此其工作过程不能简单地以数量如工时或者简单计件进行，需要项目进度及项目完成情况来进行管理，一般来说会根据企业战略规划进行相应的责权利匹配与管理考核。

再次，技术资产和智力资本是科技企业最关键和核心的资产，技术资产的收益受很多因素影响，知识的不易储藏和科技人员流动等因素会导致技术垄断优势面临流失风险，智力资本作为企业的核心资产，对技术资产的保护通常是保持人员的稳定性，保护科技专业人才。在科技企业中，其技术类要素是主要因素，通过技术要素的人格化，通常情况下将技术创造者与所有者统一，并依照技术所有者技术投入的贡献度进行收益分配能够较好地实现技术的安全性，同时这一分配制度也能够保证人员和技术得到有效保护。

最后，科技型企业管理过程要更多体现灵活性，其管理职能的目的和初衷并不在于对员工行为进行规制，而在于通过管理为其创造一个良好的科研环境，体现在通过管理而提供服务上来，这一组织中领导的作用更多是扮演协调者，而不是决策者，一般决策过程中下级具有较高的决策参与度，同时通过这种较为人性化的管理模式激发员工的主人翁意识，积极参与到企业管理中来，更好地为企业发展服务。

（5）组织结构趋扁平化

传统企业组织架构有职能制、分工制等，这类组织架构多属于金字塔形，科技型企业由于其人员构成，决定了不能采取过于集权严格的管理模式，因此其组织架构也相应更多考虑分权模式，减少权力链条层级，同时科研技术的研发到实验验收等过程都离不开一线研究人员，研究人员除参与项目研究设计外，还需要参与到生产与销售中来，这也决定了其组织架构设置应该尽量趋扁平化。

就企业规模来看，科技型企业的企业规模一般不太大，由于其有形资产规模有限，更多的价值体现在无形资产上，当前经济发展，小企业发展灵活且发展较为迅速，市场经济条件下，企业创新能力是其获取竞争优势的重要保障，实物资产规模不是决定企业创新优势的关键因素，虽然科技型企业规模不大，但是其科研实力、企业科技价值含量较高，科技含量能为企业带来可观的经济价值，相较于一个数十万员工的制造业企业来说，一个上万员工的科技企业的市值可能更高。

（6）追求企业文化管理模式

企业文化是企业组织和员工集体认同的价值观和企业精神等，员工个体能否更好地为企业发展贡献力量，服从组织的管理，最主要是来自其企业文化的认同感，相较于传统制造类企业来说，科技企业运用企业文化更为广泛，特点鲜明，作用更突出。

①丰富自我，不断创新

科技型企业的特点在于高技术含量，而市场竞争的日趋激烈使得高技术时刻面临着更新换代，因此需要企业不断进行技术创新，企业要着力打造自身创新能力,创新也是企业发展的不竭动力,通过各种形式的激励措施,鼓励员工进行创新,丰富激励手段,如薪酬激励、员工成就感激励等形式。

培养企业创新能力,通过学习来进行创新,科学技术同样面临着激烈竞争,通过企业文化培养将企业打造为学习型组织,培养员工创新能力,营造你追我赶的创新氛围,重视对员工创造意识和思维的培养,同时给其创造一个适宜于创新的外部环境,针对科技企业研发的高风险性,研发的失败不仅对企业,同时对研发人员个人也是不小打击,因此企业文化应同时包容这类失败,鼓励创新并能够包容创新研发中面临的失败。

②团结协作,共同发展

相较于传统分工运作模式,企业规模的扩大使得其面临着分工问题,而分工过度会造成企业各部门沟通障碍的存在。因此,企业创新需要鼓励团队协作,员工广泛参与决策,通过鼓励员工更多地参与企业管理,将其个人发展目标与企业发展战略更好地结合起来。同时,企业在发展过程中不能单纯以经济产出为终极目标,而应注重多元目标,如更加重视员工的成长。当前,科技企业分工协作缺乏保障,企业提倡个性发展,协作效应没有得到体现,科技人员效率较低,而科技员工缺乏协作也使得团队工作效率大打折扣,因此努力培养企业团队意识,促进协作是促使其更好发展的保证。

③开放管理,以人为本

科技型企业中技术人员的学历和素质较高,这类人员的需求层次较高,不仅追求经济收入,还希望在工作中达到自我实现等目标,高科技人才创新和学习能力较强,较为独立自主、自信。因此,在管理过程中要放开,突出人文关怀,注重其个性与人格,决策管理中要以人为本,通过灵活性的人本管理,体现对员工的关怀关心,从情感上给予关心帮助,既注重科技人员自身发展,又注重其个性得以实现。

(二)新时代加强科技型企业思政工作的必要性

习近平强调:"思想政治工作是国有企业的传家宝,要把思想政治工作作为企业党组织一项经常性、基础性工作来抓。"① 当前，我们要立足于新时代的背景，结合企业职工的思想动态、价值观念、自身利益和个人发展，加强对思想政治工作必要性的认识，弘扬社会主义文化主旋律，传播社会主义正能量，凝聚全员思想共识，推动企业健康发展。

相比于其他类型的企业，科技型企业所生产的产品具有更高的技术含量，所以其本身属于核心竞争力一类的企业。在我国，该种类型的企业大多由各级政府部门所属的行政单位转制而形成。这一类型企业既具有一般经营企业的特征，还有其独属于自身的特征，比如其在科研方面需要保证持续，并且具有继承性，而一个企业的科技成果沉淀往往能够体现该企业在该行业中的实际地位。每个科技型企业的科技成果由企业的技术性人员决定，所以努力推广科技型企业的思想政治工作十分重要。

1. 新时代社会主要矛盾的转化客观上要求加强思想政治工作

新时代是经济高质量发展、人民的获得感更多、不断创造美好生活、实现共同富裕的时代，人们的物质水平有了明显的提高，对美好生活有了更高的要求，对思想文化有了迫切的需要。

新时代思想政治工作既是马克思主义中国化进一步发展的体现，也为推动中国特色社会主义建设提供了重要的理论支持与实践支撑。科技型企业作为推进国家现代化、保障人民共同利益的重要力量，承担着服务经济社会发展和保障国计民生的重要责任。因此，思想政治工作就只能加强，不能削弱。

科技型企业要不断增强意识形态领域的主导权与话语权，认真贯彻落实《中国共产党国有企业基层组织工作条例（试行）》，旗帜鲜明地坚持党的领导，牢牢把握企业改革发展的社会主义前进方向。思想政治工作是我们党所特有的优势，是推动企业实现科学健康、和谐稳定发展的强大动力。新时代背景下，要更加注重人文关怀和心理疏导，培育企业职工积极向上的心态和爱岗敬业的精神，如何凝聚力量，激发企业职工的工作热情，更好地推动企业健康稳定发展，满足企业职工对于美好生活的需求，成为新时代科技型企业思想政治工作的挑战。

---

① 习近平在全国国有企业党的建设工作会议上强调：坚持党对国有企业的领导不动摇　开创国有企业党的建设新局面 [N]. 人民日报, 2016-10-12.

2. 现代企业制度的建立客观上要求加强思想政治工作

随着我国改革开放的不断加深和经济发展水平的不断提升，科技型企业取得了长足发展，现代企业制度逐步确立并走向成熟。但同时，外企纷纷扎根中国，西方的文化思潮对国内的影响渐渐变大，社会经济利益朝着多方面发展，社会精神文化生活也逐渐变得多元化。这些外在客观条件的变化，使科技型企业思想政治工作面临着更加复杂的新局面，科技型企业思想政治工作如何在密切联系企业生产经营活动的基础之上，对自身工作方式及各类制度寻求新的突破，成为一个全新的挑战。

在现代企业管理中，企业越来越重视对人的思想管理。任何一个成功的企业都离不开对人的需要的研究和对人的思想的激励。在学习西方的科学技术和经营管理的同时，国有企业还要把西方对人的管理的经验吸收借鉴过来，把思想政治工作与企业的业务生产及经营工作相结合，在现代企业管理体系下建立系统有效的激励机制和约束机制，做到公私分明、奖惩分明，不断强化职工的爱岗意识、竞争意识、大局意识、集体意识，鼓励广大职工群众在岗位上成才，在思想上稳定，在技术上先进，发挥思想政治工作统一思想、凝聚人心、稳定队伍的重要作用，以促进企业生产经营的稳定发展。

网络技术、数字技术及移动通信技术的快速发展，使新媒体的使用主体和受众群体暴涨，电脑、手机进入了千家万户，成为人们工作和生活必不可少的通信工具。手机媒体和互联网新媒体开阔了人们的视野和眼界，拓宽了人们接收资讯和传播消息的渠道，丰富了人们的精神世界，改变了人们的思想观念，影响着人们的交往方式。科技型企业所面临的外在环境的变化要求思想政治工作的开展必须遵循"产权清晰、权责明确、政企分开、管理科学"的现代化企业制度，广泛利用新媒体占领企业职工思想高地，牢牢掌握主动权，树立正确的价值观，传播社会正能量，同时还必须要将公平、公正作为工作的基本原则，引导团结平等的思想导向，为企业稳定提供思想奠基。① 因此，科技型企业要有针对性地梳理和化解职工的消极情绪，提高其工作积极性，保障职工的工作和生活环境，只有这样才能促进

---

① 师曼. 社会稳定视角下的思想政治工作创新 [J]. 人民论坛，2015（36）：56-58.

企业稳定健康地发展，否则无法适应现代企业制度和企业管理实践发展的需要。

3. 职工整体素质的提升客观上要求加强思想政治工作

随着市场经济体制改革的纵深发展，科技型企业的经营环境和企业职工的工作环境都发生了很大的变化。在科技型企业各项工作的开展过程中，人是具有决定性的因素，思想政治工作的主要对象就是广大基层职工，职工具有较高的整体素质是保障企业稳定健康发展的必要条件。

一方面，是提升职工思想政治素质的需要。思想政治工作的开展可以帮助企业职工树立正确的价值观，对职工进行积极向上的价值引领，抛弃金钱万能的错误观念，走出思维认识上的误区，让他们充分认识到人们主要的精神支柱不是金钱和权势，而是崇高的理想信念。正确的思维认识和价值观念是职工实现人生价值和企业长远发展的基本前提，也是社会主义精神文明建设的重要保障。

另一方面，是基于稳定职工队伍心理状态的需要。在科技型企业中，职工会遇到或多或少的实际困难，这是国有企业在生产经营过程中不容忽视和不能逃避的现实性的问题。例如，企业职工长期在一个相对狭小、封闭的工作环境中，个人的焦躁情绪和负面心态会被放大。对于企业而言，一些看似细小而繁多的与职工密切相关的问题，如果不重视或处理不当就可能会影响企业的发展。而要妥善、恰当地化解这些矛盾，就需要对职工进行思想政治教育。具体来说，科技型企业思想政治工作要坚持以人为本的原则，尊重职工群众，化解矛盾，塑造企业核心价值观，对职工进行思想教育和引导，让其与企业融为一体，提升对企业的关注度、归属感和依赖性，使职工群众在企业发展中实现个人价值。只有不断加强思想政治工作，才能使职工保持积极乐观的心态，缓解职工对环境不适应而产生的压力，促进职工健康成长，从而提高职工对企业的认同感和责任感，自觉维护企业的利益，持续推动企业的发展。

4. 企业的稳定发展客观上要求加强思想政治工作

国有企业，尤其是科技型国有企业的每一次革新都要求企业的组织结构、经营模式等内容发生变化，而组织结构的变化又需要具有良好思想政治素养的职工来支撑。目前，企业之间的竞争已经逐步从产品层面过渡到职工层面，因此企业的思想政治工作被放在了更加重要的位置。如果企业职工没有良好的大局意识、协作意识和服务意识，不能正确处理个人与集体的关系，就会影响企业顺利发展。而要培育良好的团队精神和团队意识，不仅需要实践的磨砺，而且需要思想的灌输。①

科技型企业又好又快发展以有序的生产经营活动为基本前提。只有稳定了才能谈发展，科技型企业不仅要保证自身生产运营的稳定、促进社会经济的发展，还要承担更多的社会责任。但实际情况却非常残酷，企业在面临转型、改革、重组时，不可避免地会影响到职工的切身利益、工作情绪、生活质量及个人发展，进而影响企业内部职工之间、上下级之间、各部门之间甚至各基层单位之间的工作业务上的协调和沟通，这样思想政治工作的重要性又被提升到一个新的高度。要化解企业与职工之间、职工与职工之间的矛盾冲突，科技型企业需要开展思想政治教育，有组织地经常进行协调、教育和维护。但化解职工与企业之间的矛盾，不能简单地用强制的、命令的方式，而要通过思想政治教育进行引导，以情感人，以理动人，使同事之间相互沟通、相互理解，引导职工树立集体主义的价值观念，以积极乐观的情绪状态，正确处理好在工作中所遇到的实际困难，使职工形成大局意识。国有企业应该将思想政治工作融入日常管理中，通过思想政治工作来化解矛盾与冲突，保证企业健康稳定发展。

四、新时代科技型企业思政工作面临的新机遇与新挑战

（一）新时代科技型企业思政工作面临的新机遇

思想政治工作是中国共产党的优良传统和政治优势，是继承性与时代性的统一，历史性与现实性的统一。中国特色社会主义进入新时代，这是我国新的历史方位，也是思想政治工作新的现实情况。新时代背景下，科技型企业在思想政治工作观念、工作内容、工作方式方法、工作队伍建设上都被赋予了时代的内涵，刻上了时代的烙印，具有明显的时代特征。习近平强调："坚持问题导向是马克思主义的鲜明特点。问题是创新的起点，

---

① 雷佳民. 国有企业海外项目职工思想政治工作的思考[J]. 理论月刊，2017（09）：127-129；150.

也是创新的动力源。只有聆听时代的声音，回应时代的呼唤，认真研究解决重大而紧迫的问题，才能真正把握住历史脉络、找到发展规律，推动理论创新。"① 新时代为科技型企业思想政治工作提供了更为广阔的空间和更强有力的保证条件，缩短了思想政治工作主客体之间的心理距离，为思想政治工作的发展带来了良好的新机遇。

1. 新时代为思想政治工作的开展提供了强有力的保证条件

从人类社会的历史变迁来看，每个时代都有与时代发展要求相适应的思想体系。恩格斯指出："每一个时代的理论思维，包括我们这个时代的理论思维，都是一种历史的产物，它在不同的时代具有完全不同的形式，同时具有完全不同的内容。"② "当代中国正处于近代最好的发展时期，在新中国成立以来特别是改革开放以来取得的重大成就基础上，我国发展站到了新的历史起点上。社会生产力水平总体上显著提高，国家经济实力、科技实力、国防实力、综合国力、国际影响力显著提升。……新时代孕育新思想，新思想指导新实践。"③ 中国特色社会主义进入新时代，为思想政治工作的开展提供了更加强大的思想保证、舆论支持、精神动力和文化条件。

党的十九大报告指出："要加强思想道德建设，提高人民思想觉悟、道德水准、文明素养，提高全社会文明程度。"④ 思想政治工作对于培养新时代高素质、复合型人才有重要意义。对于科技型企业来说，思想政治工作是帮助企业职工群众确立正确思想观念、树立高尚道德品质、塑造健全人格的重要工作。新时代下科技型企业思想政治工作更是"只能加强不能削弱，只能前进不能停滞，只能积极作为不能被动应对"⑤，国有企业要抓住新时代下思想政治工作面临的新机遇，使思想政治工作适应新时代的发展要求，在工作理念、工作内容、工作载体等方面不断创新，构建思想政

---

① 习近平. 在哲学社会科学工作座谈会上的讲话 [M]. 北京：人民出版社，2016：14.

② 中共中央马克思恩格斯列宁斯大林著作编译局编译. 马克思恩格斯选集（第三卷）[M]. 北京：人民出版社，2012：873.

③ 中共中央宣传部编. 习近平新时代中国特色社会主义思想学习纲要 [M]. 北京：学习出版社，人民出版社，2019：3.

④ 中共中央和文献研究院，中央"不忘初心、牢记使命"主题教育领导小组办公室. 习近平关于"不忘初心、牢记使命"重要论述选编 [M]. 北京：党建读物出版社，中央文献出版社，2019：33.

⑤ 习近平. 习近平谈治国理政 [M]. 北京：外文出版社，2014：401.

治工作发展新格局。

2. 新时代秉持"以人民为中心"的发展理念，缩短了思想政治工作主客体之间的心理距离

在以前的科技型企业中，思想政治工作方式方法较为传统，主要以听讲座、集中开会等单向的灌输为主，上下级之间、思想政治工作者与职工群众之间在不知不觉中就隔了一堵隐形的"墙"。在传统的认知上，开展思想政治工作的企业领导往往处于一种权威地位，与企业职工群众之间的距离很远，致使企业职工群众总是感觉两者之间处于不平等的位置，由此会对思想政治工作产生抵触情绪，不愿接受企业思想政治教育。长此以往，就会慢慢累积一些抱怨和不满的情绪，产生对思想政治工作的反感、排斥心理。随着时间的流逝，职工群众与企业领导层之间产生的心理距离会渐渐拉大，在一定程度上给思想政治工作带来了挑战，大大增加了思想政治工作开展的难度。

新时代下，科技型企业思想政治工作在开展过程中，始终秉持着"以人民为中心"的发展理念，更加倡导"人文关怀"，越来越人性化。同时，在这种发展理念指导下，企业职工群众更加追求与领导之间平等相处，以往的权威地位和等级观念慢慢被打破，职工群众对企业领导在认识上的主观偏见逐渐了发生转化，能够敞开心扉，与企业领导进行沟通与交流。作为新时代国有企业思想政治工作队伍重要的一分子，从事思想政治工作的领导干部深入基层，从以前"理论说服者"的身份，逐渐转变为"心灵引导者"的"带头人"，在一定程度上提升了思想政治工作的亲和力，广大职工群众也慢慢地从被动接受思想政治教育变为自觉主动接受思想政治教育。

沟通是育人的首要前提，新时代改变了人际沟通的模式，缩短了人际交往的距离。新时代下的科技型企业思想政治工作的对象是全体职工群众，思想政治工作的开展会最大范围地覆盖到每一个基层单位和每一位职工群众，提高了企业职工的广泛参与度，进一步提升了思想政治工作的广度和深度，有助于创造和谐温馨的工作环境，建立相互尊重、相互理解的同事关系，能够使职工群众切身体会到被尊重、被关爱的感觉，拉近了职工与领导层之间的心理距离和情感距离。

（二）新时代科技型企业思政工作面临的新挑战

当前，我国已经进入了新时代，企业内部的管理体制和运行机制发生了很大的变化，一些深层次的矛盾逐渐显现出来，思想政治工作作为企业工作中的重要组成部分，也面临着巨大的竞争和挑战，主要表现在以下几个方面。

1. 科技型企业所处的外部环境带来的新挑战

新时代下，我国社会主要矛盾已经转化为人民日益增长的美好生活需要和不平衡不充分的发展之间的矛盾。在科技型企业中，企业职工的美好生活需要不仅是物质需要，还包括精神需要，即满足感、成就感，以及在此基础上延伸的获得感、幸福感、安全感、公平感等。由于知识水平、价值观念、思维方式等方面的差异，企业职工在面对不同社会利益的诱惑时，思想观念会变得更加多元化、复杂化，个人行为会变得更加自由化、独立化、个性化，越来越多的企业逐渐把重心放在诸如收入分配、医疗健康、子女教育和社会保障等与自身发展密切相关的方面，更加关注个人利益和眼前利益，导致企业难以处理与职工之间的利益平衡问题，加大了科技型企业思想政治工作的开展难度。在这样的背景下，新时代科技型企业思想政治工作如何继续引导职工群众树立正确的理想信念、价值理念、道德观念，不仅要关注物质文化需要，更要注重精神文化需求，把个人发展寓于企业发展之中，进一步提高思想水平和精神境界。[①] 这些都是新时代科技型企业思想政治工作想要实现创新发展，不得不面临的新挑战。

因此，科技型企业对于职工群众的物质利益需要和精神利益诉求要更加关注和重视，力求找到一个企业与职工共同发展的平衡点，不断实现好、维护好和发展好广大职工群众的根本切身利益，以"万万变应万变"，不断持续探索，寻求创新，真正在发展大局中找准位置、展现作为，只有这样，企业才能平稳运行，加快前进的步伐。

企业改革发展每深化一步，思想政治工作就要主动跟进一步。面对新时代外部环境的不断变化，思想政治工作还有更多的挑战和进步空间。科

---

① 徐曼，冯小桐. 新时代思想政治教育创新发展研究 [J]. 思想政治教育研究，2019（03）：80-84.

技型企业如何尽量减少个人利益和集体利益的冲突，结合新时代特点变化和企业生产实际，引导广大职工群众真正认同企业开展思想政治工作的重要性与必要性，在改革和发展中寻求使命感和归属感，是新时代科技型企业思想政治工作面临的一大挑战。

2. 科技型企业自身改革中出现的新问题带来的巨大挑战

在科技型企业中，思想政治工作与业务经营工作密切相关，思想政治工作做得越好，所取得的社会经济效益就越丰富。就当前情况来说，部分科技型企业对思想政治工作的地位和作用定位不清晰，认识不到位，口头上重视，行动上轻视，逢事就谈经济效益，看不到思想政治工作的作用，将其置于边缘位置，导致出现"一手硬、一手软"的现象。有的企业领导虽然认识到思想政治工作的重要性，但思路不清晰，存在比较严重的"形式主义"，工作内容和工作方式方法不能适应企业的自身建设和改革发展，不能充分发挥科技型企业思想政治工作的优良传统和独特优势。

随着改革开放的多年推进和经济的不断发展，国有科技型企业推行内部市场化，管理变得更加精细化，导致从前"大锅饭"的体制局面被打破，国有科技型企业的职工队伍结构发生了巨大变化，管理人员、技术人员、临时工和合同工等群体同时存在，企业职工对分配不均的不满情绪增强，企业压力增加。以上的问题使得国有科技型企业自身建设、职工思想状态和职工队伍结构变得更加复杂，开展工作的难度进一步增大，这给思想政治工作带来了新挑战。

3. 互联网新兴媒体广泛普及带来的挑战

随着数字技术、网络技术的迅速普及和广泛应用，无论是工作办公，还是生活娱乐，都越来越离不开电脑和手机。网络信息传播的即时性和网络本身所具有的交互性，给人们带来了快捷感、自由感，但同时企业职工的注意力和关注度容易受到网络信息的影响而发生转移，思想容易产生波动，企业意识、责任意识和荣誉意识容易淡化，互联网新兴媒体广泛普及在给国有企业思想政治工作的开展提供了全新的方法与载体的同时，也伴随着许多巨大的冲击和挑战。

根据中国互联网信息中心 2021 年 8 月 27 日发布的第 48 次《中国互联网络发展状况统计报告》显示，截至 2021 年 6 月，我国网民规模达 10.11 亿，较 2020 年 12 月增长 2175 万, 互联网普及率达 71.6%, 较 2020 年 12 月提升 1.2 个百分点。我国手机网民规模达 10.07 亿, 较 2020 年 12 月增长 2092 万, 网民使用手机上网的比例为 99.6%, 与 2020 年 12 月基本持平。我国网民使用手机上网的比例达 99.6%; 使用电视上网的比例为 25.6%; 使用台式电脑、笔记本电脑、平板电脑上网的比例分别为 34.6%、30.8% 和 24.9%。①

受新冠肺炎疫情影响, 2020 年教育活动普遍转向线上课程, 在线教育用户规模和手机在线教育用户规模达到历史新高, 用户需求得到充分释放。科技型企业也是如此, 按照国家指示, 思想政治教育活动转为线上开展。

新媒体因互联网的虚拟性、交互性和开放性, 更具活力与张力。随着 5G 技术(第五代移动通信技术)步入商用阶段、AI (Artificial Intelligence, 人工智能)等新兴信息技术的不断发展与突破, 媒体格局和舆论生态发生了巨大变化和深刻变革。网络新兴技术加快了产业融合的步伐, 大数据业务逐渐向其他各个领域渗透。同时, 也为科技型企业思想政治工作提供了新的载体, 为传统媒体和新兴媒体的融合提供了新的契机。尤其是微信、QQ、微博等即时沟通交流的 App, 随时随地、无时无刻不在影响着企业职工的思维方式和行为方式。与之相对应的科技型企业思想政治教育其传统的、宏大叙事的叙述方式日渐式微, 在与新兴媒体相适应的方式、方法的衔接上也需要一个漫长的过程。

新媒体的快速发展对于社会舆论的传播和扩散有很大的影响作用, 可以极大改变争夺意识形态领域话语权的外部环境和基本条件, 进而使传统思想政治工作主体和客体之间的信息级差缩减。新时代下, 加强网络思想文化阵地建设, 是社会主义文化建设的迫切任务, 也是科技型企业实现思想政治工作与网络新媒体技术相结合的基础前提和重要保障。如果没有旗帜鲜明的正能量和积极主流价值观的正确引导, 网络平台上的一条舆论或一件小事都有可能引起并发酵成现实生活中的群体性事件, 在一定程度上给人们的工作和生活带来负面影响。同时, 多元化的价值观念和社会负面信息的充斥, 会使人们心中存有困惑和疑虑, 很难找到正确的前进方向。新时代科技型企业思想政治工作如何占领并守护网络思想文化阵地, 正确

① 中国互联网络信息中心(CNNIC). 第 48 次中国互联网络发展现状统计报告 [EB/OL]. 202-08-17.https://www.cnnic.net.cn/hlwfzyj/hlwxzbg/hlwtjbg/202109/t20210915_71543.htm

引领和团结企业广大职工群众，厘清其错误的、虚假的、模糊的认识，及时有效地化解企业职工由于受到网络错误观点或不当言论所产生的怨气、怨言，及时防范网络舆论危机的发生；怎样创新思想政治工作方式和手段，利用大数据、云平台等数字技术，发挥抖音短视频、微信公众号等新兴媒体平台的独特优势来开展思想政治工作；等等。这些都是新时代科技型企业思想政治工作不得不面临的重大挑战。

新时代下，网络信息技术飞速发展，科技型企业如何培养思想政治工作者的网络信息应变能力和网络新媒体的运用能力，更好地利用和发挥新兴媒体的优势来开展思想政治工作，都是新时代科技型企业思想政治工作不可回避的新挑战，需要一步步地进行探索和尝试。

第二章 新时代科技企业思政工作发展建设理论基础

思想政治工作作为科技型企业有序经营、综合发展的一大法宝，需要始终不渝地抓好、用好、实践好。习近平认为，国有企业思想政治工作是党组织一项基础性和经常性工作，强调了国有企业思想政治工作的重要性。马克思曾指出："光是思想力求成为现实是不够的，现实本身应当力求趋向思想。"①。因此，"思想"的价值还在于对现实的"塑造"和"引导"。理论是行动的先导，抓好科技型企业思想政治工作发展建设的理论研究可以成为处理新时代科技型企业思想政治工作的开展之需、满足时代之要的重要手段之一。为了更好地把党的思想政治工作融入企业生产经营的价值链条中，发挥好思想政治工作统筹协调企业内部各主体的桥梁纽带作用，解决思想政治工作与企业生产经营发展脱节的问题。不仅需要立足实践，针对问题给出对策，还需要加强理论研究予以指导，发挥理论对实践行动的先导性作用。

因此，本章将马克思主义关于思想政治工作的基本理论、中华优秀传统文化和西方企业政治文化思想、中国共产党人关于国有企业思想政治工作思想作为新时代科技型企业思政工作发展建设的理论基础加以详细阐述，为全书的研究奠定坚实的理论基础。

---

① 中共中央马克思恩格斯列宁斯大林著作编译局编译. 马克思恩格斯选集（第一卷）[M]. 北京：人民出版社，2012：11.

一、马克思主义关于思想政治工作的基本理论

（一）马克思、恩格斯关于思想政治工作的理论

1. 意识、社会意识及与社会存在关系的理论

第一，就意识的相关概念而言，从本质上看，意识是作为物质世界的主观映像而存在的。马克思批判黑格尔将观念变成独立主体甚至是"造物主"的错误观念，恩格斯尖锐地指出黑格尔用这种精神的"自我运动"去统摄历史只会是"超历史"的。不同于黑格尔，马克思认识到了分工是产生精神劳动分离的重要因素，促使意识和观念从实践活动中剥离出来。第二，就社会意识的来源而言，社会意识是人的意识分化之后形成的共同意识，马克思认为："是人们的社会存在决定人们的意识。"[①]马克思和恩格斯提出正确认识历史的前提不是意识、思维、理念等精神活动，而是要从真实的、现实的社会历史发展之中才能把握。因此，要真正找到人类思维的本源，回答思维或概念能否真正切中外部现实的历史之间，摆脱只在思维内部来解释人与世界关系的经院式方式，就要回归实践。

2. 物质利益原则

马克思指出，人们所争取奋斗的一切，都同他们的利益有关。作为观念、思想的"生产者"，人的思想兼具可塑性和发展性，就源于其是社会的产物。"不是意识决定生活，而是生活决定意识"[②]，这种生活具有原初性，是打上他那个时代的烙印的物质生产活动的生活，物质交往活动的生活。因此，不管是关于国有企业党的思想政治工作的思想，还是职工思想观念，都不是捉摸不透的，都是与本身的物质利益密切相关的。

3. 社会主义所有制问题的思想

作为社会经济制度和社会关系的核心和基础，生产资料所有制是社会生产中地位和产出成果的形式的决定性因素。马克思和恩格斯在《共产党宣言》中指出共产党人强调所有制问题并把其作为运动的基本问题。共产

① 中共中央马克思恩格斯列宁斯大林著作编译局编译. 马克思恩格斯选集（第二卷）[M]. 北京：人民出版，2012：2.

② 中共中央马克思恩格斯列宁斯大林著作编译局编译. 马克思恩格斯选集（第一卷）[M]. 北京：人民出版社，2012：152.

主义革命就是与传统的所有制关系和传统观念的彻底决裂，"共产党人可以把自己的理论概括为一句话：消灭私有制"①。当生产资料实现公有化时，才能解决生产资料私人占有的矛盾。因此，共产党人就要废除资产阶级的所有制而代之以公有制，目的就是把资本变成公共的和属于社会全体成员的共同财产。马克思的产权理论和股份制思想，也为在国有企业把股份制作为公有制的实现形式提供了理论依据。

4. 实践到认识再到实践的认识过程理论

马克思主义的"两种生产"理论即物质生产理论和精神生产理论，精神生产理论认为人的感性认识活动，不是像白板一样在对象上打上烙印，而是一种社会性的认识活动。感性直观与理性思维是一种不可分割地把握世界的两个方面。理性思维形成过程是主体凭借抽象的思维对感性具体进行加工的过程，本质就是它的抽象化，不仅是反映事物某一方面的个别的概念和判断，而且是反映现实整体的理论体系。这种支配行为的思想正是客观外界在大脑中的反映，是感性到理性的过程，而只有当理性认识再次回归到实践，才完成了认识的完整过程，这是理性认识本身和实践本身的要求。为了使理论向实践转化，主体必须提供有规律性、有目的性与现实可行性有机结合的观念模型，具体表现为计划、政策及方针等。

5. 人的需要与全面发展的理论

在《德意志意识形态》中，马克思和恩格斯集中阐发了作为有"需要"的现实性的人及需要本身。生存需要直接与生命延续有关，属于浅层次的需求。发展需要主要涉及在社会交往中情感的满足或美的感受，是从事政治、科学、宗教和艺术的需要。而最高需要代表着人的个性、社会性和人类个性协调发展。居于需求层次最高层的需要是一种确证式的需要，当人们已经满足生存需要和发展需要时，就会上升到一种人生崇高理想的高阶状态，即人的自由而全面发展。由此可见，生存性需要是一种原初需要，发展性需要推动个体展现本质力量，最终实现人的崇高理想。

6. 对工人阶级进行教育和引导的思想

早期马克思从"现实性力量"的角度来论证无产阶级的历史作用，发

---

① 中共中央马克思恩格斯列宁斯大林著作编译局编译. 马克思恩格斯选集（第一卷）[M]. 北京：人民出版，2012：414.

挥这种现实性的力量就离不开"要无条件地掌握无产阶级世界观"[①]等。为帮助无产阶级认识人类历史发展的客观规律和自己的历史使命，由"自在阶级"变成"自为阶级"。在《共产党宣言》中马克思和恩格斯十分注重教育工人的彻底性，强调共产党一分钟也不能忽视教育工人。从提高工人阶级水平的高度，提出了"把有报酬的生产劳动、智育、体育和综合技术教育结合起来"[②]。因此，为使人们彻底改造旧的生产方式和旧的社会分工，需要通过全面的教育，在逐步达成的生产力发展的物质前提下，进一步克服劳动在产品上的工具化，创造占有自身本质的真实条件。

（二）列宁关于国有企业思想政治工作的理论

1. 政治与经济的关系的理论

列宁认为"政治是经济的集中表现"[③]，政治来源于经济，即以一定的经济为基础，具有反映特性。政治又反作用于经济，具有指向特性。据此提出了"政治同经济相比不能不占首位"[④]的论断，这就说明了无产阶级只有取得了政权并保持政权才能有条件发展社会主义经济。列宁就"革命的理论"的重要意义提到，"如果没有革命的理论也就不会有革命的运动"[⑤]，意识到革命的理论的重要性，但只有将革命的理论与实际密切结合，才能提高工人阶级的共产主义觉悟。

2. 利用国家资本主义建设社会主义的思想

作为"国家"能够控制和监督的资本主义，列宁指出政权属于资本的社会里的国家资本主义和无产阶级国家里的资本主义是不同的，通过形成与资产阶级抗衡和斗争的力量可以为社会主义服务。列宁认为："利用资

---

① 中共中央马克思恩格斯列宁斯大林著作编译局编译. 马克思恩格斯选集（第三卷）[M]. 北京：人民出版社，2012：739.

② 中共中央马克思恩格斯列宁斯大林著作编译局编译. 马克思恩格斯全集（第16卷）[M]. 北京：人民出版社，1964：218.

③ 中共中央马克思恩格斯列宁斯大林著作编译局编译. 列宁选集（第4卷）[M]. 北京：人民出版社，2012：439.

④ 中共中央马克思恩格斯列宁斯大林著作编译局编译. 列宁全集（第40卷）[M]. 北京：人民出版社，2017：282.

⑤ 中共中央马克思恩格斯列宁斯大林著作编译局编译. 列宁全集（第5卷）[M]. 北京：人民出版社，2014：336.

本主义（特别是要把它纳入国家资本主义的轨道）作为小生产和社会主义之间的中间环节，作为提高生产力的手段、途径、方法和方式。"[1] 作为最接近社会主义的经济形式，国家作为强制人们遵守权利准则的机构可以使劳动者的经济权利得以兑现，有助于克服前资本主义的生产方式的弊端。在国营商业机构中，他认为必须通过市场、商品经济和货币关系来发挥新经济政策的最大价值，以商品交换找到商业、工业和农业的结合点。列宁认可多种经济成分的存在，要求可以把商业原则引入国有企业，也号召共产党人要学会管理经济与文明经商。

3. 对无产阶级开展政治教育工作的理论

首先，在教育目的上，列宁认为教育工人阶级是一项改造性的活动，"使他们克服旧制度遗留下来的旧习惯、旧风气"[2]。他将西方文化比喻为"泥足巨人"，教育工人阶级要树立帝国主义可以被打倒的信念，这样无产阶级才能有推翻资产阶级的统治、夺取政权的历史使命感。其次，在教育的内容上，他提出免费的综合技术教育（从理论和实践上熟悉各主要生产部门），从而开创了职业教育的先河。对"教育和生产劳动相结合"进行再阐述，力求解决现代科学技术带来的生产发展需要与简单生产技能不匹配的矛盾。最后，在教育方式上，他在1902年《怎么办？》一书中，提出了"政治教育工作"的概念。针对工人阶级的教育要通过"灌输"的方式，把社会主义思想和政治自觉灌输到无产阶级群众中去[3]，改变过去所提倡的工人用亲身经验去体验的教育方式。

二、中华优秀传统文化和西方企业政治文化思想

（一）中国传统政治伦理的思想

古代政治伦理思想中，最具代表性的是儒家、道家、法家的学说，其

---

[1] 中共中央马克思恩格斯列宁斯大林著作编译局编译. 列宁全集（第41卷）[M]. 北京：人民出版社，1986：393.

[2] 中共中央马克思恩格斯列宁斯大林著作编译局编译. 列宁选集（第4卷）[M]. 北京：人民出版社，1972：365.

[3] 中共中央马克思恩格斯列宁斯大林著作编译局编译. 列宁选集（第1卷）[M]. 北京：人民出版社，1972：209.

核心要义实质上是把道德的实现与国家治理的实现相统一。

1. "德治礼治"是传统政治伦理思想的核心

孔子论治,意图构建的是一个从"小康"再到近乎"大同"的理想秩序。其中,"以礼治国""以礼让为国""为政以德"等思想,都是"德治礼治"思想的丰富。后来,孟子的仁政学说,荀子的礼治思想,董仲舒的"天人感应"思想,等等,都是对孔子思想的传承。《左传·隐公十一年》亦表明,"礼"与"德"的思想在治理国家、安定社稷、协调百姓中发挥着重要的作用。墨家的"礼"原出于禹,追求的是夏代诚朴的风气,由此推之则是对兼爱非攻的追求,实质上是德治理想主义。

2. 处理"欲"与"利"的关系的思想

老子对人的欲望的解决的方法在于"道",使人的欲望遵循自然法则和自然规律。"无为,则无不治。"(《道德经·第三章》)即用无为的方式追求有为的效用。管仲提出的"四欲"提倡统治者要关注人们合理的欲望和行为。因此,统治者要实现有效的治理,必须"立民所欲,以求其功",达到消灾避祸、以退为进的目的。李贽也提出"顺欲",通过对个人"欲"的控制,达到公共道德准则"理"的弘扬,有利于协调人们的利益关系。

3. "和同之辩"的和谐的思想

孟子推行仁政的逻辑是使一国的"王政"向"仁政"转变,于是百万民可享福泽,诸国和睦有望开创。"仁"是"礼"的支撑,而"礼"的源头在于"和"。这种"和"表现为亲人和睦、百姓和谐、诸国安定。《尚书·尧典》中把"协和万邦"认为是统治者通过公正的方法达到百姓和睦的理想境界。把握"和"与"同"的关系,是处理社会和谐稳定的重要方法,而和谐发展的思想就是对古代先贤"和同之辩"的治国安民哲学法则的丰富和加深。

（二）中国传统道德教化的思想

如果说传统政治伦理更侧重于君王权威和外力约束,那么传统道德教化则是通过对伦理秩序的构建,使个人在道德磨砺的过程中追求自我提升。

首先,中国传统道德教化把"仁、义、礼、智、信"作为核心价值。孔子提出"仁"的核心思想,即"仁者爱人也"。他对"仁"的表现有不同解释。一方面,体现为"己所不欲,勿施于人"的处世待人的平等之道。"己欲立而立人，己欲达而达人"的友爱之道。另一方面，他将"仁"归纳为"温、良、恭、俭、让"。主张如果一个人自我尊重、宽厚待人、诚实守信、勤恳做事，就会得到众人拥护。除此之外，培养高尚的道德人格和品行，又可以反过来协调家族、君臣、朋友各方面的利益。孟子主张人性本善，强调"存心养性"。荀子则从性恶论出发，强调除重视个人后天的教化和学习外，也不要忽视社会环境的影响。

其次，中国传统道德教化也把"道"作为核心理念，把"尚道"作为精神准则，固有"得道者多助，失道者寡助。"（《孟子》）"道生之，德畜之，物形之，势成之。"（《道德经》）中的自然之道，把德行修养作为安身立命之本。"致中和"遵守各归其位的自然法则，"秉中庸之道"凡是进退有度无过不及的思想。董仲舒"天人感应"思想认为人与万物同类相通，通过警示训诫的方式，达到"政通人和"的理想境界。

最后，中国传统道德教化围绕个人与社会的关系提出道德准则。《荀子·劝学》中就有以蓬草和白沙作为比喻，希望良好的社会风气可以促进个人形成良好的德性①。"义利之辨"就是处理国家、社会和个人关系的准则，以重义轻利为基本的价值取向，就有了"君子喻于义"的价值导向，就有了"人而无信，不知其可也"的价值原则，就有了"出入相友，守望相助"的价值关怀。最后达到"圣人""神人""君子"的道德人格，通过个人的道德践履，达到人伦教化的目标。

（三）西方企业政治、文化的思想

西方经济学受新古典经济理论的影响，长期以来就把企业作为追求利润最大化的纯粹的经济营利组织。作为一个抽象实体，只是为了进行资源配置和节省交易费用而把投入转化为产出的工具。罗纳德·科斯（Ronald H. Coase）在《企业的性质》一书中就认为企业是以契约建立的组织和价格机制的替代物，就遮蔽了其作为私有经济制度符号的存在。

1. 西方企业政治思想受到西方政治思想的影响

西方政党并未控制微观经济组织，资本主义企业不设政党的基层组织，

---

① 李素英. 中华传统美德现代化的价值引导机制建设研究 [J]. 山东行政学院学报，2019（05）：115-122.

加上基层组织本来就比较松散，只是通过工会组织来进行职工权益的保障。
这就说明了西方国家进行资本主义精神教育的方式主要是通过宗教信仰和
法律体系。由于没有对企业进行意识形态教育的阶级基础，西方的企业并
没有"阶级意识"和"阶级基础"的概念。西方企业主要是以管理思想为主流，
而对"政治思想"所谈甚少，但实际上来看，西方企业中仍然有对员工"思
想"的管理，主要有以下三种。

（1）"激励"思想

西方企业政治管理主要的途径是创设对职工的激励途径。追溯到美国
泰勒发表的《车间管理》，提出所谓的金钱刺激的奖惩制度来激励职工的
劳动的积极性。经过发展，在现代企业中就表现为"激励机制"，即个人
在追求利益最大化的过程中，受物质利益驱使，可以使日常工作效率提高。

（2）"动机诱导"的思想

美国人亨利·艾伯斯（H. Albers）在《现代管理原理》中也研究了有
关职责的道德品质，在企业人事管理和人际沟通中就承担着"动机诱导"
的角色。[①] 好比将职责作为一种报酬，改变单纯以谋利为目标的价值追求，
从而刺激和调动员工参与活动的积极性。

（3）"人本管理"的思想

西方企业政治逻辑是建立在对主体权利的肯定上的，为转变物质资本
在企业形成的"内部控制人"的困境，并形成传统的自然法到近代的自然
权利再到现代的人权的转变。[②] 除此之外，在西方企业中由于权力与权利在
企业中的制衡机制，产生了企业、个人、社会三者的矛盾使得权力被分化，
权力与权利逐步分离。特别是重视人的精神因素，积极促进人从"经济人"
向"文化人"的转变，进而发展成了人本管理的政治思想。

（4）"生产政治"思想

西方现代企业的政治治理是物质资本控制企业的治理模式，这种模式
建立在私有制的基础上，也绕不开政治话语体系的控制和影响，于是生产
政治理论应运而生。生产政治理论的主要内涵是生产过程受到企业内部政
治和国家的影响，通过生产政体的构建力求找到塑造工人阶级的劳动意识

① ［美］亨利·艾伯斯. 现代管理原理 [M]. 北京：商务印书馆，1986.

② 王向雷，文哲，李世明主编. 企业文化战略 [M]. 吉林：吉林人民出版社，2005：292.

和生产意识的政治结构，通过国家力量与市场力量相结合来塑造职工的思想意识①。

2. 西方现代企业文化是现代企业管理理论和管理哲学集成创新的成果

西方不同的管理学家对企业文化的定义尚未达成统一的定论，大致有以下几种说法。一是"行为准则说"，美国人特雷斯·迪尔（Terrence E. Deal）和阿伦·肯尼迪（Allan Kennedy）在《公司文化》中把企业环境、观念价值、文化网络、英雄人物、礼节仪式作为企业文化的构成因素，企业文化就是价值体系和行为准则。② 德加·H. 沙因（（Edgar H. Schein）在《企业文化与领导》一书中也认为，文化也是职工在认识、思考和感受问题时理应掌握的正确方法。③

二是"价值观说"，约翰·P. 科特（John P. Kotter）在《企业文化与经营业绩》中认为，企业文化是就是公司的价值观。④ 大部分西方学者赞同企业文化是指导企业形成一脉相承的宗旨和价值观的有效方式。

3. 西方主要的企业文化学说流派

（1）"Z理论"说

美国加利福尼亚大学教授威廉·大内（William Ouchi），在《Z理论——美国企业界怎样迎接日本挑战》中心议题是在处理雇佣制、评价与晋级、职业发展途径、控制方式、决策过程、责任制、企业关系的过程中形成企业的宗旨、作风、传统。⑤

（2）"7S管理模式"说

基于矩阵结构构建了7个变量的管理要素，其中"共同价值观"是连接"7S框架"的中心环节。企业文化建设通过"以人为核心"的艺术化和情感化的管理方式，可以将企业管理的"硬件"和"软件"结合起来。

（3）"革新性文化"说

其是由麦肯锡咨询公司专门组织专业团队研究了日本企业文化中大企

① [美]迈克尔·布洛维. 公共社会学 [M]. 沈原，等，译. 北京：社会科学文献出版社，2007.

② [美]特雷斯·迪尔，阿伦·肯尼迪. 公司文化 [M]. 北京：三联书店，1989：75.

③ [美]德加·H.沙因. 企业文化与领导 [M]. 北京：中国友谊出版社，1989：18.

④ [美]约翰·P.科特. 企业文化与经营业绩 [M]. 北京：华夏出版社，1997：56.

⑤ [美]特雷斯·E.迪尔，阿伦·A.肯尼迪. 企业文化：现代企业的精神支柱 [M]. 唐铁军，叶永青，陈旭译. 上海：上海科学技术文献出版社，1989.

业的重大变革和革新，认为革新性的文化之所以强，在于具备贵在行动、紧靠客户用户、鼓励革新、以人促产、深入现场、不离本行、精兵简政、紧中有松中促成企业的革新。[①]

（4）"企业文化与经营业绩"说

主要以著名的管理和领导科学家约翰·P. 科特（John P. Kotter）的观点为代表，他认为企业经营业绩不仅要靠改变结构、削减成本、加深管理，还需要文化的转变，通过实证分析证明了企业文化所能达到的强有力经营效果。

以上四种主要流派的诞生，标志着西方企业文化理论的逐步成熟。

4. 关于西方企业文化的典型代表，即美国企业文化和日本企业文化

在美国企业文化与民族精神有契合之处，受个人主义的价值观的影响表现为开拓、创新、自由、平等的精神。而日本企业文化则是依靠社会价值和风土建立起来的独特的价值观。一是以"和"与"忠"思想为代表的共同价值观。"和"的思想即表现出里外一体、上下一致的价值观念。"忠"的思想则表现为，对企业管理者的效忠和对企业制度、价值的绝对推崇。二是在企业中通过企业文化体现组织风土，表现为企业的"社训"或"社是"，主要以自信、自强、团结、进取等为核心价值追求，表现为企业与员工休戚与共、荣辱与共，是对员工整体精神和集体主义意识进行培养。

三、中国共产党人关于国有企业思想政治工作思想

中国共产党人立足实践，形成对国企思想政治工作运行机制的基本价值判断和理性认识。秉承了加强中又有改进，变革中又有超越逻辑理路，纠正了探索中出现的偏差，既"破"又"立"，体现了国有企业党的思想政治工作思想的与时俱进和理论整体性发展。

（一）毛泽东关于国有企业思想政治工作的理论

土地革命战争时期，为支援革命保障人民生活，各根据地相继建立了自己的工厂，国有企业思想政治工作的雏形也初现于第二次国内革命战争时期公营工厂党的工作。毛泽东认为为完成"发展经济，保障供给"的方针，

---

① ［美］埃德加·沙因. 企业文化生存指南. [M]. 郝继涛译. 北京：机械工业出版社，2004.

要实事求是发展公营经济，采取"公私兼顾"的方式处理公私关系，才能保障财政供给。中华人民共和国成立之后，毛泽东把建立国有经济作为领导社会发展的重要力量，通过没收官僚资本归国有，促进了国民经济的恢复。此后毛泽东进行了系统周密的调研，通过听取国务院 35 个部委关于工业生产和经济工作的汇报等方式，他提出了正确区分和处理两类不同性质的矛盾的理论。在著名的《论十大关系》中，为更好处理国家、生产单位和生产者个人的关系，他认为要兼顾这三个方面，不能只顾一头，这样不利于社会主义，也不利于无产阶级专政。在处理国家和工厂、国家和工人、工厂和工人的分配问题上要兼顾各方利益，实行政治与经济的统一，政治与技术的统一和又红又专的方针。他承认价值规律在国有企业中发挥的作用，为此 1961 年颁布的《工业七十条》就规定了思想政治工作要与计划管理、经济核算和按劳分配、物质鼓励相结合。

对于思想政治工作，一是地位作用层面，毛泽东站在了革命时期团结全党全国人民保证一切工作取得胜利的角度，把思想政治工作当作了"生命线"。在《工业方法六十条（草案）》中，他从为经济基础服务的角度阐明了思想政治工作的重要性。在《井冈山的斗争》一文中，他认为只有经过政治教育，才可以使红军士兵拥有分配土地、建立政权和武装工农的常识。二是主要内容层面，毛泽东认为要把普遍深入地研究马克思列宁主义作为党的一项解决重大问题的任务。除此之外，社会主义的道德教育、爱国主义教育、集体主义教育、艰苦奋斗教育可以成为提升人们马克思主义理论素养的有效手段。三是方式方法层面，在进行人与人之间的沟通交流时，要有相互了解和相互尊重的"尊重人、理解人、关心人"的工作方法。除此之外，他根据社会发展需要提出具体的方式，即要把"理论与实际"联系起来，要把"批评和自我批评"联系起来，要把"调查研究与讲究实效"联系起来。

（二）邓小平关于国有企业思想政治工作思想

改革开放初期，在"解放思想，实事求是"的思想路线的指导下，国有企业打破了极端压抑束缚人们个性的现象。但受到计划经济体制下企业党组织行政化的运行方式的影响，起初还存在党的思想政治工作与行政工作混为一谈的现象。国有企业将重心放在了调整经济体制和转化经营机制上，也存在单方面忽视知识和文化的现象，产生了思想政治工作"可有可无"等错误观点。除此之外，20世纪80年代实行的经济责任制和价格双轨制，总体上使企业有了一定活力，但却出现了个别领导人小团体主义膨胀，做投机倒把的买卖，国家意识和集体意识缺失，导致了国家和集体的利益被忽视。思想政治工作与物质利益脱离与企业经济和业务工作分开，导致了难以应对存在的新旧价值的共存、交互、博弈的挑战。为此，以邓小平为代表的中国共产党人着重解决国有企业党组织和行政组织的关系，处理思想政治工作与物质利益、经济和业务的关系，从而有针对性地解决这些问题。

1. 党政职能分开，加强党对思想战线领导的方针

首先，国有企业中党政职能交错反而会削弱思想政治工作成效。改革初期行政化的领导方式，可能会出现企业党的思想、政治领导效果削弱的问题。邓小平关注到了这一问题并认为："思想战线上各方面的工作，成绩是主要的。……但是也必须指出，我们的宣传工作还存在严重缺点……"①因此，作为企业党组织的一项重要任务，加强对于思想政治工作的重视程度，可以使党的组织免于日常烦琐的行政工作，而把主要精力放在把握政治方向和谋划全局上来。

其次，解决思想政治工作领导体制和国有企业管理体制高度重合的问题。"党政职能分开"是一种途径，这种分开是代表党政职能的分工，必须实行科学的职能划分。邓小平谈到的"党政职能分开"，就是要党组织要把大量的日常行政工作和业务工作，尽可能交给业务部门来承担。这样党委才能做好思想政治工作和组织监督工作，摆脱日常事务。《中国共产党工业企业基层组织暂行条例》中对企业党委对企业生产行政领导要抓重大问题，而不是直接指挥生产和包揽行政事务提出了具体要求。在党的十二大报告中，也提出"企业事业单位中党的工作和行政、生产工作，必须适当分工"②，这样才能提升思想政治工作的实效。

最后，理顺党委和行政组织的关系对国企思想政治工作发展至关重要。党组织在企业中的定位关系到思想政治工作的开展。一方面，加强和改善

---

① 邓小平. 邓小平文选（第2卷）[M]. 北京：人民出版社，1994：364.

② 中共中央文献研究室编. 十二大以来重要文献选编（上）[M]. 北京：人民出版社，1986：51.

党的政治领导是做好思想政治工作的关键。在领导体制方面，他认为要"加强党对思想战线的领导，克服软弱涣散的状态"①，这样才能推动思想政治工作走向科学化。另一方面，邓小平指出，"改善党的领导，其中最主要的，就是加强思想政治工作"②。把思想政治工作作为保障党组织在思想、行动上一致性的重要途径，腾出主要的时间和精力做思想政治工作，才能为企业改革发展提供重要的精神动力。通过思想政治工作，才能增强全党的组织性、纪律性。实践证明，科学确立国有企业思想政治工作地位需要与思想政治工作的领导体制保持契合。

2. 物质文明、精神文明"两手抓"的任务

首先，物质文明、精神文明建设"是什么"。在国企，物质文明是与生产经营相关的器物文明和科技文明等物质成果的体现，精神文明则是文化、思想、理论等方面的成果体现。邓小平在1980年的中央工作会议上把共产主义的思想、理想、信念、道德、纪律的革命立场和原则也纳入精神文明的范围，从而丰富了其内涵。

其次，"为什么"既要抓物质文明，又要抓精神文明。邓小平认为随着党的工作重心转移，需要积极应对经济体制变革所带来的影响，"防止埋头经济工作、忽视思想政治工作的倾向"③。他进一步阐明了思想政治工作与经济工作的关系，破除了物质文明"高于一切"的谬论。他提出把思想政治工作放到整个中国特色社会主义历史的进程中去，"要两手抓，一手要抓改革开放，一手要抓严厉打击经济犯罪，包括思想政治工作"④。其中，"两手抓"的"两手"，正是遵循"两点论"辩证地分析问题和解决问题，使"两手抓"这一任务具有针对性和纠偏性。如果两者不能相互促进、协调发展，就不能防止和克服"一手硬，一手软"的教训。那么，忽略了其中的任何一方面，都会给社会主义现代化建设带来比较严重的危害，尤其是精神文明建设方面。

最后，"怎样抓"精神文明建设。一方面，经济建设起步后带来物质

① 邓小平. 邓小平文选（第三卷）[M]. 北京：人民出版社，1993：47.
② 邓小平. 邓小平文选（第二卷）[M]. 北京：人民出版社，1994：365.
③ 邓小平. 邓小平文选（第三卷）[M]. 北京：人民出版社，1993：48.
④ 邓小平. 邓小平文选（第三卷）[M]. 北京：人民出版社，1993：306.

方面的成果朝好的方向发展。另一方面，思想政治工作在转化成为职工的积极性和创造性的过程中出现了问题，越是搞活经济，搞活企业，就越要注意克服资本主义思想的侵蚀，这需要将抓精神文明与开展共产主义的理想教育结合起来。在目标层面，从社会主义国家和马克思主义执政党的角度，要将发展生产力、建设物质文明与提倡精神文明建设结合起来。在方法层面，精神文明重在教育引导，特别是从具体的事件入手，着眼于党风、社会风气的转化，以整顿党风促经济来维护思想政治工作的权威性。

　　3. 思想政治工作与物质利益结合的原则

　　首先，发挥思想政治工作激励调节作用不能忽视物质利益原则。经济的发展会带来思想层面的剧变，国有企业作为一个经济部门，思想政治工作做得好不好还要与技术革新、劳动生产率、利润、劳动者收入等挂钩。邓小平认为思想政治工作中的问题源于企业的生产、经营和分配活动，所以要"提倡按劳分配，承认物质利益"[①]。在此基础上还要注重整体利益，进而为全体人民的物质利益奋斗。国有企业改革中涉及职工利益的调整和思想政治观念的转变，加强和改善党的思想政治工作是保证思想行动一致性的必然要求。

　　其次，从物质利益层面引导职工群众正确认识自己的利益。改革中的收入分配领域所造成的职工利益差距，产生的思想观念问题不能被迅速消解。邓小平指出，"不讲多劳多得，不重视物质利益，对少数先进分子可以，对广大群众不行，一段时间可以，长期不行"[②]，这种物质刺激的"物质"也能转化为精神力量。"如果只讲牺牲精神，不讲物质利益，那就是唯心论"[③]，因此，偏废物质利益可能导致接续企业改革的动力不足。

　　最后，人民群众根本利益与物质利益相结合，使国有企业思想政治工作评判标准科学化。邓小平在1988年党的十三届三中全会中提出了要以"生产力的发展为根本标准"，来克服曾出现过的"精神至上"或精神"无用论"

———————

①　邓小平. 邓小平文选（第二卷）[M]. 北京：人民出版社，1994：337.

②　邓小平. 邓小平文选（第二卷）[M]. 北京：人民出版社，1994：146.

③　邓小平. 邓小平文选（第二卷）[M]. 北京：人民出版社，1994：146.

的态度 ①；又提出了以 "群众利益为标准"，来判断思想政治工作的成效。把群众拥护与否、赞成与否、高兴与否、答应与否 ②，作为制定思想政治工作方针政策的前提和评价标准，在企业也不例外。他在南方谈话时，提出了 "三个有利于" 的评价标准，更是站在人民的立场上对思想政治工作的成效予以衡量，这就实现了事实标准和价值标准的有机统一，达到尊重职工的主体地位的效果。

4. 思想政治工作与经济、业务工作结合的途径

首先，围绕企业中心任务把政治优势与经济优势结合起来。改革伊始邓小平就强调，"经济工作是当前最大的政治，经济问题是压倒一切的政治问题" ③，不管是短期内开展企业内部的利益协调，还是长期内企业的长远发展，都要以保障企业经济效益为前提。所以，国有企业思想政治工作为了防止脱离和空谈马克思主义，"你不抓住四个现代化，不从这个实际出发，就是脱离马克思主义，就是空谈马克思主义" ④。1981 年为纠正怀疑社会主义制度的思潮，邓小平一针见血地指出："社会主义制度优于资本主义制度。这主要表现在许多方面，但首先要表现在经济发展的速度和效果方面。" ⑤ 表明了企业在经济发展上取得的成果能为纠正思想层面的偏差提供有力的依据。党的思想政治工作要密切结合经济建设和经济体制改革的实际来进行，在国企，就是要结合体制改革和生产经营的具体实际。因此，开展国企思想政治工作要坚持历史唯物主义的立场，重视运用社会发展进步的事实进行思想政治教育，才能回应错误思潮，达到进行正确的思想引导的目的。

其次，把经济发展与职工切身利益结合，处理与业务工作的协调性关系。国企肯定经济工作与业务工作，并不是说思想政治工作就可以偏废于一隅，发展社会主义市场经济与加强思想政治工作是相互促进的关系。"政治工

① 中共中央党校毛泽东思想研究室选编组. 思想政治工作文选选编 [M]. 北京：中共中央党校出版社，1989：286.
② 李治国. 邓小平经济思想 [M]. 北京：人民出版社，2004：44.
③ 邓小平. 邓小平文选（第二卷）[M]. 北京：人民出版社，1994：194.
④ 邓小平. 邓小平文选（第二卷）[M]. 北京：人民出版社，1994：163.
⑤ 邓小平. 邓小平文选（第二卷）[M]. 北京：人民出版社，1994：251.

作要落实到经济上面，政治问题要从经济的角度来解决"[1]，即便是逐利的竞争性的态势中，也要引导到工人阶级根本利益和长远的利益上来。邓小平在《党和国家领导体制改革》中强调要通过企业普遍成立职工代表大讨论大会，让职工代表大会有权对本单位问题进行讨论和决定。因此，为避免游离于党的实际工作外，就要克服脱离社会主义市场经济的思维偏差。发扬民主的方式，问计于职工，问需于职工，不唯本本、不唯教条，找准工作定位，摆正工作方向。

（三）江泽民关于国有企业思想政治工作思想

20 世纪 90 年代，由于市场经济发展初期的不确定性，职工在思想观念上呈现出多样化、层次性、复杂性的特点，同时"一手硬、一手软"的问题在国有企业还没有得到根治。21 世纪之交，在国有企业中一些领导干部埋头业务工作，对社会思想政治动向把握不深入。国有企业党组织在思想教育方面没有完全发挥应有的作用，导致应对国有企业兼并、破产、减人增效所产生的思想层面的等问题，覆盖不到位、针对性不强。因此，需要"科学、向上、进取"的精神来引导，为此，以江泽民为代表的中国共产党人提出了"保障职工主人翁地位的方针"，丰富了"四有"新人的育人目标，探索了疏导、教育与管理相结合的有效路径，为国有企业思想政治工作方针、目标、原则、途径的制定提供了原则性的指导。

1. 保障职工主人翁地位的方针

首先，保障职工主人翁地位，就要牢牢依靠工人阶级的力量。就工人阶级的历史地位而言，江泽民重申："中国工人阶级始终是推动中国先进生产力发展的基本力量。"[2] 这是在中国革命、建设和改革的过程中被证实的。随着改革开放的深入，工人阶级的思想、道德、科学、文化素质的增强，其先进性不断发展。就工人阶级的品格而言，其"有严格的组织性和纪律性，富于革命的坚定性和彻底性"[3]。因此，坚持保障国有企业主人翁地位，不仅是企业政治文明建设的要求，也是激发劳动者的智慧和创造力，激发企

---

①　邓小平. 邓小平文选（第二卷）[M]. 北京：人民出版社，1994：195.

②　江泽民. 江泽民文选（第三卷）[M]. 北京：人民出版社，2006：285.

③　江泽民. 江泽民文选（第一卷）[M]. 北京：人民出版社，2006：90.

业内部活力源泉的内在需要。

其次，保障职工主人翁地位，本质上是做好群众工作。就如何把依靠工人阶级和保障职工主人翁地位的方针落细、落实而言，在1991年9月的中央工作会议上，江泽民认为，需要通过加强思想政治工作、从严治厂和民主管理来切实加强保障职工主人翁地位。①除此之外，思想政治工作要从政治上，保障职工群众的主人翁地位。从方式上，调动职工创造性增强凝聚力。从内容上，调动职工积极性增强向心力。

最后，保障职工主人翁地位，是做好思想政治工作的立足点。伴随着国有企业劳动关系的转变，需要持续保障国有企业职工的主人翁地位。1995年，江泽民在上海、长春召开的企业座谈会上作了《坚定信心，明确任务，积极推进国有企业改革》的讲话，对党委和工会的职责提出了进一步的要求，需要以化解职工内部矛盾为主，来做细思想政治工作增强团结和提高战斗力。②在1999年的东北和华北地区国有企业改革和发展座谈会上，他在《坚定信心，深化改革，开创国有企业改革发展的新局面》的讲话中，就谈到工人阶级的主人翁地位永远不能变，为此要把这一判断作为做好企业思想政治工作的基本方针和要求。

2. 培养"四有"职工的目标

首先，从阶段性来看，培养职工的目标是具体化的。其一，培养"四有"职工内涵丰富。江泽民从精神内涵的高度，提出了"六十四字"创业精神和新时期"五种崇高精神"，其中"六十四个字"涵盖内容丰富涉及层次广泛，"五种崇高精神"凝练概括富有深度，明确地把"四信"（信仰、信念、信心、信任），"四种意识"（自立、竞争、效率、民主法制意识）列入培养"四有"新人的目标，从而丰富了"四有"职工目标的内涵。其二，培养"四有"职工目标也是精神文明建设的目标。他认为，在社会主义精神文明建设中培养有理想、有道德、有文化、有纪律的一代新人是一项重要工作③。因此，

---

① 中华全国总工会，中央文献研究室编. 毛泽东邓小平江泽民论工人阶级和工会工作[M]. 北京：中央文献出版社，2002：173.

② 中共中央文献研究室. 江泽民思想年编（1989—2008）[M]. 北京：中央文献出版社，2010：475.

③ 中共中央文献研究室编. 十四大以来重要文献选编（上册）[M]. 北京：人民出版社，1996：647.

通过"四有"职工的培养达到企业精神文明建设的良好效果。

其次，从长远来看，"四有"职工是与人的全面发展根本目标是相统一的。劳动者素质的高低直接决定国有企业经济发展的动力是否充足，推进人的全面发展与经济、文化发展和物质文化生活改善是互为前提基础的，为此需要把共产主义的远大理想和党的思想政治工作的目标方向结合在一起。立足社会主义本质要求的高度，关注国有企业中以"两个文明"为基础的各项工作，把握处理好生产力与生产关系的前提，才能不断推进人的全面发展，使培养职工的根本目标和具体目标的达成关联。通过培养与社会主义现代化生产相适应的"四有"职工，来调动职工的积极性、创造性①，使职工群众在劳动中实现自我价值。

3. 思想政治工作与企业改革发展相统一的原则

首先，国有企业改革发展中思想政治工作的地位作用至关重要。"人民群众的理想信念、精神状态和人心所向，最终决定建设有中国特色的社会主义事业的成败。"②1999 年江泽民在西安国有企业改革和发展座谈会上谈到，国有企业改革成效，还要看对下岗职工思想、生活、再就业是否切实抓紧做好。③2000 年他在中央思想政治工作会议上指出，作为党和社会主义国家的重要政治优势，党的思想政治工作是实现各项任务的中心环节。"中心环节"突出强调的是党的思想政治工作对经济、政治、文化、教育等领域具有链接作用。所谓"政治优势"就是将思想政治工作放在历史的维度中去考察，在历史发展过程中形成一整套优良传统和优良作风，只有充分发挥党的思想政治工作这一政治优势，才能保证经济工作和其他一切工作的正确发展方向"④，形成独特的活动方式和运行机制。

其次，国有企业要想处理好深化改革和现代企业制度的关系，需要依靠思想政治工作的有效途径。由于改革对职工思想精神状态带来的影响，世纪之交江泽民在中央思想政治工作会议上强调："越是变革的时期，越

---

① 中共中央党校毛泽东思想研究室选编组. 思想政治工作文选选编 [M]. 北京：中共中央党校出版社，1989：289.

② 江泽民. 江泽民文选（第三卷）[M]. 北京：人民出版社，2006：74.

③ 中华全国总工会，中共中央文献研究室编. 毛泽东邓小平江泽民论工人阶级和工会工作 [M]. 北京：中央文献出版社，2002：208-209.

④ 江泽民. 江泽民文选（第三卷）[M]. 北京：人民出版社，2006：84.

要警惕各种错误思想观念的发生及其给人们带来的消极影响，我们党的思想政治工作越要加强和改进。"[1] 他敏锐地察觉到，思想意识的变化源于社会存在的变化。一方面，多元性与矛盾性的交织使得企业改革具有复杂性，因此企业职工的思想就更难以把控。所以，他在中国职工思想政治工作研究会成立 14 周年之际，也强调愈是发展社会主义市场经济，就愈不能放松全党和全社会对思想政治工作的加强和改进。[2] 否则缺乏思想的统一，就难以形成凝聚力，缺乏信仰的坚定，就难以形成战斗力。另一方面，思想活动的独立多变性、选择差异性日趋明显，各种背离主流价值的主义极易被诱发。因此，思想政治工作要通过围绕中心服务大局的原则，结合企业生产经营一道去做好。

4. 疏导、教育与管理相结合的途径

首先，疏导与教育结合，通过软调节的方式开展民主对话。江泽民提出，思想政治工作要善于疏导，注意发扬民主[3]，以这样的方式才能架起理解和信任的桥梁。通过坚持从严治厂，加强民主管理，来开展有说服力的思想政治工作。为了使疏导更有针对性和实效性，要坚持"把先进性的要求同广泛性的要求结合起来，把思想教育同行为规范的培养结合起来"[4]。结合市场经济体制改革的要求，通过内容与方式方法的创新及时疏导职工内心的困惑，在解决思想认识问题中调整职工心理需求。

其次，疏导与管理相结合，将管理制度建设与思想政治教育结合起来。将思想道德原则融于科学有效的管理中，及时纠正理想信念动摇、道德失范行为，从而引导职工遵循社会道德规范。江泽民认为"党委书记主管思想政治和意识形态工作，这是我们党的一个好传统"[5]。除此之外，通过创新管理的方式方法使思想政治工作与企业战略制定、调整实施和评价评估结合起来。1995 年和 1999 年中央颁布的《加强和改进思想政治工作的若

① 江泽民. 江泽民文选（第三卷）[M]. 北京：人民出版社，2006：82.
② 中共中央文献研究室编. 十四大以来重要文献选编（上册）[M]. 北京：人民出版社，1996：552.
③ 中共中央文献研究室编. 十四大以来重要文献选编（上册）[M]. 北京：人民出版社，1996：665.
④ 江泽民. 论党的建设 [M]. 北京：人民出版社，2001：133.
⑤ 江泽民. 江泽民文选（第三卷）[M]. 北京：人民出版社，2006：96-97.

干意见》，也建议要把内外约束和考核奖惩结合起来，建立相应的规章制度，使思想政治工作切实有效。

最后，疏导、教育与管理，是实现"两个文明"建设的重要路径。疏导与教育侧重企业发展的"精神文明"要求，管理侧重国有企业发展的"物质文明"的实际需要。"两个文明"是思政工作从经验管理向科学管理转变的路径。为解决埋头具体事务，只注重物质文明不注重精神文明的情况，江泽民认为："做好思想政治工作，是在现代化建设实践中把两个文明建设统一起来的中心环节。"[①]因此，从"两个文明"的角度，思想政治工作具有枢纽性地位，是搞好企业"两个文明"建设的重要途径和重心方向，可以发挥对职工个人人格塑造、调控品德行为方面的积极作用，从而达到教育个体的目标。

（四）胡锦涛关于国有企业思想政治工作思想

进入 21 世纪后，随着国有企业开放性程度的不断提高，在融入全球化的转型过程中，西方国家输出企业模式、制度和规则时也输出了价值观念。帮助人们满怀信心建设有中国特色的社会主义成为新的课题。互联网兴起使职工思想呈现多元个性，市场机制基础性作用下企业职工中存在只索取不奉献的思想倾向，导致拜金主义、享乐主义蔓延滋长，马克思主义信仰和信念被冲淡，信仰价值显示出离散的倾向。为帮助人们树立社会主义的理想信念和道德风尚，调动企业职工群众参与改革的积极性。这一阶段，以胡锦涛为代表的中国共产党人重视价值理性政治思维的作用，立足于人的本质和全面发展，提出了"以人为本""科学发展观""和谐社会"等的构想。可以构成国有企业思想政治工作目标、任务、原则、途径的基本看法，突出了"改革、开放、发展、包容、和谐、创新"的主流价值。

1. 以人为本，以干部为本的目标

首先，"以人为本"与职工的积极性和创造性紧密相关。胡锦涛认为"以人为本"的内涵包含了"三个一致性"：理想目标与现实目标的一致性，

---

① 江泽民. 江泽民文选（第一卷）[M]. 北京：人民出版社，2006：583.

最终目标与阶段目标的一致性，长远利益与现实利益的一致性①。具体表现在"尊重人权、尊重劳动、尊重知识、尊重人才、尊重创造"。②在国有企业思想政治工作中充分抓住尊重"人权、劳动、知识、人才、创造"这五个关键方面，可以更好地激活企业内部的劳动要素、知识要素、人力资源要素等，创造保障企业生产经营和激发劳动者生产积极性的重要条件。

其次，"以人为本"是在科学发展观指导下把干部作为根本。"以人为本"是国企思想政治工作的根本目标。胡锦涛认为："思想政治工作说到底是做人的工作，要坚持以人为本的理念，……"③明确提出了坚持以人为本，回答了国有企业依靠谁发展、发展的动力目标、发展成果指向等问题。通过"主人翁地位"的维护达到职工主人翁意识的培养，肯定了其历史主体和价值主体地位，以人的全面发展推动企业可持续发展。思想政治工作以尊重人的主体地位和主体能动性作为出发点，把以干部为根本作为培养德才兼备人才的价值坐标，有利于实现"人的全面发展"这一终极价值的认识。

最后，"以人为本"是通过人本管理方式实现人文关怀的目标。胡锦涛在党的十七大报告中指出，思想政治工作通过人文关怀和心理疏导能正确处理人际关系。人文关怀不仅在于关注感受和需求，还在于通过疏导情绪的模式来平衡心理需求，以需求为导向的方式多听取职工群众的意见，疏导思想发展症结，关怀职工群体的整体思想素质要求，来达到管理的有效性。

2. 构建"和谐"企业是思想政治工作的任务

首先，构建和谐社会是新时期的战略任务。国有企业是构建"和谐社会"的物质基础。党的十六届六中全会的决定指明了"和谐"是社会主义现代化国家的内在要求之一。而国企是经济社会发展的支柱力量，作为构建"和谐社会"的战略目标的主心骨，也需要围绕"和谐"进行构建，离不开思想政治工作的保障和支撑。

---

① 中共中央文献研究室编. 十七大以来重要文献选编（上）[M]. 北京：中央文献出版社，2009：576.

② 白琳. 胡锦涛以人为本思想及其话语特征的文献解读 [J]. 渤海大学学报（哲学社会科学版），2013（04）：26.

③ 胡锦涛. 胡锦涛文选（第三卷）[M]. 北京：人民出版社，2016：184.

其次，把"和谐"企业作为思想政治工作的任务。胡锦涛认为，构建社会主义和谐社会也与加强社会思想道德建设密切相关。[①]因此，可以成为国企思想政治工作新的着力点。"和谐"的视角要求思想政治工作立足于人主体性确立和创造性发展，人与社会、个人与他人（包括个体、群体和类）和谐发展作为任务的归宿。2005年胡锦涛在构建和谐社会主义的专题研讨班上指出，社会和谐取决于全体成员的思想道德素质、理想信念和道德规范。[②]国企思想政治工作通过舆论、教育、文化的力量达到企业有效运转，正确地处理企业与职工之间、企业行政组织和党的组织之间的关系。可以促进企业价值目标的有序性和发展阶段过程的协调性，通过各主体通力合作的方式营造和谐的企业氛围，才能以个体和谐发展促进企业和谐发展。

3. 解决思想问题与解决实际问题结合的原则

首先，解决思想问题与解决实际问题相结合，是发扬党关心群众生活的优良传统。长期一段时间以来，国有企业思想政治工作存在与职工群众的生产、工作、生活脱节，流于"假大空"的表面的问题。党要始终坚持一切从实际出发，实实在在为群众谋利益，胡锦涛认为，我们党从来就是要靠实实在在为群众谋利益，而不是靠空洞的说教。[③]国有企业改革自然涉及职工根本利益的调整，党要加强和改进职工思想政治工作，就要使职工认识到企业改革与结构调整，是符合工人阶级的长远利益和整体利益的。

其次，坚持科学发展的原则、路径和方式，把职工实际的思想问题与实践工作结合起来。胡锦涛明确指出："要开展深入细致的思想政治工作，把先进性要求和广泛性要求结合起来，把解决思想问题和解决实际问题结合起来，……"[④]这就需要以科学发展观为桥梁，把解决思想问题与实际问题嫁接起来，将两种方式结合起来是改进思想政治工作的重要方式。企业政工人员用扎扎实实的实践行动开展思想政治工作，才能直接解决关涉到

① 中共中央文献研究室编. 十六大以来重要文献选编（中）[M]. 北京：中央文献出版社，2006：745.

② 胡锦涛. 在省部级主要领导干部提高构建和谐社会主义能力专题研讨班上的讲话[N]. 光明日报，2005-02-20.

③ 中共中央文献研究室编. 十五大以来重要文献选编（下）[M]. 北京：中央文献出版社，2003：2220.

④ 胡锦涛. 胡锦涛文选（第3卷）[M]. 北京：人民出版社，2016：63.

群众的切身利益的问题。思想问题与职工群众的生产、工作、生活矛盾密切相关，而不是孤立产生的。要通过生产环境的改善、劳动保护、生活待遇提高，解决关涉到职工群众的切身利益的问题，在解决实际问题的过程中解决思想问题。

4. "三个贴近"的途径

国有企业思想政治工作要深入职工群众生活实际当中，来扩大工作的覆盖面。胡锦涛认为思想政治工作要坚持贴近实际、贴近生活、贴近群众。"三个贴近"是一个简明精辟的概念表述，其内涵本身就从实际层面、实践层面、群众层面对国有企业思想政治工作进行了规定，所要指导的具体工作是全方位、多层面的。贴近的对象是"实际、生活、群众"，其内容更具主观的态势，其方式更具亲近的程度，并且这三者是相互联系、相互影响、相互作用的。

其一，贴近实际是指要紧密结合市场经济体制改革和国有经济改革"两个实际"。从理论的角度，是坚持实践第一的原则，是把思想政治工作的根本目标与近期目标相结合的重要体现。其二，贴近生活是指要联系企业生产经营实际和职工社会生活的实际，探索贴近职工、服务职工的新途径和新办法。[①] 从现实的角度，从实际需要、生活需要、群众需要出发，提升工作的针对性、实效性和吸引力。从发展的角度，可以促进方式方法的创新来保持思想政治工作的生命力。从经验的角度，是思想政治工作历史经验的总结和取得实效的路径。其三，贴近群众就是要以职工群众的思想发展需求为根本。为此，企业需要更好地宣传动员群众、引导教育群众、帮助群众[②]，并通过企业职工的价值观的塑造来推动思想政治工作的价值目标的实现。因此，坚持"三个贴近"可以通过思政工作方式和方法的创新，把影响企业发展的因素与职工思想政治工作实际问题结合起来，坚持把群众观点与维护职工群众利益结合起来，紧紧围绕效用的实现来满足职工群众日益丰富的思想文化需求，这样的一个过程也是思想政治工作的艺术化彰显的过程。

---

① 中共中央宣传部、国家经贸委关于加强和改进企业思想政治工作的若干意见 [N]. 人民日报，2011-02-28.

② 邵华泽. 十六大以来党的思想政治工作创新研究 [M]. 北京：人民出版社，2016：254.

（五）习近平关于国有企业思想政治工作思想

新时代国有企业高质量发展，人事、劳动和分配制度日趋健全，治理体系更加完备。在前瞻性关键技术领域和科技前沿产业中的附加值不断提升，实现了高效率增长、供给性增长、可持续性增长。与此同时，在个别企业也存在国企党建工作弱化、虚化、傲化的现象，党的思想政治工作没有纳入企业规范化章程，思想政治工作与企业文化建设层次不分明。伴随着意识形态领域复杂性、多元性与难控性，各种类型的思想交流、文化交锋、观念沟通，使主流政治思想的传播力和引导力在国有企业中的阵地受到冲击。面对新问题，为构筑国有企业"同心圆"，以习近平同志为代表的中国共产党人就国有企业思想政治工作领导体制、运行机制、方式载体提出了思路，明确了举措。

1. 坚持党对思想政治工作领导的政治原则

首先，加强党的领导和党的建设对于国有企业来说至关重要。在 2016 年召开的国有企业党建工作会议上，习近平提出了"四个坚持"，点明了加强国有企业党建工作的总体要求。他认为："坚持党的领导、加强党的建设，是国有企业的独特优势。"[1] 这种"光荣传统"具有历史性是从党成立之初就传承下来的宝贵经验，这种"光荣传统"具有权威性，可以应对负面意识形态对国企思想政治工作合理性的挑战，可以应对企业法人治理结构中党组织地位弱化对其必要性的挑战。习近平把这种"光荣传统"比作了国有企业的"根"和"魂"，"根"的作用在于使国有企业经营发展更加符合国家战略方向，"魂"的作用在于为国有企业凝聚精神力量提供了根本保障。因此，为给国企发展提供强大后盾和组织基础，就要确保企业发展到哪里，党的建设就要跟到哪里。

其次，坚持党的领导是国有企业思想政治工作的政治原则。习近平认为："坚持党对国有企业的领导是重大政治原则，必须一以贯之；……"[2] 其一，以党的全面领导为前提，随着党组织地位通过宪法和党章的"外部规定"和通过企业章程的"内部规定"确定下来，可以在企业权力、决策、

① 习近平. 习近平谈治国理政（第二卷）[M]. 北京：外文出版社，2017：175.
② 习近平. 习近平谈治国理政（第二卷）[M]. 北京：外文出版社，2017：176.

监督、执行之间形成相互平衡的稳定结构。解决好企业党组织在机构设置、资源安排、分配管理等方面受到约束的问题,处理好法人治理结构所导致的党组织的组织资源和决策渠道分开的状况,是保障国企思想政治工作开展的组织条件。其二,"坚持党管干部、党管人才",使企业党组织在选人、用人的领导和把关作用不改变,保持国有企业服务生产经营不偏离,能为国企思想政治工作开展提供优良的人才队伍。其三,"党对国有企业的领导方式是政治领导、思想领导、组织领导的有机统一"①。党的领导是思想政治工作的领导体制,思想政治工作为不断提升思想引导力和协调动员力,就需要坚持在党的领导下巩固国企思想政治工作的执行力。

2. 思想政治工作是经常性、基础性工作的方针

为提升国有企业思想政治工作的引导力、说服力、亲和力、感召力,习近平认为,要把思想政治工作作为企业党组织一项经常性、基础性工作来抓。②

首先,"基础性"的原因在于,一是"加强思想教育和理论武装,是党内政治生活的首要任务"③。作为国企党组织的一项基础性工作,梳理当前存在的突出问题,并有针对性地给予举措可以巩固党的基础性建设即思想建设的成效,可以为国有企业的改革方向和战略发展大局提供有力的支撑。二是作为意识形态在特定领域的运行方式,就运行机制而言可以作用于意识形态目标,就运行内容而言可以作用于意识形态价值,就运行方式而言可以作用于意识形态的策略。三是国有企业全面从严治党也面临严峻的任务,需要把加强意识形态建设与管党治党结合起来。国有企业党委(党组)书记也是意识形态工作的"第一责任人",把教育、宣传、引导工作纳入干部考核的评价体系,可以使意识形态工作责任落实。

其次,"经常性"的原因在于,一是思想政治工作在国有企业领域还存在着地位被边缘化、形式空泛化的问题,不利于国企社会效益的发挥。需要提高管理者的职业感、道德感和使命感,提升职工的监督、参与、管

① 习近平. 习近平谈治国理政(第二卷)[M]. 北京:外文出版社,2017:176.

② 习近平. 坚持党对国有企业的领导不动摇开创国有企业党的建设新局面[N]. 人民日报,2016–10–12.

③ 习近平. 习近平谈治国理政(第二卷)[M]. 北京:外文出版社,2017:180.

理意识，从而提升国企经济效益的同时兼顾社会效益。二是社会多元化造就思想的复杂性，非平衡性和异质性的因素凸显。思想政治工作在处理国有企业职工思想意识、价值导向、信仰追求方面问题上具有重要作用。通过讲道理和办实事，把握职工心理特点，用易于接受的语言和方式，做好"得人心、暖人心、稳人心"的"三心"工作①。在物质富足时能暖人心，在精神低迷时能强信心，在重要决策时能聚民心，在共识松散时能筑同心。

3. 统一思想，凝聚企业改革共识的任务

首先，统一思想，凝聚企业改革共识是国企思想政治工作的时代之需。从历史经验来看，习近平认为正是在"统一思想、凝聚共识"中，形成推进改革开放的强大正能量②。因此，统一思想、凝聚企业改革共识，是形成企业改革的强大合力的途径，能达到强信心、聚民心、暖人心、筑同心的效果③。从现实状态来看，改革向纵深推进，在解决改革中难解决的阻梗，破解改革中难以破解的痛点堵点时，社会思潮相互激荡，统一思想凝聚共识任务繁重。习近平认为，经济体制变革和利益格局调整会带来思想观念的深刻变化④。国有企业更集中体现了经济要素多元化、组织形式复杂化和分配方式多样化，职工对国有企业的制度性依赖减弱，组织的整合性日渐式微，贯穿于社会转型和企业改革之中迫切需要做好思想政治工作，使其凝聚于党组织周围。

其次，"统一思想"需要把团结一切力量和调动积极因素结合起来。其一，以提升国有企业领导人员思想道德素质为抓手。2014 年，习近平在召开中央全面深化改革委员会第四次会议上，就国有企业领导人员和负责人，提出了要具备担当意识、责任意识、奉献意识的要求，发挥干部的示范带头作用。其二，要有针对性地解决职工思想上的供需矛盾。从政治上、理论上、政策上，发挥思想舆论在企业中的主动权，去适应当代职工思想活跃度高、

① 习近平. 坚持党对国有企业的领导不动摇开创国有企业党的建设新局面 [N]. 人民日报，2016-10-12.

② 人民日报社. 深入学习习近平同志重要论述 [M]. 北京：人民出版社，2017：176.

③ 中央宣传部. 习近平新时代中国特色社会主义思想学习纲要 [M]. 北京：学习出版社、人民出版社，2016：130.

④ 中共中央文献研究室编. 习近平关于全面深化改革论述摘编 [M]. 北京：中央文献出版社，2014：45.

精神文化需求迫切和利益诉求多元的实际，达到思想上化解矛盾、情感上增进感情、行动上激发动力的目的。

最后，凝聚企业改革共识需要正面宣传和舆论引导。习近平认为可以进行"团结稳定鼓劲、正面宣传"的宣传思想工作。对国企改革经验进行正面宣传，对国企改革实践问题进行正确引导。善于创新思想政治工作方式，通过组织、宣传、引导、服务职工，从而提升思想交流的互动性、思想动员的感染力、理论教育的生动性和实际工作的亲和力。将凝聚共识的程度与国有企业改革顺利推进相结合，这样才能达到壮大主流思想舆论，弘扬主旋律的效果。

4. 践行社会主义核心价值观培育企业文化的途径

首先，就什么是"核心价值观"而言，习近平将核心价值观作为一种个人的"德"，也作为国家和社会的"大德"，是国家层面、社会层面和个人层面的价值目标和价值诉求。由于社会主义核心价值观集中体现了中国精神的核心内涵，是共同价值追求的凝练。因而，在企业的表现则是淡泊名利、甘于奉献、恪尽操守的劳模精神，精益求精、创造一流、追求卓越的工匠精神，爱岗敬业、刻苦钻研、执着专注的劳动精神。

其次，企业文化建设要把社会主义核心价值观作为灵魂。习近平认为我国社会正处于，思想大活跃、观念大碰撞、文化大交融的时代。因而核心价值观作为职工的共同理想和精神支柱，是一个企业的重要稳定器。"坚定文化自信，推动社会主义文化繁荣兴盛"，是十九大报告中发出的伟大号召。国企文化建设也是中国特色社会主义文化建设的组成部分。因此，企业文化要以社会主义核心价值观为引擎，把其当作文化软实力建设的根基，围绕国企体制改革需要发挥思想引导和服务功能，不仅能牢固政治思想基础、融洽人际交往环境，还能夯实文化认同、增效发展活力。

最后，企业文化是思想政治工作的载体的具体化。作为"凝魂聚气、强基固本的基础工程"[1]，通过企业文化建设，可以促进思想政治工作在锻造企业共同价值观和培育优良制度环境中的作用。畅通文化的价值的传承渠道，使其成为国企思想政治工作的重要路径。发挥中国传统文化在教化

---

① 中央宣传部编. 习近平新时代中国特色社会主义思想学习纲要 [M]. 北京：学习出版社、人民出版社，2016：130.

和内化人中的作用,通过"努力用中华民族创造的一切精神财富来以文化人、以文育人"[①]。在精神文明创建、精神文化产品创作的过程中发挥社会主义核心价值观的引领作用。通过文化可以使导向性的价值观内化为精神追求,外化为行为习惯,上升为伦理规范和共同认知。

① 习近平. 习近平谈治国理政 [M]. 北京:外文出版社,2014:164.

第三章　新时代科技企业思政工作

发展建设现状分析

在科技型企业里，科技研发需要连续性和继承性，科技成果的沉淀往往能够体现企业在行业中的实力和地位，而科技型企业员工的行为决定了科技成果能否实现。因此，在科技型企业中加强思想政治工作的重要性不言而喻。在当前形势下，受市场经济的冲击，企业员工思想状况较之前发生了一些显著的变化。例如：价值观扭曲，一切向"钱"看；过分追求个人利益，轻视集体利益，甚至以牺牲他人或集体利益来实现个人利益；有的员工思想存在较大波动，过分追求经济利益，实际工作做不出成效；急功近利，放弃了脚踏实地，一切求快，重回报不重付出；等等。此类种种现象给做好思想政治工作带来了较大的压力。

本章以 Z 科技有限公司为例，分析新时代科技型企业思政工作的现状，深入剖析存在的问题及成因，为提高新时代科技企业思政工作实效，探寻科技企业思政工作发展建设的有效途径，提供现实参考依据。

一、Z 科技有限公司基本情况与职工特点

（一）Z 科技有限公司基本情况

1. Z 科技有限公司概况

Z 科技有限公司成立于 2012 年，是一家互联网信息科技公司，其独立研发了"今日平台"客户端，通过"算法"对用户行为进行分析，为用户推荐智能化个性化信息，从而开创了一种全新的新闻阅读模式。2012 年上线投入，目前已积累超过 15 万用户，用户日活跃近 4 万。Z 科技有限公司

目前主业为开发、维护其互联网产品"今日平台"，通过广告投放、平台合作的方式盈利。可以说，"今日平台"体现出Z科技有限公司的特点。

（1）智能化

"今日平台"是一款智能化、个性化的推荐引擎产品，它为用户推荐有价值的、个性化的信息。当用户使用微信等社交软件登录今日平台时，它能通过算法解读用户的兴趣点，并不断更新，对用户进行精准化推送。

（2）平台化

引入"两微一端"入驻"今日平台"，借助平台为各级党政机关以及政府提供发声的渠道，同时扩大平台的影响力，可谓一石二鸟。

2. Z科技有限公司企业文化基本情况

Z科技有限公司的企业愿景是：做传播最快的互联网企业。

Z科技有限公司的企业使命是：信息创造价值，推进信息高效、精准传播，倡导正确的价值导向。

Z科技有限公司的价值观为：开放、平等、积极、协作、高效。

开放。公司内部信息开放程度高，培训机会多。内部信息开放程度高有两方面原因，一方面，说明企业内部环境平等，另一方面，表现出企业文化的更新是企业发展中比较重视的内容。不仅如此，工作环境和公司数据也是对员工开放的，有心人能够在公司学到很多的知识；培训机会多，吸引了大量应届毕业生来公司工作。

平等。公司注重平等的氛围，不论资排辈，能力者优先的晋升机制。公司每个人都有平等的晋升机会，采取以业绩为主的竞争机制，引入业绩评判表，根据客户情况进行打分评判，业绩优秀的人优先晋升，连续一个季度一直在末位的人自动离职，此举不仅为公司培养了大量优秀人才，也加大了公司的流动性。

积极。公司注重年轻人的想法，核心团队整体年轻化。互联网公司本身就是年轻的行业，是走在时代前沿的行业，需要年轻有朝气的团队。公司尊重年轻人的个性，不统一着装，上班期间只要能够完成规定的工作量，就可以玩游戏、看综艺，"闪闪小视频"的创意就是公司年轻人看综艺节目而想到的创新。

协作和高效。企业管理偏扁平化，团队效率较高。公司管理一直遵循"扁平化管理"模式，这要求管理团队层级简单，决策者决策范围广泛，某种程度使工作免于层层汇报。所以员工除工作外，不需要非得记住其他多余的东西。

（二）Z科技有限公司职工的特点

正确认识职工的特点是搞好思想政治教育的前提，也是增强思想政治工作的针对性和实效性的必然要求。科技企业员工有如下特点。

1. 学历层次高，独立思考能力强

科技企业主要从事创造性的科学研究工作，因此对学历、知识水平和创新能力有着较高的要求。他们专业知识丰富、学术水平较高、综合素质较强，是推动创新发展的重要力量；他们独立性、思考性特点突出，对各类问题和现象有比较独到的认识和见解，敢于挑战传统观念和认识；他们高度关注学术上的成就、注重人生价值观的实现，有着比较明确的奋斗目标，注重高效、务实、竞争与自我价值实现等。这些因素也使开展思想政治工作的难度更大、要求更高。

2. 思维比较活跃，价值取向多元化

在社会转型与市场经济环境中，随着经济全球化、文化多元化、信息网络化的飞速发展，多元化的社会环境为职工的价值观提供了许多选择。他们能够通过网络等多种渠道获得各种信息，其价值观也呈现出多元化的特点，在面对同一个问题时有着独特的认识与看法，在思想政治水平上的表现也参差不齐，思想变化节奏明显加快，思想对象错综复杂，表现出多变性和多元化，给思想政治工作开展带来较大挑战。

3. 面临社会压力大，关注自身利益

科技企业年轻职工的年龄一般在25~35岁，大多数刚从学校毕业不久，所以住房压力、工作压力和职业发展压力较大，因此更关注个人职业发展和薪资福利待遇。思想政治工作必须正视这些问题与矛盾，有效解决或疏导。

4. 追求自我价值，存在浮躁心态

科技企业员工渴望自己从事的事业得到社会的理解、支持和尊重，希望能实现自我价值。这是值得肯定和引导的。但在实际工作中，一些青年职工也表现出了浮躁心态，如眼高手低，不愿做基础工作；浮在面上，不

愿深入现场做实际调查，脱离生产实际；急功近利，缺乏恒心和吃苦耐劳精神；强调自我，缺乏团结协作精神；过分追求经济利益；等等。这些对其健康成长是不利的，需要通过耐心的思想政治工作去帮助他们克服存在的问题，尽快成长为科研骨干。

二、科技企业思政工作取得的成就

（一）始终以马克思主义理论指导思政工作的开展

习近平强调过马克思主义的重要地位和巨大作用，"马克思主义哲学深刻揭示了客观世界特别是人类社会发展一般规律，在当今时代依然有着强大生命力，依然是指导我们共产党人前进的强大思想武器"[①]，任何时候、任何情况下都不能动摇。

思想政治工作集思想性、理论性、政策性于一体，是马克思科学体系中的重要组成部分。可以说，在社会发展的不同时期，国有企业都注重坚持马克思主义的立场和方法指导实际思想政治工作的开展。同时，在帮助广大职工群众树立正确的世界观、人生观、价值观，提升其思想水平、理论储备、道德素质等方面发挥了极其重要的作用。新时代下，国有企业思想政治工作更是始终坚持占领马克思主义意识形态的主阵地，进一步巩固马克思主义在思想政治工作中的指导地位，坚定不移地以马克思主义理论指导思想政治工作的开展。

新时代背景下，科技企业在开展思想政治工作的过程中，始终引导职工群众坚持学习马克思主义理论知识，正确认识马克思主义的科学性和真理性，培养广大职工群众尤其是青年职工和党员干部用马克思主义思想武装头脑，指导实践，增强政治自觉、理论自信、情感融入。笔者在Z科技有限公司每周五会进行一次集中培训，主题是关于马克思主义理论课、思想政治觉悟、企业文化等方面的学习，以宣讲会、座谈会、报告会等形式为主，职工授课、视频讲授为辅，进行理论宣讲。

另外，Z科技有限公司广泛组织开展马克思主义基本理论知识教育，

---

① 中共中央宣传部编. 习近平新时代中国特色社会主义思想学习纲要 [M]. 学习出版社，人民出版社，2019：241.

如在员工中号召开展读原著、学原文、悟原理等的活动，推动企业思想政治工作的进一步发展，把马克思主义理论教育的内容贯穿于国有企业思想政治工作开展的全过程，把思想政治工作融入国有企业其他工作的全过程，引导职工群众学以致用、知行合一，丰富理论知识，做好本职工作，提高政治站位，增强责任意识，掌握过硬本领，自觉做马克思主义的坚定信仰者和忠实实践者。

（二）具备了相对成熟的企业思想政治工作机制

第一，激励机制。科技企业思想政治工作是一项既复杂又专业的工作，完善的激励机制可以激发企业职工的工作热情和工作动力。企业需要对思想政治工作人员所付出的努力和取得的成绩给予一定的表扬和鼓励，如果没有相应的激励机制来鼓励职工的正确行为，长此以往就会导致政工队伍士气低落，积极性大大减弱。基于这个原因，Z科技有限公司建立了合理的奖惩制度，在思想政治工作的开展过程中，针对不同的对象采取不同的处理方式。首先，对以往旧的、原有的思想政治工作机制进行继承、改革和创新，把物质奖罚与精神奖惩结合起来，坚持情与理相结合、普遍性与特殊性相结合。其次，采取"对事不对人"的奖惩原则，不管是奖励还是惩罚都不是实行机制的最终目的，而是为了不断探索新的奖惩机制的手段和做好思想政治工作队伍建设的方式，必须做到客观、公开、公平、公正。

第二，考评机制。科技企业在业务工作方面拥有健全的考核评价管理办法。同样，目前的思想政治工作也已经具备了一套比较完善、合理的考评机制，可以准确评估思想政治工作者的工作效果和参与思想政治教育职工的学习成绩，以便于更多的企业职工互相监督、共同进步。对思想政治工作的成果进行量化和评估，能够按照公正严格的标准，了解并掌握工作中存在的不足，将思想政治工作真正实施下去，使科技企业思想政治工作越做越好。Z科技有限公司每年对于职工思想政治教育学习的成果和企业思想政治工作者的工作都会进行考核。

第三，反馈机制。任何工作的组织开展都应当收集参与者的反馈意见，根据合理的意见、建议进行改进和完善，才能得到提升，思想政治工作更是应当如此。目前，科技企业上下级之间有良好、有效的意见反馈和沟通渠道，基层党组织和广大干部群众之间、领导与职工之间的交流通道快捷顺畅，来自各方的意见和建议可以得到及时、准确的反映，增强了思想政治工作的互动性和时效性。Z 科技有限公司坚持以求真务实的态度，满腔热情地稳妥解决各种苗头性、倾向性问题，争取职工对企业改革发展各项措施的理解和支持，促进了企业管理层与职工的交流沟通。

（三）形成比较系统的思想政治工作内容体系

思想政治教育内容包括世界观教育、政治观教育、人生观教育、法制观教育、道德观教育五个方面。[①] 新时代下，科技企业不但继承了以往传统的思想政治工作内容，继续开展了包括爱国主义、集体主义、共产主义在内的系统性教育和爱岗敬业教育、遵纪守法教育、安全生产教育、传统文化教育等日常性教育，还把形势政策教育纳入思想政治工作内容之中。目前，Z 科技有限公司大力开展以中国传统文化教育为主要内容的思想政治教育活动，以"文化影响思想，思想决定意识，意识指导行为"这个主题为基本遵循，结合科技工作和职工现实需要，以诵读经典、文化课堂、学习互动等方式引入国学教育，延伸网络安全管理文化的内涵，从传统文化中汲取力量。

三、科技企业思政工作存在的问题及原因

（一）科技企业思政工作存在的问题

1. 企业对思想政治工作重要意义的认识仍然不足

伴随社会主义市场经济和国有企业改革的深入发展，科技企业的工作环境和经营方式发生了很大的变化，科技企业用经济效益的好坏来衡量是否需要开展思想政治工作的同时，往往会忽视思想政治工作的根本意义和内在价值。现阶段企业对思想政治工作重要意义的认识仍然不足，就会导致在实际工作中对思想政治工作的重视程度不够。

首先，作为企业思想政治工作的主体，部分思想政治工作领导干部和企业业务管理人员对思想政治工作重要性的认识仍然不足。目前，科技企

---

① 陈万柏，张耀灿. 思想政治教育学原理 [M]. 北京：高等教育出版社，2015：176.

业的部分管理人员大多把焦点放在了对经济效益、部门权益、个人利益等的直接获取上，但却忽视了思想政治工作的重要性，对于思想政治工作所起到的促进作用不是很重视。还有个别管理者认为思想政治工作太虚，不能直接为企业产生实际的经济效益，需要为企业的其他生产经营工作让路。笔者对 Z 科技有限公司的调研中，员工张某谈道："企业对党员的要求可能会严点，但对于普通职工稍微会松一点。我认为部分基层单位"一把手"的重视程度不够，学习往往只是学习文件、部门开会或者听讲座，自身工作也比较忙，没有剩余的时间和精力。"

与此同时，部分企业管理者在遇到生产经营工作和思想政治工作同时都要开展的情况时，为了保证企业的正常运转，会更优先倾向于选择开展企业的生产经营工作，这样可能会导致思想政治工作人员因没有受到重视，在日常工作中出现消极情绪和懈怠态度，长此以往，国有企业思想政治工作就会出现不受重视、被弱化的趋向。

其次，作为企业思想政治工作客体的企业职工，其对思想政治工作重要性的认识和了解程度都有待提高。思想教育主管黄某谈道："受新冠肺炎疫情影响，工资待遇下降，职工的心理预期降低，导致部分职工对工作消极应对，敷衍了事，没有主人翁意识。企业部分职工对思想政治工作的认知参差不齐，对当前形势不明，工作积极度不高。有时党委不能将全部职工组织起来进行一致的集体教育，以至于思想政治教育的功能难以得到正常的发挥。部分企业职工对"思想政治工作"不太了解，认识不够准确，认为思想政治工作就是指党建工作中对时政的学习，或者仅仅是"开会""听课""听讲座"等"。在访谈中，在问到关于思想政治工作的了解程度时，技术部职工李某说道："我不太了解，感觉包含思想、政治、文化教育方面吧。我知道我们单位的党建工作，我们每周五进行培训的是关于十九大和习近平新时代中国特色社会主义思想等方面的内容。"

2. 企业思政工作中党组织的领导核心作用有待强化

作为中国特色社会主义的重要政治基础和物质基础，科技企业在开展思政工作的过程中要坚持党的领导并发挥党组织的领导核心作用。在新时代下，思想文化建设取得重大进展，加强党对意识形态工作的领导，党的理论创新全面推进[①]，但是在当前科技企业思想政治工作中，党组织的领导核心作用依然有待进一步强化。

一是有些科技企业关于党组织的职责定位"多而不专"，导致部分功能出现弱化的问题。比如，在部分科技企业党组织机构不是很完善，思想政治工作部门功能不健全，职责不明确，定位不清晰，等等，普遍出现企业党的建设工作滞后、企业党支部作用弱化、企业党委机构功能空化等这些现象，从而导致在实际的思想政治工作中难以有效发挥党组织的领导核心作用。

二是个别科技企业中对于党组织的机构设置出现"边缘化"的现象。有些科技企业不重视党组织机构的设置，不能认识到其对于企业的重要作用，将其"弱化""边缘化"，这种行为势必会直接削弱科技企业党组织的领导核心作用，使政治领导力、思想引领力、群众组织力、统筹协调力和强大执行力难以充分彰显，阻碍了科技企业党组织领导核心作用的有效发挥。

三是部分科技企业"重业务、轻党建"的问题。部分科技企业的党建工作在企业工作中"排不上号"的问题不同程度地存在着，当党建工作和业务工作产生时间或地点上的冲突时，有些企业往往会让党建工作做出让步，将党建工作搁置一边坐"冷板凳"，从而会使企业党委统一工作、协调工作的难度加大。对于新选拔任用的领导干部来说，难以从源头上和过程中全面控制和管理开展思想政治工作的具体细节，还有个别科技企业领导干部对于党建工作持有"说起来重要，做起来次要，忙起来不要"的态度和做法，使企业思想政治工作中党组织的领导核心作用难以明确体现。

3. 思想政治工作内容体系与时俱进的程度不够

新时代下，人们越来越向往美好生活，期待精神世界的满足和需要。因此，科技企业思想政治工作内容并不能仅仅局限于爱国主义、集体主义，社会公德、家庭美德、个人品德等方面的教育，还需要根据时代的变化学习相应的内容，比如社会主义核心价值观教育、"中国梦"教育、民主法治教育、职业道德教育、心理健康教育，生态文明教育、网络安全教育等，

---

① 中共中央和文献研究院，中央"不忘初心、牢记使命"主题教育领导小组办公室. 习近平关于"不忘初心、牢记使命"重要论述选编 [M]. 北京：党建读物出版社，中央文献出版社，2019：4.

要针对不同职工群众的思想特点和实际需要，来提升其思想道德素质和职业道德水平。

就目前情况而言，科技企业思想政治工作内容存在的主要问题就是教育内容传统单一、缺乏创新，不能满足企业职工的真实需要。笔者在对 Z 科技有限公司的调研中发现，大多数职工认为思想政治工作的内容深奥且空洞，与实际生活联系不大，解决不了生活中所遇到的难题，才会逐渐失去学习的兴趣。例如：业务基础不扎实的职工可能更希望接受有关业务方面的培训，在提升技术水平上得到一定的帮助；而工作年限较长，工作经验丰富的职工，他们更期待升职加薪，得到重用，为企业奉献。在访谈中，技研生产中心的刘经理说道："当前，我们单位思想政治工作内容缺乏创新，随着生产发展形势的不断变化和职工对于美好生活的不断向往，职工精神需求逐渐增加，个体意识不断增强，原来的职工思想政治教育工作内容已不能满足当前企业发展的需求，亦不能满足职工的精神需要。因此，当前国有企业思想政治工作内容要随着时代发展特点和企业实际情况，不断进行完善和更新，保持职工思想状态的稳定性，提高思想政治工作的针对性，预防和消除紧急突发状况带来的损失。"

4. 思想政治工作方式方法仍然比较传统与老套

新时代下，新媒体技术的革新加快了人们的工作与生活的节奏与步伐，它利用数字技术，通过互联网增强了信息传播的时效性、广泛性与便利性。微信、微博、QQ 等新媒体平台的广泛应用与功能的不断更新，为科技企业思想政治工作拓宽了新的方式与新的载体。然而，在科技企业思想政治工作的开展过程中，虽然也在不断强调要加快思想政治工作方式的创新，也尝试在一定程度上与新媒体相结合，但是在大部分时间里，科技企业还是习惯性地沿用传统的、老套的思想政治工作方式，如开会、报告、讲座等，经常通过宣传栏、横批、宣传单页、下发文件、广播等手段进行思想政治工作。尽管在一定意义上完成了国家方针政策的传递，但却没有达到使企业职工真正入脑入心的实际效果，思想宣传、引导动员的目标也没有完全落地。在访谈中，Z 科技有限公司销售支持部的范某提道："我们公司的管理人员一般采用集中学习和自学等方式开展思想政治教育。职工一般是通过班前会进行思想政治教育，以及个别谈话疏导等方式。"企业职工很多时候对此类说教式的思想政治工作并不欢迎，觉得枯燥乏味，即使参加了也不是主动自愿地学习领会思想政治工作的内容，甚至有时候是被强制要求必须参加此类思想政治教育，这时难免会产生抵触心理。在新兴媒体的冲击下，传统的思想政治工作的方式方法显得陈旧无力，缺少趣味性和吸引力。科技企业思想政治工作可以通过其他不同方式进行积极引导，采用企业职工喜闻乐见的方式来开展思想政治工作。

面对复杂多变的形势和更高的工作要求，科技企业思想政治工作不能再墨守成规、因循守旧，只有不断创新方式方法，拓宽宣传思想工作载体，搭建更广阔的沟通互动平台，才能适应变化、打开局面，使思想政治工作充满勃勃生机与无限活力。

5. 思想政治工作队伍建设缺乏应有的力度

科技企业思想政治工作队伍整体素质的高低会对思想政治工作的实施与开展有一定程度的影响。在实际工作中，思想政治工作队伍建设缺乏应有的力度，致使思想政治工作队伍的专业素质与能力较低。

一是部分政工干部观念较为陈旧，工作创新力度不够。主要表现为有些政工干部整体年龄偏大，理论素养不高，工作思路较为保守陈旧，工作方法缺乏活力。有些人认为政工部门是党组织的重要职能部门，思想政治工作具有高度的政治严密性，因此只能严格按照制度执行，工作流程死板，工作内容枯燥，工作方式缺乏趣味性，不能很好地实现贴近企业和贴近职工。大多数时候只是走过场，凭经验办事，或是遵循上级安排，复制粘贴或稍作修改就完事。[1]

二是政工干部身兼数职，工作任务重，创新意识不强。思想政治工作具有很强的专业性，这就要求思想政治工作者必须对自身的工作非常了解和熟练，要能够根据时代特点和企业实际灵活高效地开展思想政治工作。[2]

目前，科技企业中的政工干部多数是"半路出家"，真正学习思想政治教育专业毕业的工作人员数量很少，他们大多是从事生产经营工作出身，转岗过来从事思想政治工作的，在实际工作的开展中遇到很多困难和瓶颈，不能准确表达自己的看法和观点，无法落实到基层单位，达到自己所期望

① 朱琳. 企业政工干部素质建设的思考与实践 [J]. 企业管理，2016（S2）：72-73.
② 李冰. 加强企业政工队伍建设的思考及对策 [J]. 山东社会科学，2015（S1）：54-55.

的效果，长此以往，就会造成政工干部缺乏工作积极性，自我认同感减弱。由此可知，科技企业政工队伍的建设需要企业领导的认同和支持。除此之外，目前部分科技企业兼职现象严重，企业没有主动改变这一现状，招聘和引进一批喜欢做政工工作、综合素质好、了解企业情况的优秀青年人才加入思想政治工作队伍。但是目前思想政治工作队伍的后备力量仍然短缺。

三是对思想政治工作人员的培训投入不足、人才结构不合理。大多数科技企业很重视对于专业技术人才的培养，却忽视了对思想政治工作人员的培养，很久组织一次培训，但也仅仅局限于安全生产教育、企业文化教育等，培训的方式过于单一、简单，实际效果较不理想。

新时代下，职工的思想觉悟和道德素质逐渐提高，思想政治工作的成绩评估已经不能再用以前的硬性标准来衡量了。思想政治工作队伍的工作能力和综合素质在一定程度上反映了他们所属基层党组织的能力与素质。但由于目前很多科技企业思想政治工作的领导干部在企业经营和发展中，并没有起到关键的带头作用，思想政治工作成效也没有很好地展示出来，所以才使得企业领导层更多还是关注企业的产出和效率。

（二）科技企业思政工作存在问题的原因

1. 社会的急剧变革导致职工思想观念的快速变化

在中国特色社会主义市场经济体制确立并不断发展的过程中，国有企业改革逐渐向纵深发展，各项改革都进入所谓的"啃硬骨头"时期。这也是中国社会结构发生巨大转型的时期，以及各种社会矛盾和问题集中爆发的时期。人们的思想观念往往会在这样的急剧变革之中受到巨大的影响和冲击，在科技企业中，职工群众的思想观念和价值观念等自然也会呈现出多层次、多样化和更加复杂化的特点，主要表现在以下几个方面。

第一，思想观念从封闭、僵化逐渐走向务实、创新。改革开放以来，人们的思想观念发生了巨大变化，科技企业职工逐渐跳脱出落后、迷信思想，开始正视美、爱、理想等正常的人性需求和精神需求，企业和社会越来越重视人们的创新精神和创新能力，越来越关注对科学技术和科学精神的追求。人们的思想观念实现了从封闭、僵化到解放、进步、务实的一步步前进，再到开放、科学、创新的历史性跨越。国有企业职工开始把重心放在关注个人需求和个人利益上，忽视了科技企业的整体利益和共同发展。

第二，价值观念由一元转向多元。在改革开放前，人们接受的思想政治工作多是比较单一的、传统的，其中主要包括以爱国主义、共产主义、集体主义等为主要内容的思想政治教育。改革开放及社会主义市场经济体制逐渐确立以后，人们的价值观念日趋多元化，价值取向更加独立、开放，人们开始关注社会各个领域，如民主法治问题、公平正义问题、绿色生态问题等，开始重视平等、创新、竞争、诚信等意识。在新时代背景下的现代社会中，人们的思想观念多元化倾向日趋凸显，人与自然和谐相处的现代环保理念逐渐深入人心，追求社会平等与公平正义成为人们的强烈愿望。

第三，"个人主义"的影响。由于社会利益关系的调整和多元思想观念的影响，部分企业职工认为只要把经济搞上去，就能满足个人需要，得到更多的物质利益，换句话说就是"金钱万能"。目前，科技企业普遍存在"个人主义"，即只计较个人得失，不重视集体利益的现象。部分科技企业职工组织纪律意识比较淡薄，大局意识不强，当面临个人利益和集体利益发生矛盾、冲突的情况，会优先考虑个人自身利益，在个人利益得到满足后，才会兼顾集体利益。

新时代下，很多人已经跳出传统思想观念的束缚，目光只局限于追求个人利益，从而引发"个人主义"的盛行，导致职工出现各种各样的思想问题。科技企业应该密切关注企业职工的思想动态，找出蕴藏的潜在问题。

2. 思想政治工作主客体在认识上存在一定偏差

在实际工作中，科技企业也会开展很多形式的思想政治工作，比如定期开展学习培训，下发各类学习文件，组织大范围考试，等等。但是，现实中思想政治工作所取得的效果并不理想，其中很重要的原因之一就是当前在科技企业中，思想政治工作的主体对思想政治工作重要性的认识不到位。

首先，从思想政治工作主体的角度来看，一方面，企业部分领导层对思想政治工作的重视程度不高。他们认为思政干部"一没钱、二没权，干起工作讨人嫌"，在各种方面都低于搞技术和生产工作的干部一头，找不准企业思想政治工作和自身的定位，工作没有标准、没有尺度，不知道该干什么、为什么干、怎么干，认为"十年政工一场空"，没有前途和希望，工作处于被动、应付的状态，缺乏工作积极性。

另一方面，部分基层单位的思想政治工作者对于思想政治工作的重要性认识不够，他们认为思想政治工作虚无缥缈、无影无形、过于空泛，即使投入的精力再多，也只是纸上谈兵，上级既看不见也摸不到，不了解基层单位所做出的努力，导致思想政治工作被边缘化。具体表现为党政分家、与企业经营管理工作脱节等情况。长此以往，科技企业思想政治工作队伍便会士气不高、凝聚力不强。

其次，从基于思想政治工作客体的角度来说，科技企业职工对思想政治工作重要性的认识也不到位。主要表现为缺乏主观能动性，对思想政治工作的接受度不高，往往会使思想政治工作效果流于形式。

企业提供了广阔的舞台，企业职工作为思想政治工作的对象，可以在企业的舞台上施展才华。但是目前部分职工不能正确认识思想政治工作的重要性，不能以积极的心态接受思想政治工作的引导，不能主动地参与到思想政治工作中来，他们认为思想政治工作的内容是虚的，不能直接产生经济效益，可有可无，有的国有科技企业老职工认为进入国有企业就等于端着"铁饭碗"，吃喝不用发愁，思想还停留在以前的自豪感和优越感之中，但是随着房价、物价的逐年提高，医疗、教育的改革推进，原来在国有企业中享受的很多福利待遇正在逐步减少，国有企业职工往日主人翁的责任感和使命感渐渐消失，存在一些得到后又失去的消极负面情绪。[1]还有部分职工只顾自身利益，与社会脱轨，对国家的时事政治和党的方针政策既不关心也不了解，认为这些理论政策与他们的工作生活没有太大的关系。由此可见，这些职工只关注自身的物质生活却忽略了丰富精神生活，仅仅完成自己的本职工作，关注个人利益，却没有认识到自身工作与企业发展之间的联系，不能将理论知识与实际的工作生活结合起来。长此以往，职工对思想政治工作越来越不重视，不但影响企业思想政治工作的开展，而且不利于营造团结互助的工作环境和氛围。

3. 思想政治工作的领导体制和工作机制不够完善

新时代下，科技企业党委要想在开展思想政治工作中发挥党组织的领

① 燕波. 新常态下做好企业员工思想政治工作的几点思考[J]. 山东社会科学，2015（S2）：61-62.

导核心作用，必须在领导体制和工作机制方面进一步细化和完善。

一是思想政治工作机制缺乏进一步的完善和创新。目前，科技企业的管理体制和工作机制都已经比较健全，但是思想政治工作机制还是不够完善，不能很好地与科技企业新的管理方式、经营模式进行融合，出现思想政治工作与其他工作脱节、滞后的情况。尤其是国有科技企业规模较大，职工人数较多，党支部、党员干部相对来说也比较多。部分科技企业思想政治工作部门划分不够科学、定位不够清晰、职责不够明确，进而导致有些领导干部认识不到思想政治工作的重要性，不知道该干什么，应该怎么干。在实际的工作过程中会完全按照上级的指示，不思创新、缺乏探索，不能结合科技企业具体的实际情况和特点，将思想政治工作与生产经营工作进行有效的融合。

二是思想政治工作领导体制不够完善。部分科技企业思想政治工作资源配置不够科学，领导干部任职方式不够协调。在国有企业改革过程中，国有企业出现了"政企分家"的情况，各部门之间、各生产要素之间缺少了以往的有效组合，从而导致信息渠道不畅通，很多国有企业领导干部不管是横向与部门人员传达工作任务，还是纵向与企业职工交流沟通，都存在明显的不足。另外，部分科技企业中思想政治工作机构设置不科学，人员配比设置不合理，往往存在领导干部兼职较多，职责却不明确等现象。

三是部分领导干部对思想政治工作重要性的认识不足，实际工作效果不理想。经过国有企业改制改革，企业的经营模式、管理模式、人事制度等都发生了很大变化，很多企业领导更加重视与职称评定、奖金绩效等直接挂钩的企业生产效益，认为思想政治工作不能直接产生实际的、可观的经济效益，因此出现"重业务，轻党建"的工作态度。

4. 思想政治工作内容相对滞后，一定程度上脱离职工的思想和工作生活实际

改革开放以前，科技企业思想政治工作以国内外的重大时事、理想信念教育、集体利益教育等为主要内容，目的在于拉近职工群众与企业的亲切感与归属感，促使职工努力工作、为企业奉献，具有很强的行政色彩。新时代为思想政治工作增添了新内容，带来了新要求。

随着现代企业制度在我国建立，科技企业体制机制更加科学化、合理化、

规范化，利益分配方式的调整使职工的个人收入与企业绩效挂钩，即职工的个人收入取决于企业实际的经济效益与职工自身的努力程度，职工更偏向于对个人利益的追求，更加关注与自身利益相关的如岗位调整、职位竞争和奖金收入等问题上。但是目前科技企业思想政治工作内容是自上而下制定的，通常是由企业思想政治工作部门的领导根据党的大政方针政策，来制定本企业思想政治工作的具体开展计划和实施方案。因此，思想政治工作内容不能涉及企业基层职工现实生活中的真实需要，很难及时了解职工最关注和最需要解决的问题。部分科技企业开展的思想政治工作脱离了职工生活实际，导致职工在结束一天辛苦工作后，并没有多余的时间和精力来参加其他的活动。

5. 思想政治工作方式方法创新不足，导致吸引力不够和实际效果不佳

毛泽东曾做过一个比喻，把解决问题比作过河，把解决问题的方法比作桥和船，没有桥和船，过河就是一句空话，说明了解决问题的方法的重要性。对于科技企业思想政治工作来说，同样的思想政治工作内容，如果采用不同的方式方法进行开展，往往能够取得更理想的效果。新时代下，科技企业如果继续过多地运用行政手段来开展思想政治工作，容易让企业职工产生疲惫、厌倦甚至反感等不良情绪，思想政治工作效果也会大打折扣。目前，思想政治工作方式方法缺乏吸引力的原因主要有以下几个方面。

一是主题和目的不够突出，不能起到实际效果。当前，大多科技企业结合企业文化，在一定程度上丰富了开展思想政治工作的手段，摆脱了过去"总开会"的教育形式，改变了以前自上而下的灌输方式，开始尝试结合企业自身特色开展活动。但是实际效果还是不够理想，不能真正达到思想政治教育的目的。造成以上现象的主要原因为：首先，开展活思想政治教育动前的主题和目的不明确，没有突出"思想"和"政治"的主题；其次，开展思想政治教育活动之后，不能及时总结缺点和错误，反思不够。最后，思想政治教育活动的宣传引导不到位，影响力范围太小。因此，从表面上看，思想政治工作开展的活动虽然很丰富多样，但实际上，活动仅仅是文体活动，并没有突出"思想"和"政治"的主题，无法挖掘和触及深层次的问题，甚至为了举办活动而打着思想政治教育的名义，完全偏离"思想"和"政治"的主题，完全达不到预期的思想政治教育实际效果。

二是缺乏创新。创新对于一个科技企业来说至关重要。首先，思想政治工作者在思想认识上要有创新思维，要有革新和超越现有思想政治工作模式的新观念。如果没有思维上的创新，就没有行动上的创新。思想政治工作者要从实际出发，结合企业独有的特色来制定新的工作方法。其次，思想政治工作方式方法也要创新。新时代下，我国科技企业思想政治工作的开展已经有了一些丰富的经验积累，但大部分时间还是采用那些老套的开大会、搞讲座等相对枯燥的思想政治工作方式方法。科技企业缺乏思想政治工作方式方法的创新。一方面，科技企业思想政治工作与企业自身发展结合不够紧密，缺乏在工作机制和工作方法上深度融合的创新。在企业进行其他工作时，不能很好地把思想政治工作融入进来，导致思想政治工作脱离了企业其他工作。另一方面，目前科技企业开展的思想政治工作的形式比较生硬、死板，缺乏吸引力和趣味性。部分科技企业把思想政治工作完全等同于党务工作，认为只要向职工传达形势政策要求，就完成了思想政治工作任务。在此过程中，企业职工自身的需求被忽略，导致职工对思想政治工作没有兴趣。

　　三是缺乏同新媒体技术的结合。当前是互联网大数据时代，新媒体技术的飞速发展，使信息传播方式和人们的沟通方式都发生了重大变化。新时代下5G开始步入商用阶段，代表着新媒体的影响力又上升了一个新的台阶。但目前，科技企业思想政治工作与新媒体技术的结合还不太成熟，缺乏思想政治工作平台和形式的创新。Z科技有限公司党支部的刘干事谈道："现在面临的问题就是创新不够。继承多，创新少，在开展思想政治工作时经常用以前的老经验、老办法，运用微信公众号、微博等这些新媒体沟通平台来开展思想政治工作的力度不够。对有些新出现的情况和问题，缺乏系统的调查研究，对基层第一手资料掌握不系统，采取的针对性措施不够。"因此，科技企业要主动接受新媒体，加强对新媒体的运用和有效监管，利用新媒体构建和创新思想政治工作互动模式，善于学习利用最新的互联网平台来开展思想政治工作，在保留传统优势的基础上进行改进与创新，增强思想政治工作的实际效果，倡导主旋律，弘扬正能量。

　　6. 思想政治工作队伍的建设水准不能满足新时代需要

　　科技企业思想政治工作队伍是实施思想政治工作的主体，他们的整体水平的高低会对思想政治工作的实际开展和最终效果带来直接的影响。但目前的现实情况是，部分科技企业思想政治工作者不能有效应对新时代的工作形势，在理论水平和工作实践上都缺乏有效的支撑，思想政治工作开展的有效性难以得到保障。

首先，部分科技企业思想政治工作队伍的整体素质偏低，不能满足新时代思想政治工作的需要。科技企业思想政治工作专职人员的晋升机会很少，人才无法得到提拔任用和合理流动，思想政治工作队伍中有知识、有能力、专业性强的人才较为奇缺，人员结构不合理，急需"新鲜血液"的注入和思想政治教育专业人员的加入。在访谈中，Z科技有限公司团委书记王某谈道："企业思想政治工作人员素质与当前新时代越来越高的思想政治工作标准不相匹配，人员素质有待进一步提升，队伍力量有待进一步加强。"

其次，基层单位的思想政治工作人员兼职化现象普遍存在，不能满足新时代思想政治工作的需要。虽然目前国有科技企业思想政治工作的组织体系整体上保持完整，设有党委组织部、党委宣传部、党务工作部等，但是大部分国有企业出现了政工部门合并压缩的大趋势。工作越来越多，人员却大大减少，基层单位职工较少的政工部门精简到只有1~3人，开展思想政治工作的时间和精力明显不足。在访谈中，Z科技有限公司党委宣传部洪干事说道："目前，我们单位的党务部门不同程度存在人员少、业务量多、工作压力大等现象，往往出现一人多岗、多项工作业务交叉推进的情况，工作不得不有取舍，思想政治工作不能持续有效地开展。"

最后，基层单位没有专门负责思想政治工作的科室或部门，不能满足新时代思想政治工作的需要。从调研的信息中可以发现，在科技企业中，一些业务生产部门通常会把本部门的日常开会布置工作任务混同于思想政治工作的开展，认为开会就等于对职工做了思想政治工作，现实中也缺乏明确的计划和责任分工，认为党务工作就完全等同于思想政治工作。Z科技有限公司党委宣传部的王主管谈道："目前，企业有负责党务工作的人员，但是没有专门针对思想政治教育工作开展的科室，通常是党委直接制定政策方案通知各基层单位，然后各基层单位的领导再下发文件进行学习。很多时候我们几个部门的工作互相关联，可以放在一起完成，主要工作除了负责思想政治工作，还有其他的政务性的、宣传性的工作。我们现在围绕时事政策和安全生产方面开展的思想政治教育比较多。"

在科技企业思想政治工作开展的过程中，想要切实地提升员工的思想政治工作能力，促进企业的不断发展，就需要积极地采取有效的方式进行应对。在上文中提出了科技企业思政工作存在的问题及原因，目的在于制定相关的措施，将科技企业思想政治工作水平提升，促进企业的不断发展。

第四章　新时代科技企业思政工作与企业
文化建设的融合发展

在深化科技型企业改革，进行体制创新、机制创新、制度创新、文化创新的条件下建设企业文化，思想政治工作的导向功能更为突出。员工对企业文化的认识，要靠正确的思想教育去统一；员工群体意识、共同价值取向、企业精神氛围的形成要靠思想政治工作去强化；企业文化的培育、提炼、升华要靠有力的思想政治工作去保证；企业文化的发展、进步要靠思想政治工作去推动、促进。

从企业文化的角度看，其核心层次——精神层的内容，如企业目标、企业哲学、企业宗旨、企业精神、企业道德、企业风气等都属于思想政治工作的范围；其中间层次——制度层的形成和贯彻，也离不开思想政治工作的保证和促进作用。从思想政治工作的角度来看，其大部分内容直接与企业的生产经营活动有关而且比例日益增大，这些内容都可以划入企业文化的范围。由此可以得出结论：思想政治工作是培育企业精神、建设企业文化的主要手段，而企业文化则为企业思想政治工作与管理工作密切结合提供了一个最好的形式。加强企业文化建设，可以使思想政治工作与企业管理工作更好地结合在一起。基于此，本章重点探讨新时代科技企业思政工作与企业文化建设的融合发展。

一、企业文化与企业文化建设

（一）企业文化

1. 企业文化的含义

企业文化是一种社会亚文化，是与社会主体文化相对应的局部的文化现象，是企业在长期生产经营和文化管理活动中创造的，为企业全部或多数企业成员认同的，具有自身个性特色的物质形态和精神财富的总和。其主要包括价值观、企业精神、道德规范、团队意识、工作作风、行为准则、企业传统、文化观念、企业环境等，其中企业精神和价值观是企业文化的核心。企业文化的形成，首先，必须注重"以人为本"的原则，把企业的每一个成员看作是"自己人"，培养他们的企业使命感和责任感，使他们能够把企业看作是自己的事业，把企业未来的发展视为自身个人价值的实现。其次，完善企业成员的价值观和人生观。实际上企业文化的建设就是企业成员观念与行为的完善。企业未来的发展方向和目标的确定，以及企业成员个人价值的实现都与企业思想政治教育引领下的企业文化有着紧密的联系[①]。

2. 企业文化的基本内容

企业文化是企业在实践过程中所逐步形成的，为全部或多数企业成员认同且遵守的价值体系、思想信念及行为规范的总和。企业文化是企业生存与发展的灵魂。企业文化作为特定的文化复合体，分为物质文化、制度文化和精神文化。

（1）物质文化

物质文化即企业成员所创造的由产品和物质设施等构成的器物文化，以物质形态为主要研究对象，包括企业标志、企业环境、企业建筑、企业生产工艺与技术、生产设备和生产的产品及广告、媒体和企业文化活动及其成品等。物质文化是企业的"硬文化"。从一个企业的产品标识、工艺技术、机器设施能够看出一个企业目前的经营状况。从干净整洁的厂容厂貌、整齐堆放的产品，热情周到的服务能够看出企业严格的制度管理和企业成

---

① 刘光明. 企业文化 [M]. 北京：经济管理出版社，2013：5.

员的精神面貌。

（2）制度文化

制度文化是为了规范和约束企业成员行为而制定的，必须遵守和执行的共同行为准则，是精神文化的载体，主要包括企业的领导组织体制、机制，企业从生产到销售各个环节和各个部门的规章制度、条例等管理制度，以及一些企业仪式、企业活动、企业风俗、企业节庆，等等。在市场经济条件下，"制度高于一切"已经成为现代企业管理的金科玉律。制度文化为企业实现目标提供了制度保障。

（3）精神文化

精神文化，即狭义企业文化。它是企业文化的观念层面，也是企业文化的主体与核心，是形成物质文化与制度文化的基础所在，有无精神文化是衡量一个企业是否形成企业文化的基本标志。精神文化是企业及企业成员的精神财富，帮助企业成员树立正确的世界观、价值观、人生观，从精神层面规范企业成员的思想与行为。企业的精神文化主要包括企业精神、企业目标和核心价值观，以及企业风气、企业道德、企业宗旨等，它是企业的"软文化"。

3．企业文化的特点

（1）人本性与整体性的统一

企业文化最本质的内容就是以人为本，以企业整体为前提强调在企业管理过程中要尊重成员、关心成员和信任成员，强调激发成员的使命感、自豪感和责任感。因此，企业文化集中反映企业的整体利益和整体精神，追求企业的整体优势和整体意志的实现，是企业成员所普遍接受的一种整体感觉和共同的价值观念，强调成员一致的集体主义情绪和团结协调的行为方式[1]。

（2）继承性和创新性的统一

企业文化是企业在长期的生产与经营管理实践中逐步积累起来的一系列群体意识的总称，这种群体意识相对于不断变化的企业内、外环境来说具有继承性。企业文化在形成后，其基本内核更加稳固，企业文化既会在

---

① 陈祥明. 以人为本的企业文化建设再探索 [J]. 管理观察，2013（02）：61-63.

不断变化的环境中继承优秀的传统企业文化，同时又会按照企业的内在要求，依据不同时代的特征在继承中创新企业文化[①]。

（3）相融性和独立性的统一

企业文化的相融性体现在与企业内外部环境的协调和适应性方面。企业文化反映了时代精神，它必然要与企业所处的经济环境、政治环境、文化环境，以及社区环境等外部环境相融合，同时也必然要与企业内部环境相融合，以确保企业文化的生命力。此外，企业根据生产经营管理特色、企业目标、企业传统、企业成员素质，以及内、外环境的不同，形成具有鲜明的个性和特色的企业文化，具有相对独立性。[②]

（二）企业文化建设

1. 企业文化建设的含义

企业文化建设，是指特定的社会主体针对企业成员，依据社会发展需求与企业性质和目标使命，遵循文化管理亦即软管理的基本原则与规律，按照社会主义主流意识形态进行的创造企业物质文化和精神文化、构建企业各个层面文化形态的实践活动。企业文化建设的主体，是包含政府、社会、企业在内的多元主体，但是企业是这个特定文化建设的基本、核心的主体——包括作用有着一定差异的企业各级党的组织、各级专业管理机构与特定人员及全体企业成员。企业文化建设的基本任务，是制定企业文化建设的目标、任务、原则、方法，通过器物层、制度层、行为层及精神层等各个层面的文化构建，形成企业成员共同遵循的目标、信念、价值和器物环境与行为规范，凝聚企业成员的思想观念、价值追求、发展目标，激励企业成员的积极性、主动性和创造精神，构筑企业核心竞争力，提升企业经济与社会效益，保障企业的生存发展与改革创新并推进经济社会的转型发展。企业文化建设的主要特征，一是建设对象上的局限性，主要以企业和企业成员为基本对象；二是建设内容上的目的性与层次性；三是建设形式上的多样性，包括建设形式、载体、手段的多样性[③]。

① 江育光. 企业文化在现代企业管理中的定位与思考 [J]. 市场论坛，2011（02）：37-39.

② 秦良州. 基于企业核心竞争力提升的企业文化战略构思 [J]. 价值工程，2010（16）：27.

③ 王瑞祥. 中国企业文化建设纵横 [M]. 北京：企业管理出版社，2010：26.

2. 企业文化建设的目标

（1）确定理念

确定企业的价值观、企业精神和理念及符合生存发展的企业愿景。企业价值观是企业文化建设的核心，决定企业的命脉，关系企业的兴衰。企业精神代表企业成员共同的思想境界、理想追求和价值理念，确定并培育科学的、有个性的企业精神和理念，最大限度地构筑企业成员的共同价值理念、激发成员的潜力，是强化企业文化建设的核心，更是企业文化建设的首要任务和主要内容。企业愿景体现企业生存发展的主要目的和根本追求，以服务社会、实现社会价值最大化为企业文化建设的最终目标。

（2）确立行为

确立行为即是通过企业器物层面、制度层面及精神层面的文化构建，确立和规定企业的价值取向、道德操守、行为规范，以引导和约束、规范企业成员的行为。这种规范主要体现在两个方面。一方面，是企业内部的环境构建、器物构建、制度约束及教育和培训；另一方面，是在对外经营、企业社会责任的确认、承诺和履行中，通过一系列建设活动，将企业确立的精神、理念融入企业的实践与成员的行为中去，指导、规范企业和成员的行为。同时，企业文化建设要完善企业视觉识别各要素，包含企业标识、旗帜、广告语、服装、工号牌、信笺、产品包装、印刷品统一模式等，以规范成员的行为礼仪和精神风貌，塑造良好的企业形象。

（3）打造精神文化

企业文化的实质是"人的文化"，人是企业的立足之本。企业成员是企业的主体，而思想观念、精神文化是企业主体的灵魂。因此，建设企业文化就要以塑造企业成员的精神文化为目标之一，以提高企业成员的思想道德素质为根本，以增强企业成员的精神文化为着眼点，尤其注重通过企业文化的精神层面、观念文化的构建，凝聚企业成员的价值理念、塑造企业成员的共同目标、提升企业成员的思想道德文化素养，以达到凝聚人心、树立共同理想信念、规范思想行为的目的，实现企业的健康可持续发展。

（4）打造物质文化

企业文化建设应塑造与企业精神理念和企业形象相统一的物质文化。要通过企业文化建设实践，以企业文化的精神层面、观念文化为核心和基础，精心打造企业标志、企业环境、企业建筑、企业生产工艺与技术、生产设备和产品，以及广告、企业活动等各个文化要素，使得企业具有良好的环境、具备独特的技术特色与产品特色，以及品牌和品牌信誉。做到在实际经营过程中所有企业成员行为及企业活动与精神文化的规范化、协调化；做到企业各类文化视觉识别信息传递形式的统一化，为促进企业可持续发展奠定坚实的物质文化基础。

（5）打造制度文化

企业管理和文化之间的联系是企业发展的生命线，战略、结构、制度是硬性管理，技能、人员、作风、目标是软性管理。强化管理、建设企业的文化，要坚持把人放在企业中心地位，在管理中确立成员的主人翁地位，使之积极参与企业管理，尽其责任和义务。要通过企业的制度文化建设，实现企业文化与现代企业制度、管理创新、市场开拓的有机结合。完善职业道德准则，强化纪律约束机制，使企业规章制度内化为企业成员的自觉行为。

3. 企业文化建设的作用

企业文化建设是现代企业管理的软管理方式，是企业思想政治教育的有效载体，对保证企业长期可持续发展具有特殊的现实意义。市场竞争的全球化给企业带来了巨大的机遇和挑战，企业必须从全局和战略高度，充分认识企业文化建设的地位和作用，进一步加强企业文化建设[①]。

（1）企业文化建设是现代企业管理的重要手段

现代化企业管理不仅注重建立和完善各项管理制度，还注重通过引导、规范成员的思想以从根本上调控成员的行为来进行企业管理。企业文化建设是企业在生产经营过程中为企业成员形成的行为准则和道德规范，帮助企业成员树立了共同的思想信念，为企业成员指明了奋斗的方向和目标，培养了企业成员的责任感和荣誉感。企业文化建设作为软管理方式嵌入现代企业管理，改善了传统的机械、僵化的管理方式，为企业管理水平、经营效率、产品品质的提升发挥了重要作用，成为现代企业管理的重要手段。

---

① 刘永胜，欧日亮，王永刚等. 以企业文化建设提升软实力 [J]. 中国矿业，2014（04）：34-36.

（2）企业文化建设是推动企业发展的驱动力

企业要在激烈的市场竞争中实现长期可持续发展离不开"企业精神"这样的精神内驱力。企业精神是企业成员认同信守的理想信念、价值追求和行为准则，引领企业前进。企业文化建设在实践过程中将企业精神融入企业经营管理的各个层面，并深深地根植于企业成员的思想、行为和实践之中，为企业持续生存及发展注入不竭的动力，促进企业的长远发展。

（3）企业文化建设是提高企业凝聚力的关键

企业文化建设通过构建企业成员共同认同的思想、观念及意识，将各个层次的企业成员凝聚在一起，使全体成员的思想与行为有效融合并统一，在企业的目标使命、合作沟通等方面达成共识，确保企业成员间关系和谐、健康和稳定地发展，从而提升企业的精神凝聚力和向心力。同时，企业文化建设将成员个人情感和企业命运联系在一起，达到成员与企业理想与理念的协调、契合状态。因此，企业文化建设是提高企业凝聚力的关键。

二、思想政治教育与企业文化建设的内在关联与融合意义

（一）思想政治教育与企业文化建设的内在关联

1. 思想政治教育与企业文化建设是现代企业管理的必然构成

现代企业管理一般包含硬管理和软管理两个层面。硬管理以"事"为主旨，管理的目的追求企业的经济效益、实现企业绩效，这个层面的管理更多是以企业的权责系统、相关法规、管理制度为要素构成的程式化管理体系，具有一定的强制性；而所谓软管理，则以"人"为中心，宗旨是激励企业成员形成积极的观念与行为。这个层面的管理，主要通过思想教育、信念培植、文化熏陶等凝练企业成员共同的目标追求、价值取向与文化理念，是一种非强制约束的柔性的人本管理。现代企业管理已经摆脱了经济人理念下片面的硬管理传统，实现了社会人、观念人理念下的硬管理与软管理的融合，硬管理与软管理已经成为现代企业管理不可割裂的两大必然构成要素。这种集硬管理与软管理于一体的管理，是现代企业管理理论与实践发展的必然趋势。企业思想政治教育是以人的精神领域、思想观念为主要对象，在社会经济组织——企业中实施的实践活动，是企业特殊的软管理

形式；企业的文化建设则是针对企业成员，遵循软管理基本原则与规律，按照社会主义主流意识形态进行的创造企业物质文化和精神文化、构建企业各个层面文化形态的实践活动。因此，企业思想政治教育同企业文化建设与企业软管理之间的内在关联与同质性，决定了企业思想政治教育与企业文化建设是现代企业管理的必然构成，企业思想政治教育与企业文化建设必然深度嵌入并与企业管理融为一体，现代企业管理必然以企业思想政治教育与企业文化建设为精神引领与基本手段。①

2. 思想政治教育与企业文化建设主体及目标具有内在同质性

（1）实践对象的相通性

企业思想政治教育与企业文化建设都是以人为主体和对象的特定的社会实践活动，其实践活动的对象具有同一性，因而二者具有内在的同质性。企业思想政治教育是以人为主体和对象的实践活动，主要作用于企业成员的思想观念并外化为企业成员的行为；而企业文化建设，是以企业文化构建企业成员共同的行为规范、价值追求、精神氛围，同样是以企业成员为主体和对象的实践活动。企业思想政治教育与企业文化建设的实践活动主体与对象都是人，二者在企业的管理中都坚持"以人为本"，以尊重人、理解人、关心人、激励人为出发点，提高和规范企业成员的思想道德素质和精神文化与行为准则，激发企业成员的积极性、创造性，实现企业的生存与发展。

（2）基本目标的一致性

企业思想政治教育与企业文化建设二者都是围绕一个共同目标，采用不同的方法和途径，通过激发企业成员的思想觉悟、精神力量，从而推动企业经济与社会效益的提高，实现企业的社会责任。企业文化建设构建各个层面的企业文化要素，通过企业共同价值观的引导、激励和凝聚作用，使企业成员形成向心力和精神凝聚力，为追求共同的企业目标形成共同体，充分发挥企业成员的积极主动性和创新性，努力开发与创造优质产品及服务，从而提高企业的经济与社会效益，实现企业的社会责任；企业思想政治教育的目的，是通过对企业成员的马克思主义理论教育和爱国主义、集

---

① 谢志彬. 分析企业政治思想工作和企业文化的关系 [J]. 神州，2013（01）：19.

体主义思想教育、科学价值观教育，以及社会主义市场经济教育、法制教育、职业道德教育等，调动企业成员的思想觉悟和积极性，提升企业成员的思想道德素质和科学文化素质，激励企业成员实现企业的经济与社会效益并实现企业社会责任。

3. 思想政治教育与企业文化建设内容及方法具有互通互鉴性

（1）内容的交叉性

企业文化建设和企业思想政治教育二者在实践活动内容方面是相互联通、交叉、交融的。企业思想政治教育和企业文化建设都以思想观念、精神文化为核心，以社会主义主流意识形态为基本内容，以企业成员的思想意识为对象，通过引导、熏陶、灌输、教育，以塑造企业成员共同价值观念为目标。企业思想政治教育是有系统、有组织、有计划实施的引导政治方向、约束规范行为、激发精神动力、塑造个体人格、实现企业成员全面发展的实践活动；而企业文化建设则是创造企业物质文化和精神文化以凝聚企业成员的思想观念、价值追求、发展目标，激励企业成员积极、主动和创造精神的实践活动。

（2）具体实践中的方法相通性

企业思想政治教育与企业文化建设由于具有的对象及目标的同一性和内容的互通交叉性，必然使得二者在具体的实践中可以使用相同的方式方法。思想政治教育和企业文化建设都是根据人的思想认识及行为规律实施的实践活动，因而都既可以使用理论教育法、实践体验法等基本方法，也都可以使用疏导教育法、比较鉴别法、典型示范法、感染教育法、情感激励法和心理咨询法及网络方法等各种具体方法。

4. 思想政治教育是企业文化建设的发展导向

企业文化建设的核心是价值观的凝聚、引导，而企业思想政治教育就是对于企业成员的思想观念、理想信念、价值追求、道德觉悟等的教育和塑造，其中世界观、人生观、价值观的教育和塑造、社会主义核心价值体系的教育和塑造是主要内容与核心目标。因此，企业之中的文化建设，必然要以思想政治教育为根本导向，必然要以思想政治教育指导、规范、推动企业文化建设的实施与发展。企业思想政治教育可以保证企业的社会主义性质和发展方向与发展模式，可以保证企业成员正确的思想观念与精神诉求，可以保证企业文化建设各个要素层面构建的企业的器物形态、发展目标、价值信仰、行为规范的正确性和科学性，从而能够为包括企业文化建设在内的一切企业生产、经营、创新和发展实践提供重要的政治保障和方向引导。企业思想政治教育作为企业文化建设的发展导向，通过引导政治方向、约束规范行为、激发精神动力、塑造个体人格来塑造企业成员的思想品格及道德操守，实现企业成员的全面发展，使企业成员树立正确的价值观、人生观和世界观，从而提高企业成员的积极性、主动性和创造性，实现企业文化建设的目的并最终为实现企业当前和长远的目标而奋斗。

5. 企业文化建设是思想政治教育的实现路径

企业思想政治教育与企业文化建设虽然同属企业软管理的基本构成部分，具有共同的实践活动主体和对象，以及共通的目标、内容和实践活动的方式方法，但是由于企业思想政治教育与企业文化建设各自具有的相对独立性和各自内在特质的规定，使得企业思想政治教育与企业文化建设在企业和企业成员的管理实践中、在企业和企业成员的发展目标的实现中，具有不同的地位和作用。企业文化建设实质上是在企业思想政治教育的导向、推动下，通过企业价值观的塑造、凝聚，通过企业物质层面、制度层面、行为层面及精神层面的文化建设的方式，有效实现企业思想政治教育的目标、目的；企业的文化建设实质上是企业思想政治教育引导政治方向、约束规范行为、激发精神动力、塑造个体人格、实现企业成员全面发展的实践活动的实现路径。企业思想政治教育中的政治信仰、主流意识形态诉求，通过企业文化建设中的物质文化建设和精神文化建设予以实现；企业思想政治教育中的集体主义和爱国主义，通过企业文化建设中的创新精神建设、团队精神建设和奉献精神建设予以实现；企业思想政治教育中的法制教育、道德教育，通过企业文化建设中的制度文化、行为文化建设予以实现。因此，企业文化建设构建的企业物质文化与精神文化实质上是企业思想政治教育目标、目的的特定实现载体和实现形式。

（二）企业文化建设与职工思想政治教育融合发展的意义

1. 两者融合可以有效推动企业职工思想政治工作的创新

推进两者的融合，企业可以真正增强职工思想政治教育工作的实效。

在企业的具体实践中，一方面，管理人员可以将对职工的思想政治教育渗透到企业经营和管理的各个环节，实现与企业发展理念更加紧密的联系；另一方面，可以借鉴参考企业文化建设的活动形式和内容，积极丰富职工思想政治教育内容，创新活动载体和形式。在推进企业的文化建设时，首先应该做好组织架构工作，设立专职部门管理该项工作；其次，应该将对职工的思想政治教育工作融入整个企业文化建设中，发挥制度上的优势；最后，应该针对当前的形势，对新问题和职工的新动向进行分析，拓展思想政治教育工作的领域和范畴。另外，职工参与企业文化建设的过程也是企业职工接受思想政治教育的过程，两者之间相互渗透，对职工价值观念形成、行为规范养成都有积极作用。

2. 两者融合可以推进中国特色的企业文化建设工作

推进两者的融合，可以为结合我国的文化建设和创新工作提供参考意见。而企业在这方面存在个体需求和集体利益的差别，因此两者融合还可以为更好地处理个人利益和集体利益的关系提供平台和基础，主要表现在两方面：一是借鉴职工思想政治教育工作的经验开展企业文化建设，探讨具有中国特色的文化建设体系；二是职工在接受企业文化熏陶的过程中，能够增进思想政治教育效果，使职工的思想观念、行为规范得到进一步提升。企业文化理论源于西方，而在引入我国后，由于我国的社会性质、企业属性有所不同，因而在推进两者融合时，可以给我国企业文化建设的本土化提供发展方向。当前，由于我国地区间和行业间的差别很大，所以各企业在文化建设上存在极大差异，我国企业文化的本土化建设还有待加强。

3. 两者融合可以为我国企业发展提供特有优势

经过 70 余年的发展，我国企业职工的思想政治教育工作为社会发展做出了巨大贡献，尤其是在国家面临重大灾害的情况下，国有企业能够为社会做出重大贡献和牺牲；另外，当前的企业职工思想政治工作理论体系和运行机制逐渐完善，能够积极推动企业向前发展。在当前国企改革的大环境下，企业产权关系、各种利益的调整也都需要做好职工思想政治教育工作；而国企在改制后，失去原有行政订单，面临市场的竞争，企业发展迫切需要重塑企业文化，通过内部整合来适应市场的发展变化。因而，两者的融合可以有效提升企业发展内动力。企业文化在凝聚职工力量，形成规范，铸造企业品牌方面有着举足轻重的作用。要加强思想政治教育工作在职工工作中的引导作用，就要推进对其思想状况、心理状况和道德修养的教育，使两者相辅相成，共同为企业发展发挥作用。在新时代下，企业发展既离不开企业文化的熏陶，也离不开职工思想政治教育工作，只有实现两者的有机结合，才能更好地提升职工生产、创造积极性，提高企业发展的内动力，发挥好这一特有优势。

三、当前我国企业文化建设与职工思想政治教育相结合的现状分析

（一）当前我国企业文化建设与职工思想政治教育相结合的现状

1. 国有企业文化建设与职工思想政治教育相结合的状况

我国是社会主义国家，以公有制经济为主体，所以国有企业始终在国民经济发展和社会建设中发挥着重要作用。要推动其稳步发展，必须重视对职工开展教育，提高其各方面的素养，其中思想政治教育是必不可少的。国有企业中的党委坚持贯彻落实党中央的关于社会主义建设的理论、方针、政策，教育引导企业职工爱国、敬业、诚信、奉献，扎根工作岗位，为社会经济发展做出应有贡献；以社会主义核心价值观为指导，努力做好企业职工的思想政治教育工作。要检测企业文化建设中的社会主义方向，并将思想政治教育工作与企业日常生产和经营活动结合起来，积极推进职工思想政治教育与企业文化建设相结合：将社会主义核心价值观融入企业文化建设工作中，积极树立职工中的典型模范；通过选拔、推荐职工进修深造等形式，进一步加强职工关于理念的修养，从而推动企业的发展。做好这些工作可以实现企业文化建设在内容上的丰富和层次上的提高，从而为企业自身的良好发展打下坚实基础。

2. 民营企业文化建设与职工思想政治教育相结合现状分析

民营企业作为我国经济社会发展的重要推动力量，其发展起步于20世纪80年代后期下海经商大潮中，这一时期乡镇企业、以小作坊起步的家族企业逐渐走上历史舞台，随着经济社会的发展变革，这些企业日渐发展成

为当前的民营企业主体，如山东南山、四川新希望、福建匹克等知名企业；另外，在互联网经济发展浪潮中，涌现出的腾讯、百度、阿里巴巴等大型民企。民营企业与国有企业相比，其职工的思想政治教育工作起步比较晚，但其文化建设起步较早。对于民营企业来说，经济利润始终在企业发展中占据重要地位，要坚持企业发展的战略理念的指导，结合社会主义理论，对职工开展思想政治教育工作。同时民营企业更多偏向激励职工生产工作的积极性，注重对企业经济效益的追求。在国家相关政策的支持和引导下，民营企业先后成立党组织，积极拓宽企业职工思想政治教育工作的渠道，但是民营企业的企业文化建设与职工思想政治教育工作相结合的状况不甚理想，两者之间存在此消彼长的状况。

通过文献分析和个案研究的比较方法，我们可以得知规模实力较强的民企能够较好地协调好两者间的关系，而实力规模较弱的民企在这两方面的工作都不健全。

3. 合资企业文化建设与职工思想政治教育相结合的状况

在改革开放之初，中外合资企业是国家激活国内经济环境，推动经济发展的重要助推力，且这部分企业也将西方的现代企业管理制度和文化理念引入中国。而合资企业不同于外资企业的地方在于其还立足我国实际，吸收我国传统文化和企业管理中的优秀内容，在对企业实际和下一步发展战略进行考察的基础上丰富企业文化建设内容，确立科学合理的目标。具体到职工的思想政治教育问题上，合资企业中的中方合作企业依靠派出的党员干部积极成立企业党组织，作为职工思想政治教育工作的主体；在引导好企业发展方向，注重经济效益进步的同时，积极端正企业职工的思想、价值观念，保证为社会主义事业进步积累各方人才。合资企业在推进企业文化建设过程中积极尝试引入职工思想政治教育工作的若干方面，在职工激励、动员等方面有共同之处，探索两者相结合的工作思路，积极为企业进一步发展助力保障。

（二）企业文化建设与职工思想政治教育相结合中存在的问题及原因

1. 企业文化建设与职工思想政治教育相结合中存在的问题

（1）企业文化建设中对职工思想政治教育工作重视程度不够

①企业领导者对职工思想政治教育重视不够

企业文化建设在企业发展中具有重要作用，是对企业职工进行教育的主要途径之一，对提高其素质和道德修养有积极作用。而经营者在对企业进行经营管理时，容易出现对企业文化建设和职工思想政治教育工作把握不对等，一手硬、一手软，有的甚至还出现企业文化建设和职工思想政治教育工作都是表面文章、有名无实的状况。当前在多数企业中，领导者更多地追求经济指标，重视企业的经济效益，却忽视了对职工精神追求的引导及职工意识形态的把控；不能够很好地坚持两手都要抓，两手都要硬，而忽视企业文化建设，放松对职工思想政治教育工作。对经济利益的追求使得企业经营者可能将职工思想政治教育工作作为无关紧要的工作，对职工的教育以激励其努力工作为主，对文化建设和职工教育工作或是顾此失彼，或是弃之不顾；最终导致有的企业内部出现企业职工监守自盗的状况，有的甚至是出现职工出卖企业核心生产技术的情况，对企业的发展产生重大不利影响。

②企业职工对思想政治教育工作重视不够

企业思想政治教育的对象是企业的所有职工，其接受思想政治教育的情况在很大程度上影响着整个企业的生产和经营情况。企业职工只有在企业文化建设中，深刻地认识到所在企业的企业价值、企业前途和发展理念，他们才能够更好地融入企业的生产、研发、销售等工作中。但是当前很多企业经营者对该问题重视程度不足，认识不到职工思想政治教育在企业发展中的作用，甚至对其有很多误解。在当前多元文化价值的混杂的状况下，外来一些不良的思想观念和价值追求理念，势必会对企业职工的思想状况产生一些不良的影响；"诚信缺失""价值扭曲"的不良思想也正侵蚀着一些企业的职工，这也正是导致企业职工出现监守自盗现象的原因。另外，企业以往开展职工思想政治教育工作的形式比较单一，基本以讲座和党课培训为主，难以调度职工的积极性，也不能使其积极主动地参与其中，也无法有效加入企业文化建设中去。

③企业干部职工对职工思想政治教育工作有误解

对于企业来说，干部是其管理者和领导者，在企业的日常管理和各项工作中有较大的权利，也应该发挥其在职工思想政治教育工作中的主导作用。但有些干部在认识上存在误区，对其也不够重视。难以形成对职工思想政治工作正确的定位，这也是造成企业职工思想政治教育工作开展迟缓的主要原因。应该将职工思想政治教育工作置于企业现代制度建立的重要地位，不能随意弱化该工作在企业中的地位，更不能直接将其取消。而对于当前存在的"无用论""附庸论""实用论"等观点，要辩证地区别看待，企业干部职工要加强对思想政治教育工作的重视程度，纠正认识失误，改善相关工作，完善相关制度，引导职工在日常工作中发挥作用，以自身的活力推动企业建设。

（2）企业文化建设中职工思想政治教育工作务实程度不够

①部分企业文化建设形式主义突出

当前，我国一部分企业文化建设形式主义状况突出，注重表面建设，图虚少实。然而，真正的企业文化建设应坚持务实求效，注重持之以恒；但部分企业文化在建设过程中仍旧会出现形式主义的现象，而且还比较常见；这一现象往往表现在"好做表面文章""喜喊空口号""不干实事"等方面。在推进企业文化建设的过程中，缺乏与企业发展战略、理念相结合的长远规划，也未建立起与之相配套的机制保障；仅仅是为了响应部分领导的指令，甚至是以完成"额外任务"的态度去开展工作。这种做法还是立足于形式的层面，既损害了企业管理层在普通职工心目中的形象，也不能加强职工对企业的归属感和认同感，导致企业缺乏凝聚力，不能有效应对市场竞争的需要，对企业的长远发展也是极为不利的。

②部分企业文化内涵建设不足

企业文化是现代西方管理学的理念，国企在建设自身企业文化时，由于自身经验不足，所以基本是照抄照搬西方发达国家的经验，而对企业文化的内涵和深意理解较少。学术界认为企业文化建设的核心应该是企业文化的内涵，但我国企业对其的挖掘却比较缺乏，不能有效完成企业文化建设工作。所以我国很多企业常常生搬硬套，一味地借鉴模仿，而不是结合企业自身发展理念，发展状况去探索挖掘自身的文化内涵。如果只是注重形式，脱离企业的文化内涵，那么企业文化建设肯定难以持久，也无法得到职工的认同，对企业的长远发展是极为不利的。

③职工思想政治教育工作实效性不强

目前，很多企业的管理人员忽视职工思想政治教育工作的意义，对其重视程度不够，在经费保障等方面存在不足，导致相关工作的开展缺乏动力，加之职工思想政治教育工作的方法比较老旧，与现实情况结合不足，因此难以满足企业的实际需要。随着信息技术的发展，部分企业在推进思想政治教育工作时，未能使用新理念和新手段，仍然停留在传统、老旧的教育方式上，以讲座等形式展开，难以调动职工的积极性；另外，选取的案例和教材也比较脱离今天的实际，没有照顾职工自身的需要，抑制了职工参加学习的积极主动性。职工关心关注的问题也得不到解决和引导，最终使得职工思想政治教育工作流于形式，效果大打折扣。

（3）企业文化建设中职工思想政治教育工作缺乏创新和特色

①企业职工思想政治教育工作创新发展不足

企业文化建设成功与否的最重要标准就是能够促进发展先进生产力。我国推进市场经济建设的首要方面就要对企业进行改革，推行现代企业制度，破除中华人民共和国成立以来的计划经济体制和政府对企业直接领导的形式。应该着重调整企业的利益分配，发挥市场在资源配置中的导向作用，使企业和职工打破以往平均分配的局面，积极面对市场的竞争。由于企业职工长期处于"平均主义"的生产分配体制，企业职工思想观念固化，作为既得利益者，他们往往也成了改革的阻力，影响到企业的创新发展。推进国企改革，即是逐步培养出具有独立自主、勇于担当、注重效率、公平竞争等时代精神的职工，使企业改革制度化、有序化；但职工观念的转变无法在短时间内完成，需要一定时间的引导。且企业中通常存在利益既得者，他们对触动自身利益的改革往往持抵触态度，因此在职工思想政治教育工作上应该有所侧重，重点在于对其思想动态的了解和疏导，同时将这方面的工作与对职工的教育和培训结合起来。然而，不良的职工影响，又切实影响到企业的体制创新，使得企业的文化创新工作滞缓，甚至是影响到企业生产技术的创新发展。

②企业职工思想政治教育工作特色不强

在企业向市场化转型和改革的过程中，其面临的重点是不一样的，即自身的组织体制、发展历史、竞争中的优势和劣势都有相当大的差别，决定了其开展各方面的工作也有相应的区别。这种背景是企业文化产生的土壤，也决定了不同企业具有不同的文化。企业文化是企业个性化的重要体现，虽然在外在表现方面多数企业有一定的相似性，但其内在价值及内涵假设却是各有不同的。例如：同样是日系公司的典型代表索尼和日产公司，其公司的企业文化有明显差异，前者强调的是在生产和经营中的理念和各项制度的创新，并体现在产品的发明和投放市场上；而后者则是市场经济条件下服务型企业的典型代表，致力于为客户提供系统化、个性化的优质服务，以此提高客户的忠实度；美国著名的两家计算机公司 HP 和 IBM，在行业发展上有许多共同之处，企业产品也有重大竞争关系，而二者的企业文化也有突出差异，前者强调对市场的精确把握，要根据市场情况调整生产和经营；后者则注重对自身潜力的开发，充分尊重和信任本公司职工，通过激励职工的积极性，促进企业的成长。

然而，在我国由于各地区、各行业在企业文化建设的框架设计和发展理念上存在众多雷同的状况，缺乏鲜明个性的企业特色，部分企业在凝练企业精神、挖掘企业文化精髓的过程中，经常出现企业精神较相似的状况，如"团结、拼搏、上进""务实、创新、高效"等字眼较为常见；由于企业文化建设缺乏企业特色，其内容往往难以起到激励职工的作用，有时甚至还会给企业管理层和广大职工带来消极的影响。不可否认，目前在我国企业文化建设中，也有部分成功的企业文化建设代表，如青岛海尔集团倡导的"真诚到永远"的理念，国家电网公司奉行的"你用电，我用心"的客户至上服务理念都让人印象深刻。

（4）企业文化建设中职工思想政治教育相结合的方法不得当

职工的素质在企业发展中有着重要作用，所以加强对其思想政治教育工作，提高其知识机能修养和水平，对促进企业的长远发展有积极作用。但对于企业管理来说，实现两者有机融合的途径则比较困难。在调查中也发现，部分企业重视开展职工思想政治教育和企业文化建设，但没有得到预期的实效，归根到底在于他们没有通过有效的方式将两者有机结合起来，在企业内部尚未建立起一整套科学的、可行的推广传播体系；他们所采取的结合方式相对滞后，另外在内容把握上也缺乏针对性。具体而言，一部分企业对推进两者结合的工作进展缓慢，甚至是分离两者的工作，在职工思想政治教育工作上，开展教育的方式较为单一，教育内容滞后，重视理论灌输，忽视实践教育环节，缺乏新鲜感，教育工作感召力和执行力不足；在建设企业文化的过程中，形式主义作风严重，建设追求表面化，不注重工作实效，不能够真正发挥企业文化对职工的熏陶教育功能，也难以发挥企业文化内化职工价值追求和行为规范养成的作用。还有部分企业在开展思想政治教育工作时没有坚持实事求是的原则，没有从企业和职工自身的情况出发，面对新情况、新问题，采取教育方式和实施办法时，不能够做到因地制宜；因而，造成职工思想政治教育工作缺乏针对性和可行性，教育实效较低的状况，企业内部沟通渠道不畅，沟通工作不及时，形式主义、机关官僚作风等不良风气盛行。这些消极的因素，最终都将对企业的生产发展、创新创造等工作产生不良影响，甚至导致企业衰败。

（5）思想政治教育与企业文化建设存在隔膜

①形式主义消解了企业文化建设价值

企业的思想政治教育与企业文化建设具有内在的统一性，二者的实践对象、内容及目标和方法都具有一定的同质性，都坚持"以人为本"，以塑造、提高人的思想文化道德素质，最大限度地激发企业成员的积极主动性和创新性、提高企业经济社会效益为终极目标。但是目前在很多企业的文化建设实践之中，二者却是各自孤立、相互隔膜的，没有真正实现内在统一。由于二者隔膜，企业思想政治教育没有具体的实现路径和载体，只能脱离于企业文化建设而表面化、形式化地实施思想政治教育，即使思想政治教育流于空泛、无效，也体现不出思想政治育引导下的企业文化建设的应有功能；其次，由于二者隔膜、脱离，企业文化建设本身也有形式化倾向。一些企业不是通过文化建设必要的形式承载企业文化内容、凸显企业价值追求、体现企业精神的最终目的，而是搞"形式主义"的花架子，只注重形式而忽视内容，搞所谓的"形象工程"，对企业文化建设的认知局限于对国外企业文化建设的模仿，同时将这种模仿表象化、形式化，热衷厂服厂歌、标识口号、文体活动、形象设计，忽视了形式之下企业文化建设的内涵与价值，造成企业员工误认为企业文化建设就是外在形式、器物标识、文化娱乐、广告营销等表层形式，从而消解了企业文化建设的应有功能。

②重器物与制度层面忽视观念层构建

思想政治教育视角下的企业文化建设，是包含物质文化、行为文化、制度文化、精神文化四个层面的完整实践结构体系。企业文化建设在企业思想政治教育的导向下，通过企业价值观的凝聚，通过各个层面的文化建设实践，有效实现企业思想政治教育的目标、目的，企业文化建设构建的物质文化与精神文化实质上是企业思想政治教育目标、目的的载体和实现形式。但是目前在很多企业文化建设具体实践中，未能保障文化结构的完整性，而是片面地着力于企业的物质形态、经济效益而重器物文化与制度文化层面的建设，忽视了观念层的文化构建，忽视了企业成员认同的核心价值观的凝练和凝聚，忽视了企业文化氛围的营造，忽视了企业道德的规范和实现，形成事实上的企业文化核心层面的建设缺失，造成企业文化建设的低水平境界。企业文化精神层面建设缺失的根本原因，是企业在文化的构建中缺失了企业思想政治教育的导向，片面注重企业的经济效益，忽视企业成员所需精神支柱的重要性。重器物与制度层面忽视观念层构建的企业文化建设，未能以企业的思想政治教育为根本导向指导企业文化建设的实施与发展，造成企业无法引导企业成员树立正确的理想信念、价值观念和职业技能，未能激发企业成员的精神动力，无法确保企业成员价值的实现和企业经济效益的增长，更不能实现企业思想政治教育和企业文化建设的目标。

③企业文化建设之中主体价值的缺失

企业思想政治教育对于企业文化建设具有指导性地位和功能，为企业文化建设提供方向，企业思想政治教育所蕴含和倡导的理念深深影响着企业文化建设。同时，企业思想政治教育与企业文化建设在内在统一性的规定下，以构建、实现企业主体的价值为共同目标。企业成员作为企业的主体，同时也是企业思想政治教育和企业文化建设的主体，更是践行企业精神和企业价值观的主体。企业依靠企业成员建设企业文化的过程就是企业思想政治教育以人为本理念的具体体现，是实现企业价值观的过程，更是构建和实现企业成员主体价值的过程。然而,目前在很多企业的文化建设实践中,忽视企业成员的创造精神和文化素养与能力,过分依赖外来专家学者的设计与创意;有些企业则认为"企业家文化就是企业文化",片面强调企业家的主导作用,忽视企业成员主导、参与、实施企业文化建设,忽视企业成员企业文化建设的主体价值,认为企业成员只是某种既定文化建设理念与模式的认同和执行者,由此形成企业文化建设中的主体价值的缺失。

④企业文化建设与心理行为教育脱节

企业思想政治教育不仅引导企业文化建设的方向,并且在二者内在统一性的规定下,企业思想政治教育与企业文化建设都以企业成员为对象,都是通过思想观念、精神文化、价值取向、道德伦理的教育塑造而着眼于内化于心和外化于行,引导、规范、约束企业成员的心理与行为,使企业成员树立正确的价值观、人生观和世界观,从而提高他们的主动性、积极性和创造性,为企业当前和长远的目标而奋斗。因此,企业文化建设的实质和落脚点就是对于企业成员心理与行为的教育,同时也是企业进行心理行为教育工作的有效载体和途径。但是目前在很多企业的文化建设实践之中,企业文化建设与企业成员的心理与行为的教育存在着一定的脱节。这种脱节的具体表现:一是片面注重文化建设的物质层面和外在形式,忽视着眼人的心理与行为教育的制度文化和精神文化的建设;二是在将企业文化建设功能单纯归结为提高经济利润的前提下,存在企业成员的心理行为教育和企业文化建设"一手软,一手硬""两张皮"的现象,没有做到心理行为教育工作和企业文化建设两手抓;三是在企业文化建设的构架内,缺失企业成员心理行为的教育、矫正、调控的功能和相应的机构与工作。

2. 企业文化建设与职工思想政治教育相结合中存在问题的原因

(1)企业文化建设中以职工为本的管理理念不强

①企业管理者以职工为本的管理理念不强

我国企业在借鉴学习西方企业文化过程中,往往是模仿其具体的行为模式,多数企业虽然能够遵循以人为本的企业发展理念,但是仍有部分企业只注重追求经济效益,忽视了以职工为本的经营管理理念。这样的企业有的时候甚至把职工看作是企业的价值创造工具,在改善职工劳动环境和条件上常常是避而不谈;对于职工的管理缺乏人性化关怀,而代以军事化的管理形式，另外由于企业不能够很好地尊重企业职工的主体地位，难以满足企业职工的物质和精神需求，以至于职工对企业无法感受到归属感、荣誉感，职工的生产积极性、主动性及科研创造性也急剧下滑。在劳动密集型的企业中，企业管理者给职工灌输的是"按效率分配，多劳多得"的价值理念，职工在高强度的生产劳动状况下，在追求物质回报的驱逐下，经常熬夜加班，容易产生心理问题；而这种没有人文关怀的企业运营管理模式，也势必影响到企业自身的进一步发展壮大。

②企业职工对以人为本的管理理念认识不足

改革开放以来，随着经济社会转型发展，本土文化也受到外来多元文化的冲击，企业职工容易受到社会不良风气的侵蚀，他们的思想意识和道德价值观念受西方资本主义思想的侵害。在我国社会主义市场经济发展中，由于市场竞争的特性，一部分企业及其职工容易形成唯利是图、金钱至上的观念，有的甚至功利色彩浓重，失去道德底线；鉴于职工思想政治教育工作的滞后，部分职工在该环境中利欲熏心，自私自利，一味地追求眼前利益，丧失自身的长远利益，其结果往往也是得不偿失。现代信息技术和互联网技术的推进使得企业思想政治教育工作有了新的载体和途径，企业可以利用网络更好地开展相关工作。企业的职工可以在网络上接收相关信息，获取自身成长所需的知识，对于企业成长有积极作用。但网络具有开放性特点，网络上的不良信息和消极信息也可能给职工的思想带来负面影响。对于企业文化建设而言，由于外部环境造成企业职工自身对价值追求的偏颇，重视经济利益的状况，职工自身对企业有无"人文关怀""人本主义"失去判断力。

③企业忽视"以人为本"的理念

在推进企业文化建设的过程中，企业鉴于自身经济利益的需要，经常犯忽视"以人为本"理念的错误，主要表现在以下几点。一是在企业文化建设中忽略了职工的主体作用，没有引导职工积极主动地参与其中，通常只是企业管理人员提出指导意见，职工只要执行即可，管理者在其中发挥了主导作用；二是企业管理者对企业文化的理解趋于简单化、字面化，认为职工只要符合企业安排即可，而职工也缺乏主动认识，习惯接受来自管理层的意见，因此在这部分企业中企业文化建设只等同于管理人员对其自上而下的管理，使其文化建设脱离了群众的支持；三是在企业文化建设中，只是注重企业精神文化的贯彻落实，忽视了对职工的教育培训，也缺少对职工职业发展的规划引导，不能够很好地调动职工积极参与的主动性和积极性。因此，企业文化建设应注重坚持"以人为本"的理念。

（2）企业文化建设中职工思想政治教育的理念落后

①部分企业文化底蕴方面

企业文化是现代西方管理学的重要思想，其被引入我国之后得到了我国经济学界的重视。大部分企业可以接受其思想，充分结合我国传统文化的优良传统和企业自身的实际情况，搞好自身的文化建设，南方地区的企业给国民经济发展做出了巨大贡献，但是部分企业由于文化底蕴不足的状况，使得企业文化建设中职工思想政治教育工作收效欠佳。在民营企业中，认为对职工开展思想政治教育工作没有实际作用的观点曾经盛行一时，这也正是企业自身的文化底蕴比较缺乏、实力不足造成的。我国的经济建设离不开企业的作用，因此推动企业文化建设和改革应该成为经济建设和社会发展的助力。同时，企业文化建设必须坚持发扬吸收以爱国主义为核心的民族精神元素，推进中国梦的实现；还要坚持注重改革创新，为企业发展注入强劲的驱动力。

②民营企业追求方面

民营企业更注重企业的经济效益，经营者对利益的追求是导致其企业文化建设与职工思想政治教育工作脱节的主要原因之一。企业活动的最终目的是经济效益，坚持追求经济效益第一位的发展理念是被广泛认可的；基于此，多数企业在日常管理经营的过程中，势必会压缩企业文化建设投入，降低职工思想政治教育活动成本，从而提高企业收益。他们在推进企业文化建设和职工思想政治教育工作的根本出发点即是要进一步增加企业收入，通过有针对性地培训教育企业职工，提高职工生产技能，保证企业生产有序；对于职工的思想政治教育工作却是置之不理，而随着当前我国推进在符合条件的民营企业中设立党组织和基层党组织，也改进了其职工思想政治教育工作开展的效果，对于改变企业管理者和职工的理念，做好对职工的教育工作有积极作用，但实际取得的效果还需要进一步的调查。

③民营企业职工观念方面

人才资源作为企业经营发展的重要推动力量，当前多数企业十分注重人才资源的积累，但是由于"资本雇佣劳动力"的企业人力资源理念驱使，当前多数民营企业存在着人才危机，职工与企业之间还存在着信任危机，在这样的雇佣关系下，企业家也加强对高薪人才的引进，职工离职率降低。民营企业中家族企业较多，任人唯亲的状况普遍存在，使得优秀的人才上升空间限制较大，企业融入效果不佳。因为企业管理者和职工双方都认为，职工通过个人努力获得工作绩效，通过自我拼搏获得收益，是对他们价值追求的具体体现；正是这种观念意识，导致多数企业职工思想意识活动，个人主义突出，在实际中的反映即是职工对企业的不信任和"骑驴找马"的职业心态，更加重视眼前利益，这样的职工观念也是造成当前企业文化建设与职工思想政治教育工作相脱离的原因之一。

（3）企业领导的管理思想与管理模式的落伍

①民营企业"家族式管理模式"的影响

当前，许多国内有规模的民营企业都是在 20 世纪 80 年代后期由家族企业发展壮大起来的，如四川新希望集团、福建匹克体育、山东魏桥集团等，其出于自身发展的目的，在日常经营管理中加大了现代企业管理制度的比重，但其主要的管理模式仍然是家族制的管理方式，家族成员在企业管理中占有重要地位，管理中集权色彩浓厚，企业带有鲜明的亲缘化和家族化特征，企业的所有人同时也是企业的管理人，缺乏专业分工。随着民营企业的发展壮大，部分民营企业意识到在经营决策中出现由于家族式管理引发的决策失误、管理水平低下等状况，开始尝试引进职业经理人，以降低企业家族式管理模式带来的不良反应。也正是因为家族式管理模式的制约，企业中的普通职工难以自由发展，进而使得企业职工的思想政治教育工作丧失群众工作的基础。

②民营企业管理机制的影响

由于民营企业的管理层、经营者等人员多数是企业的创始人员，或者与企业所有人有亲缘关系，他们在处理企业职工事务时，往往优先考虑的是企业利益，而不是企业职工的合法权益。企业的工会组织应该发挥其在连接管理者和职工中的纽带作用，应该督促企业维护职工的合法权益，监督其对保护职工利益的劳动法律法规的实施情况。但是由于民营企业的缘故，其工会在维护职工权益、落实解决职工困难等方面都有许多不足之处，有的企业工会甚至形同虚设。工会难以实现其应有的职能和作用，是导致企业文化建设与职工思想政治教育工作脱节的又一主要原因。因此，落实企业工会的责任，使其发挥在推动企业文化建设和现代化改革中的作用，帮助企业做好思想政治教育工作是有积极作用的。

③企业管理人员观念的影响

近年来，随着国家治理贪污腐败决心和力度的逐渐加大，越来越多的违纪党政领导干部受到应有处分；微博、微信等新媒体工具对腐败现象曝光越来越频繁，这其中就包括一些国有大中型企业的管理者和经营者。正是这些贪腐的案例，使得部分企业管理人员形成"党内教育效果不佳，又如何教育好党外人士"的认识，缺乏积极开展职工思想政治教育工作的意识，在很大程度上造成了企业职工思想政治教育工作与企业文化建设的脱节。开展职工的思想政治教育工作是党的群众路线的重要表现，也是实现特定历史阶段执政目标的助力，其开展效果直接关系着社会主义经济建设的状况，因此在职工思想政治教育工作中加强党的领导是适应历史要求的必然举措。这要求企业管理人员学习马列主义和毛泽东思想，加强理论修养，进一步认识到在企业中开展职工思想政治教育工作的重要性，认真开展相关工作，推动企业文化建设，最终促进企业的长远发展。

（4）企业文化建设中职工思想政治教育工作缺乏制度保障

在企业的日常活动中将职工思想政治教育工作与企业文化建设结合起来，两者的有机融合，有助于充分发挥其所具有的功能和价值。

①企业职工思想政治教育工作队伍建设方面

虽然已有部分企业在探索推进两者融合以长期推动企业文化建设，实现职工思想政治教育工作的实效，但是目前我国企业尚未形成较为系统的两者融合的机制，纵然有的企业已形成一些宝贵的经验，但由于未能及时进行总结分析，两者融合的系统理论提炼有所滞后。对于企业来说，健全的思想政治教育工作可以帮助企业提高职工的素养，这离不开广大职工干部的努力，因此一方面，要开展针对干部和职工的相关教育，引导他们积极学习党的理论，努力探索适合企业职工的思政工作内容和活动形式，以打造出政治素质过硬、业务水平较高、作风公正的职工思想政治教育工作队伍；另一方面，要在企业职工思想政治教育工作中落实责任制，明确各部门和个人的责任和义务，建立相关监督和管理机制，推进相关工作体制的完善。

②两者融合的理论环境方面

企业文化理论是西方现代企业管理学的理论，而我国由国外引进，因此对其进行的研究开始较晚，且早期研究多立足西方研究的成果，通过对国外原著的编译阐述部分概念，结合我国企业文化建设的实践，来探索满足企业文化理论的诉求。我国开展职工思想政治教育工作较晚，主要在解放战争后期才开始，而中国共产党是我国各项事业的领导核心，始终重视对广大人民群众的思想政治教育工作；自社会主义改造以来，党始终高度重视对职工开展思想政治教育工作，并指导民营企业开展相关工作，帮助其建立基层党组织，扩大开展思想政治教育工作的范围和内涵。经过70余年的发展，企业职工思想政治教育的理论体系较为系统，并为多数企业接受和应用。两者在研究水平上的不协调性，造成了两者实现融合的理论环境弱化状况。

③两者融合的制度环境方面

我国的国情较为特殊，这是开展各项工作的指导原则。我国在推动企业发展时必须立足国情，根据不同历史阶段的国情和国家经济发展的战略来开展企业的各项工作。我国的民营经济发展经历了一个长期的过程，与国有企业的发展相比，其历程更曲折，在发展中也面临更多的问题，我国的企业文化建设也是在这样的实际基础上开展的。主要是在深化企业和经济体制改革的进程中开展的，借鉴西方的先进经验，探索本土化的发展方针。探索国有企业开展职工思想政治工作的时间较长，各方面工作也比较系统，取得的成就也更大，其经验值得被非公有制企业借鉴，目前多数企业将职工思想政治教育工作与党建工作设在同一部门的管辖之下，将企业文化建设纳入企业行政工作当中，这种人为把职工思想政治教育工作和企业文化建设分离的工作界限，使得两者分工明确，因各属不同部门管理，两者间难以形成统一的管理体系，甚至使企业文化建设与职工思想政治教育工作无法形成制度性的保障。

四、新时代加强科技企业文化建设与职工思想政治教育相结合的有效路径

(一)注重思想政治教育对企业文化建设的引领

1. 以社会主义核心价值观引领企业文化建设

社会主义核心价值观,是企业思想政治教育的价值导向与核心内容,以思想政治教育引领企业文化建设,就是要以社会主义核心价值观作为企业文化建设的指导思想与道德基础,以社会主义核心价值观为企业文化建设提供价值遵循和精神动力,因此以社会主义核心价值观为引领是企业思想政治教育导向下的企业文化建设的必然选择。以社会主义核心价值观引领企业文化建设,意味着以社会主义核心价值引导企业文化建设的宗旨目标,统领企业文化建设的实践活动过程与环节,主导企业核心价值观的形成,保障企业文化建设的发展方向。①

社会主义核心价值观引领企业文化建设具体措施包括以下几个方面。一是以社会主义核心价值观引领企业文化建设的目标形成。把培育社会责任感作为企业文化建设的重要目标,通过企业文化的社会责任构建,使得企业在其经营过程中,除将经济效益作为企业目标外,还应重视社会责任与社会效益,以体现企业良好的经营道德和伦理意识,以此确保企业文化建设作为中国特色社会主义文化建设的一部分。二是以社会主义核心价值观引领企业文化建设的核心价值观形成。将社会主义核心价值观内化为企业文化核心价值观,将民族精神、时代精神体现到企业文化核心价值观的构建上,弘扬社会主义、爱国主义和集体主义思想,保证企业文化建设始终符合社会主义的发展方向。三是以社会主义核心价值观引领企业文化建设整个实践过程。在企业文化建设实践主体的观念中、在企业文化建设的整个实践过程和各个环节中、在企业文化建设实践方式方法的运用中、在企业文化建设各个实践要素中,将社会主义核心价值观作为导向、统辖、原则和保障。四是以社会主义核心价值观引领企

---

① 宋慧颖. 思想政治教育视角下企业文化建设存在的问题及对策[J]. 山西青年,2017(03):106-107.

业文化建设各个层面的具体构建。在企业文化建设的具体器物文化、制度文化、行为文化、精神文化的构建中，将社会主义核心价值观作为各个层面文化的理念、要素、导向、统御，实现社会主义核心价值观对于企业文化建设的全覆盖。

2. 确立企业文化建设的人本主题

坚持以人为本是贯彻落实科学发展观的核心，是党的一切工作的基本宗旨。以人为本是企业思想政治教育的最根本原则，也是企业文化建设的核心和灵魂。企业思想政治教育导向下的企业文化建设，就是要坚持、贯彻、实现以人为本的核心宗旨，将以人为本作为思想政治视角下的企业文化建设的主题。以思想政治教育人本主题引领企业文化建设主题的具体措施包括：一是在企业文化建设的目标诉求和整个实践活动之中，始终以企业成员的全面发展为主题，切实保障企业文化建设中企业成员的政治、经济、文化权益的实现，构建企业成员的企业文化建设主体地位，使得企业成员成为企业文化建设的动力、成为企业文化建设成果的获得分享者；二是以企业文化建设与企业管理的内在联系为基础，将以人为本作为企业文化建设的主题，促进和实现企业管理的人本化；三是在企业文化建设中形成以人为本的企业核心价值观，注重实现企业命运共同体的利益最大化，将企业利益与成员利益、股东利益、客户利益及社会利益相统一，实现企业与成员、股东、客户共成长，有效确保利益共同体的和谐稳定发展；四是在企业文化建设的实践过程中，充分发挥思想政治教育的功能作用，在企业决策和管理过程中推行企业民主管理，实行民主决策，保证企业成员在企业生产、经营和管理中充分发挥主体作用和能动作用，调动企业成员的积极性、主动性和创造性，使企业成员作为主体参与企业生产经营及企业文化建设；五是在企业文化建设中的企业精神的培育、企业形象的塑造、成员价值观的确立时，要融合思想政治工作的以人为本主题，将人作为一切工作的核心，重视企业成员价值的实现，确保企业成员的主人翁地位，促进企业与成员的共同成长与进步；六是在企业的具体文化层面构建中，不仅注重器物文化、制度文化、行为文化、精神文化建设对于企业成员的约束、规范，还注重各个文化层面建设对于企业成员的精神激励、价值实现和人力资源开发功能的实现。

3. 推进企业文化建设的主体自觉

企业文化建设，是企业文化建设主体的实践活动，而企业中的思想政治教育与企业文化建设的内在关联性，决定了企业思想政治教育与企业文化建设主体的同一性。因此，企业文化建设要在思想政治教育的引领下实现主体的自觉性。一是推进企业文化建设中的政府主体自觉。作为社会公共事务的管理者，作为社会主流意识形态的构建和倡导者，政府要对于企业的思想政治教育和企业文化建设在核心目标导向、相关法规、政策供给、企业文化建设的人力、物力、财力资源的供给和制度保障等各个方面发挥主导作用。二是网络时代的大众传媒，要充分发挥技术和载体优势，为企业文化建设提供网络媒体、网络手段、网络体系支持，搭建企业文化的数字化平台，要大力强化网络及网络媒体的监管、规范，为企业思想政治教育和企业文化建设构建正能量的舆论环境和舆论导向，同时要强化网络传媒与传统媒体的深度融合，构建企业文化建设的全媒体体系。三是企业中党的工作部门和人员、文化宣传部门和人员、教育培训部门和人员，以及各级专业管理部门和人员，既是企业思想政治教育的主体，也是企业文化建设的主体，因此要实行"一肩双职"管理方式构建企业文化建设和思想政治教育结合的体制，将企业思想政治教育主体与企业文化建设主体有机融合，明确企业文化建设主体责任。四是企业领导者在管理工作中要重视思想政治教育和企业文化建设的作用，提高思想政治教育能力水平和企业文化管理素养，承担企业文化建设中的领导者、组织者的角色和责任，自觉发挥其企业文化建设的领导主体作用。五是推进实现企业员工的主体自觉。企业员工作为企业思想政治教育和企业文化建设的对象，既是教育、自我教育、相互教育的主体，也是企业文化建设的主体，要通过开展形式多样的思想政治教育活动，提高企业员工对精神文化需求的意识，同时使企业员工明确在企业文化建设中的主体地位，使其自觉发挥在企业文化建设中的基础主体作用。

4. 切实实现企业文化的功能价值

思想政治教育视角下的企业文化建设是现代企业管理的重要手段，是推动企业发展的驱动力，是提高企业凝聚力的关键因素。企业思想政治教育作为企业软管理方式，通过企业文化建设的路径，为企业创建和谐的发展环境，助推企业持续稳定发展。在思想政治教育的引领下切实实现文化建设的功能价值，具体措施如下。一是把握企业文化的亚文化特质。相对于国家文化、民族文化和社会文化而言，企业文化属于一种特定的社会组织文化、一种微文化。把握企业文化的亚文化基本特质，就要在坚持社会主义主流文化对于企业主导的基础上，形成各个企业自身独特的企业文化特色，并在这种特色文化的建设中，形成企业独特的价值观念、文化传统、企业精神、企业制度、生产工艺、产品品牌，从而实现企业的社会责任与经济效益，以此实现企业亚文化的独特功能。二是在企业物质文化、制度文化、行为文化、精神文化各个文化层面的建设中，始终坚持以社会主义主流意识形态、主流文化为建设实践的基本理念、核心要素和目标导向，体现并实现社会主义核心价值观，体现并实现企业思想政治教育对于企业文化建设、对于企业管理、对于企业的生存发展与改革创新的引领功能。三是将企业思想政治教育与企业文化建设融入企业管理中，将软管理与硬管理相融合，以企业文化为载体提高企业成员对企业管理的思想认识，树立共同的信念和价值观，培养企业成员的高度责任感和归属感，充分调动企业成员工作的积极性、主动性，确保企业文化建设成为现代企业管理的重要手段。四是通过企业思想政治教育活动传达企业价值观及企业精神等企业文化理念，以统一成员思想、指导成员行为，将各个层次的企业成员凝聚在一起，形成强大的精神凝聚力和向心力，使企业文化建设成为提高企业凝聚力的关键，同时将企业精神深深地根植于全体企业成员的思想、行为和实践之中，确保企业文化建设成为推动企业发展的驱动力。

（二）发挥思想政治教育功能推进企业文化建设

1. 发挥思想政治教育的凝聚功能，推进"物质文化"建设

思想政治教育的凝聚功能，是指在企业的思想政治教育中，依靠马克思主义理论教育和爱国主义、集体主义思想教育、社会主义核心价值观教育，以及民族精神教育、爱国主义教育、职业道德教育等思想政治理论教育，以企业文化建设形成的企业共同价值观念，紧密连接企业目标与企业成员的利益诉求，形成对于企业、企业发展方向目标的高度认同，并打破人与人之间的精神壁垒和思想界限，将分散的个体凝聚成一股力量，形成一个"利

益共同体"，为企业的近期及长远目标而共同奋斗。

物质文化是由企业成员创造的产品和物质设施等构成的器物文化，以物质形态为主要表现，主要包括企业标志、企业环境、企业建筑、企业产品、企业品牌、企业形象等外在的物质现象。以思想政治教育的凝聚功能推进物质文化层面的建设：一是要树立企业思想政治教育与企业文化建设的有机融合理念，防止二者在企业文化建设中的隔膜和割裂，既将企业文化建设作为思想政治教育的实现路径和载体，防止思想政治教育的空泛，又将思想政治教育作为企业文化的精神内核，防止企业文化的"空心"；二是在企业标志、企业形象、企业产品品牌的塑造中，在企业广告和传媒传播中，凝结民族精神、社会责任、道德信仰等，使得企业的器物形态成为社会主义核心价值观的集中展现，由此成为凝结企业成员和产品消费者，以及社会公众的企业物质文化；三是注重企业器物文化的精神内核塑造，使得企业的外部标识、环境、工艺、设施、文化娱乐能够体现企业的生产经营状况、人文情怀和文化气息，以及企业成员的精神状态、价值诉求，凝聚和反映集体主义、爱国主义、职业道德等社会主义核心价值诉求；四是思想政治教育与企业文化建设主体，开展集体主义、爱国主义等思想政治教育活动，增强企业成员的凝聚力和向心力，培养浓厚的集体归属感和企业责任感，使企业成员积极主动参与企业品牌形象塑造、环境美化、工艺创新等物质文化建设；五是开展职业道德教育、企业社会责任教育等活动，培养和提升企业成员的思想道德品格，展现成员的精神风貌和工作状态，为企业物质文化建设创造条件。

2. 发挥思想政治教育的导向功能，推进"行为文化"建设

思想政治教育的导向功能是指通过思想政治教育活动，对人们的思想意识、价值取向、行为方式进行引导，使之能够保障思想的先进性及价值观的正确性，并由思想道德观念的引导外化为人的行为的导向，具有指向鲜明、内容和方式多样化等特点。其导向方式包括目标导向、政策导向、舆论导向和自主导向四种方式。企业思想政治教育通过企业文化的建设实践，能够实现社会主义核心价值观、企业发展愿景、企业道德规范对于企业成员思想的凝聚、行为动机的引导，并在内化的基础上外化为企业成员在企业生产经营和企业文化建设中的行为导向，这就是企业思想政治教育

对于企业行为文化的导向功能的实现。

企业的行为文化主要包括企业处理与社会、政府、顾客、企业、成员等各方面关系所遵循的规则。这些规则通过具体的企业和企业成员的行为表现出来，具有可识别的特性，是企业精神和企业价值观的具体体现。虽然行为文化的主体是企业，但实际上企业的行为文化是通过具体的企业成员表现出来的。企业思想政治教育可以此为切入点，运用多种方式和手段，充分发挥其导向功能，推进企业的"行为文化"建设。一是要通过企业的思想政治教育，大力倡导、广为宣传社会主义核心价值观引领下的企业目标、发展愿景及其与企业成员个体发展诉求的统一，引导企业成员凝聚共识、激发动力并将这种共识和动力体现、实现在企业成员的一切企业行为之中，形成企业行为文化的导向。二是要通过开展一系列的思想政治教育活动，将企业确立的精神文化、道德规范融入企业的生产经营和企业文化建设实践与企业成员的行为中，指导、规范企业和成员的行为。三是通过思想政治教育和企业文化培训，确立和规定企业的价值取向、道德操守、行为规范，以引导和约束、规范企业成员的行为。四是通过思想政治教育和企业文化培训，向企业成员确立、强化、推广企业视觉识别要素，如企业标识、企业形象、礼仪、服装等，以规范成员行为礼仪和精神风貌，推进企业行为文化的建设。

3. 发挥思想政治教育的约束功能，推进"制度文化"建设

思想政治教育的约束功能是指利用思想政治教育蕴含的精神、理念、传统等无形的因素，以宣传、教育、引导的方式形成一种群体道德和行为准则，对人的思想、心理和行为等进行规范和约束。企业思想政治教育通过企业文化的建设实践，将社会主义核心价值观导向下的思想观念、道德信仰、价值取向的教育和规范，通过企业的各项管理制度、纪律规范、行为准则体现、实现出来，以此形成对于企业成员思想的引导、行为动机的调控，以及形成对于企业成员生产经营和企业文化活动中的行为规范与约束，这就是企业思想政治教育对于企业制度文化的约束功能的实现。

制度文化是企业从制造产品和提供服务的实践、从企业行为文化中提炼出来的相对固化的规则总和，是企业的规章、规则、条例、准则、纪律等的体系化、制度化，具有公认、权威和稳定等特点，对企业物质文化和

行为文化起到了评判和制约的作用。制度文化是企业文化软管理中的硬约束、软实力，对企业成员的思想和行为具有强有力的约束和规范作用。思想政治教育作为软实力的企业管理方式，应充分发挥其约束功能，推进"制度文化"建设。一是通过思想政治教育将社会主义核心价值观凝结和贯彻在企业制度构建和制度内容中，强化制度对于企业党政领导干部、各级管理人员乃至企业员工的规范、约束，形成企业反腐倡廉的制度文化特色。二是通过强有力的思想政治教育，形成认同、遵循、执行、维护企业制度的文化心理氛围，构建企业成员对于企业制度的心理响应机制。三是通过思想政治教育对企业成员的思想和观念进行合理的调控，使其参与并认同企业的管理制度，在工作中自觉遵守和执行企业制度，为制度文化的贯彻落实奠定坚实的群众基础。四是通过思想政治工作与企业成员进行及时有效的沟通，了解成员的思想状况，全面有效地对企业制度进行改革和创新，建立起人性化的企业制度文化。五是思想政治教育充分发挥自身优势，从不同企业文化建设主体角度辨识制度文化体系中存在的缺陷，并有针对性地提出合理的优化建议，为企业规章制度的贯彻、落实创造文化环境，从而促进制度内涵被成员心理认同并自觉遵守与执行，使制度凝固成为一种文化。

4. 发挥思想政治教育的激励功能，推进"精神文化"建设

思想政治教育的激励功能，就是利用思想政治教育的内容和教育活动的实施，发挥思想政治教育的凝聚功能、导向功能，通过企业文化建设的路径和载体，凝结、确立企业的共同价值观念、发展目标、道德准则，并将其与企业成员个体的价值诉求、道德意识、发展愿景相结合，激发企业成员的思想动机，调动其内在积极性，激励企业成员在生产经营和企业文化工作中的积极性、能动性、创造性，从而推进企业精神文化建设。

精神文化是企业在长期生产经营过程中形成的一种精神成果和文化观念，是企业文化的观念层面，也是企业文化建设的主体与核心，是形成物质文化与制度文化的基础，是企业及企业员工的精神财富，包括企业的发展目标、价值观、经营理念、企业道德、企业宗旨等。推进"精神文化"的建设，必然要充分发挥企业思想政治教育的激励功能。一是以思想政治教育导向企业精神文化的建设，通过多种形式的思想政治教育，以社会主

义核心价值观凝练和形成企业精神文化内容，在社会主义核心价值观和以人为本的企业文化建设主题的引领下，形成对于企业成员的精神激励文化。二是以社会主义核心价值观为引领，通过思想政治教育和文化建设，最大限度地构筑企业成员的共同价值理念，最大限度地契合企业发展目标与企业成员发展愿景，使得企业成员在实现物质利益的同时，具有实现企业共同价值理念而获得的使命感、成就感，归属感和荣誉感，从而形成企业的精神激励文化。三是企业精神文化建设实质上就是打造企业核心价值观和激励企业成员，因此企业通过对成员进行思想政治教育，使成员正确地理解、把握和践行企业的核心价值观，并将其内化为自己的思想意识，增强集体荣誉感和工作责任心，树立成员在企业的主体地位，从而自觉践行企业精神。四是以爱国家、爱企业、爱岗位与遵守企业的规章制度为基本内容，将思想政治教育的激励功能渗透到企业精神文化建设，强化企业精神。五是通过企业思想政治教育，引导企业成员认真学习党的基本路线、方针与政策，让企业成员树立正确的人生观、世界观与价值观，坚定理想信念，进一步推进精神文化建设。

（三）实现思想政治教育与企业文化建设的有机融合

1. 实现企业文化建设核心价值回归

企业文化建设的核心价值是由企业文化建设实践的对象和要实现的目标所规定的价值，即是形成企业成员共同遵循的目标、信念、价值和器物环境与制度行为规范，凝聚企业成员的思想观念、价值追求、发展目标，激励企业成员的积极、主动和创造精神，构筑企业核心竞争力，保障企业的生存发展与改革创新并推进经济社会的转型发展，企业文化建设的一切内容、形式、方法均为这个核心价值所规定和制约。而企业思想政治教育与企业文化建设实践对象的同质性，以及二者内容的互通性与目标的一致性，决定了实现企业文化建设核心价值的回归，实质上是实现企业思想政治教育与企业文化建设的融合。这种融合，一是将企业文化建设的对象与目标与企业思想政治教育的对象和目标统一起来，以企业思想政治教育为导向，回归二者的客观内在关联；二是在企业文化建设中，以二者的内在关联为基础，以企业思想政治教育为导向回归以人为本，以企业成员为实践主体和对象，回归企业文化建设的目标，构建各个层面的企业文化要素；三是通过加强企业思想政治教育工作，使得党的各项方针政策和企业共同价值理念及时传达及灌输到企业成员的价值理念中，通过政策上的引导、榜样上的示范、思想上的统一，将思想政治教育的人本理念充分融入企业文化建设中，使企业成员之间形成向心力和精神凝聚力，齐心协力实现共同的企业目标，为企业文化建设核心价值的回归奠定基础。

2. 确立企业文化观念层面核心地位

思想政治教育视角下的企业文化建设，必然要在器物文化、制度文化、行为文化与精神文化的构建中，以企业思想政治教育与企业文化建设的客观联系为基础，以思想政治教育为导向，确立精神观念层面的企业文化核心地位。企业文化观念层是企业的精神文化，是企业在长期生产经营过程中形成的精神成果和文化观念，包括企业价值观、企业精神、企业风貌等，是形成物质文化与制度行为文化的基础所在。有无观念层面、精神文化是衡量企业是否形成企业文化的基本标志。如何将思想政治教育的导向作用融入企业文化建设中，确立企业文化观念层的核心地位，一是通过企业思想政治教育，指导企业文化的建设主体正确认知企业物质文化与精神文化的辩证关系，在四个层面构筑的企业文化建设完整结构体系中，确立观念层面的核心地位；二是通过思想政治教育活动，引导企业文化建设主体和企业管理者明确企业精神支柱和意识形态的灵魂地位，避免企业文化建设片面追求生产效益及经营利润，忽视观念层的建设，为确立企业文化观念层的核心地位创造客观环境；三是将思想政治教育活动融入营造企业文化氛围建设中，引导企业成员了解、认同和遵循企业价值观、企业精神、企业经营理念等企业观念文化，实现用企业精神文化引导企业的生产经营活动；四是以企业的思想政治教育为根本导向指导企业文化建设的实施，引导企业成员树立正确的理想信念、价值观念和职业技能，激发企业成员的精神动力，发挥企业文化观念层对企业成员价值的实现和企业经济效益增长的作用，从而确立企业文化观念层的核心地位。

3. 保证企业文化建设主体价值实现

思想政治教育与企业文化建设的内在关联，决定了企业文化建设主体的多元性。而思想政治教育以人为本的核心理念，又决定了企业成员在企业文化建设中的核心主体地位。因此，保证企业文化建设的主体价值回归，在兼顾政府的主导主体、企业管理者的领导主体，以及由网络、传媒、社区、家庭等结构而成的社会合力主体基础上，要着力保证企业成员的企业文化核心主体地位和价值的实现。企业成员作为企业文化建设的主体，是企业文化建设的实践者、受益者和推动者。企业依靠企业成员建设企业文化的过程就是企业思想政治教育以人为本理念的具体体现，是实现企业价值观的过程，更是构建和实现企业成员主体价值的过程。如何以人本理念为契合点将企业思想政治教育和企业文化建设有机融合，以强化企业成员在企业文化建设中的主体地位确保主体价值的实现，一是企业管理者充分发挥主体领导责任，将思想政治教育人本理念融入企业文化建设实践中，确立企业员工的核心主体地位，充分调动企业员工的创造精神和文化素养与能力，推动企业员工作为企业文化建设理念与模式的决策者、参与者、实施者，并对优秀的设计与创意及文化建设中的绩效、成绩给予嘉奖，为主体价值的实现创造环境与条件；二是利用思想政治教育的疏导、教育、表扬、示范、批评等作用培育企业成员的思想品德、道德修养，从根本上解决企业成员的思想认识问题，充分调动成员在企业文化建设中的积极性和主动性，从而确保其在企业文化建设中主体价值的实现；三是将思想政治教育活动内容融合到企业文化建设中，培养企业成员的集体意识和提高企业成员的思想道德素质，增强成员推动企业文化建设的精神文化动力。此外，定期对企业成员进行科学理论教育、业务技能培训、企业文化学习，从而提高成员的整体素质，促进企业成员核心主体价值在企业文化建设实践中实现。

4. 构建企业文化心理行为调控机制

企业思想政治教育与企业文化建设均着眼于引导、规范、约束企业成员的心理与行为，着眼于企业思想政治教育通过企业文化建设的路径和载体，实现内化于心、外化于行的企业成员心理与行为调控。心理与行为的教育、调控是企业思想政治教育与企业文化建设的实质和落脚点。如何将思想政治教育中的思想观念、人生信仰、价值取向、道德伦理、法制规范等教育融合到企业文化建设中，确保构建企业文化心理行为调控机制，一是防止和矫正企业文化建设中多见的片面重视器物文化、物质文化等外在表层文化建设的倾向和行为，在器物文化的基础上，在精神文化的引导下，注重着眼企业成员心理与行为调控的行为文化与制度文化的建设；二是在行为文化与制度文化建设时注重企业成员的核心主体地位的实现，提高企业成员参与度。制定规章制度时广泛征求成员意见及建议，使企业员工理解规章制度对企业发展的重要性并自觉执行，从根本上增强企业成员对行为文化、制度文化的认同，为企业文化建设奠定基础；实施精神文化建设时则需摆脱形式化的枯燥说教，要以企业成员的心理诉求为精神文化建设出发点，以利于对于企业成员心理与行为的文化调控；三是在企业文化建设实践活动中，通过开展形式多样、内容丰富的思想政治教育活动，对企业成员进行心理疏导和人文关怀，及时掌握企业成员的思想动态和情绪变化，加强企业成员间的沟通与交流，增强团队的凝聚力，使得心理与行为教育、调控和企业文化建设深度契合；四是在企业文化建设的构架内，建立行之有效的心理健康引导调适机制，通过聘请专家或在企业设立专门的心理咨询、心理健康教育与诊疗部门，定期对企业成员的心理与行为进行教育、调适、矫正和调控，确保企业成员心理与行为的发展方向和企业发展目标一致。

（四）创新企业文化建设内容与方法

1. 实现企业文化建设的内容更新

企业文化建设的内容制约着企业文化建设的理念构建与目标实现，因此创新企业文化建设，必须实现企业文化建设的内容更新。如何在思想政治的引领下实现企业文化建设内容的更新，一是以社会主义核心价值观为引领，为企业文化各个层面的文化构建和整个文化建设实践提供正确的价值支撑，以企业思想政治教育为导向，确保企业文化建设理念及内容的科学性；二是在企业文化建设实践过程中，保证企业文化建设层面的系统结构完整性，防止企业文化建设的内容结构失衡，既注重物质层面、制度层面、行为层面、精神层面文化建设的均衡性、全面性，又注重将精神文化建设作为企业文化建设的核心层；三是着眼企业文化建设的时代性，将时代性文化内容融入企业文化建设，企业文化建设要随时代前进的方向与步伐不断更新，体现时代性的思想观念和时代精神，要在企业文化中吸纳和包容网络文化、市场经济文化、法治文化、民主文化、人本文化、大众传播文化、行为文化、软实力文化等所倡导和主张的典型时代文化，并通过思想政治教育活动将时代性特征文化内容融入企业文化建设过程中，促进企业文化建设内容及时更新；四是强化企业文化建设的理性规范、理论指导，丰富企业文化建设的理论内容。企业文化建设要与相关理论学科结合，将现代管理科学、教育学、传播学、行为科学、心理科学、伦理学、社会学等相关学科的理念与方法，作为企业文化建设坚实的理论基础与方法指导，防止企业文化建设空洞化或照搬模仿；五是改变企业文化建设中落后、腐朽的宗亲观念及家族文化，建立社会主义核心价值观引领下的企业全体成员为主体的企业文化，实现以人为本的企业文化建设。

2. 创新企业文化建设模式

思想政治教育视角下企业文化建设的最终目的在于将企业与企业成员的价值最大化。为实现这一根本目标，企业应突破现有的传统企业文化建设模式，选择适合企业个性特征的企业文化建设模式，实现企业文化建设模式的更新、创新。企业文化建设模式一般包括：温情型、理想型、职业型、准军事化型等企业文化模式。其中，温情型企业文化强调员工忠诚度、强调员工与经营者的紧密关系；理想型企业文化强调成员个人能力和创造性，关注成员对实现职业目标的强烈态度；职业型企业文化关注企业成员的能力，注重成员合作性和集体性观念；准军事化型企业文化强调组织性、执行力、员工服从意识及组织纪律。

从不同文化建设模式特点可以看出，无论企业选择何种模式均需要以思想政治教育为导向，促进企业成员的思想政治与道德文化素养的提高，从而推动企业文化建设模式的选择、实施与发展。在思想政治教育的引领下创新企业文化建设模式，首先无论选择何种企业文化建设模式，均应以社会主义核心价值观、以企业思想政治教育导引、规范各个企业文化建设模式的理念、要素、架构和体系及其运行与发展；其次应充分利用员工易于接受的思想政治教育工作方式，通过搭建员工乐于参与、便于参与的平台，借助新兴传播手段和新的文化样式进行企业文化建设；最后要将教育学、心理学、现代企业管理学等学科理论知识作为企业文化建设坚实的理论基础；将耐心疏导、民主讨论、平等交流等人本方法作为企业文化建设的方法；将调查走访、热线电话、心理咨询等途径作为企业文化建设主要形式，使企业文化建设从居高临下的训示模式向平等交流的互动模式转变，从根本上创新企业文化建设模式。

3. 强化企业文化建设方法的人文性

企业思想政治教育与企业文化建设的客观内在关联，决定了企业思想政治教育导向下的企业文化建设的核心理念和宗旨是以人为本，也由此决定了企业文化建设方法的人文性特质。因此，创新企业文化建设，必须强化企业文化建设方法的人文性，强调一切方法的使用和效果衡量都要以人为中心。如何充分利用思想政治教育人本理念强化企业文化建设方法的人文性，一是将思想政治教育以人为本的理念融筑和实现于企业文化建设方法中，着力于将企业成员作为人文性企业文化建设方法使用的主要对象，将企业成员作为人文性企业文化建设方法使用的起点与归宿。要防止和矫正企业文化建设方法以企业利润、经济效益为起点和归宿的物本理念和工具理念与倾向，一切方法的选择和使用要重视人、尊重人、关心人，以人本理念为基本原则，以企业成员的全面发展为归宿；二是在企业文化建设方法的使用中，重视方法的人文价值、人文特质和人本基础，依据方法适用对象个性特征使用疏导教育法、典型示范法、感染教育法、情感激励法和心理咨询法、比较教育法、思想转化法等各种不同的人文方法，保证企业文化建设方法在使用过程中的人本理念；三是行为文化方法、制度文化方法的使用和效果衡量，不是着眼于对于企业成员观念与行为的机械、僵硬的约束规范，而是致力于以行为文化方法、制度文化方法的使用促进企业成员的全面发展；四是在信息社会、网络时代要以企业成员的时代需求、心理与行为特征为依据，特别着力于企业文化各个文化层面建设的网络方法、数字化方法和新媒体的使用；五是在企业文化建设方法中，企业管理者站在企业员工的角度理解、重视和鼓励员工，尊重员工的权利和主人翁地位，增加管理者亲和力，拉近管理者与员工的心理距离，通过塑造人本企业文化氛围，让企业员工体会到企业文化建设方法的人文性环境。

第五章 国内外优秀科技企业文化建设与

思政工作实践案例

企业文化与一个国家或地区的地理地貌、经济发展等自然人文因素息息相关，以其传统民族文化为基础衍生而来，因而文化形式特点各有不同。民族的文化作为民族的精神源泉，是民族自信的文化，彰显着民族的底蕴和根基，必然要灌输于企业管理中。

本章从思想政治教育引领科技型企业文化建设的角度，选取国内外优秀科技企业，如国外的美国微软公司和日本松下集团，中国的华为、中天科技集团、南京中网、金天科技集团、株洲时代新材料科技股份有限公司等企业文化建设与思政工作实践的成功案例，分析其成功经验，为我国科技企业思政工作发展建设提供借鉴参考。

一、国外科技企业文化建设的成功案例

（一）美国微软公司

美国文化与中国文化有很大的不同，低度关系文化就是其最大的特点之一。人人平等，这一思想美国人从宪法角度就倡导它。自成立以来才二百多年历史，文化根基尚浅，自然谈不上浓厚的传统文化底蕴。同时，标新立异，崇尚个人主义也是美国人的特点。此外，美国集聚了世界众多优秀人才，体现的是文化的包容性。归纳而言，个人主义和理性主义，推崇冒险、开拓、创新、自由、平等精神组成了美国文化。

"自我""开放""激进"是美国企业管理的核心文化，在领导决策、组织经营、用人考核等多个维度全方位渗透，以强调科学性为基础，追求

工作效率；以强调进取精神为动力，确保明确性；以重视物的因素为保障，淡漠人际关系，形成独树一帜的西方特色管理行为风格，构建了个性鲜明的文化制度。

美国企业管理模式以著名的微软公司的达尔文式管理为典型代表，在比尔·盖茨的领导下，达尔文式管理即适者生存、优胜劣汰，反映出美国个人能力主义，以及创新开拓的文化特征。

1. "饥饿雇佣法"

顾名思义，即雇用比公司实际工作所需更少的人，其与"饥饿营销"有异曲同工之妙。饥饿营销着重于供求关系的调节，造成产品销售价格变动，实现"加价"；而微软公司则是通过调节员工与工作量的不成比例关系来提高最终效率，达到工作能力挑战极限的目的。废寝忘食地工作、夜深人静时回家、全球飞人般出差，这些在微软公司都是司空见惯的，甚至连比尔·盖茨本人也同样如此。

2. "居安思危法"

比尔·盖茨曾说过，微软离破产永远只有 18 个月。这是基于摩尔定律理论说的，CPU 芯片每 18 个月，其集成的晶体管数目增加 1 倍。比尔·盖茨不断灌输、培育、强化危机意识，表明微软力图走在 IT 的前沿。同时，激励员工，IT 是个飞速发展的行业，不进则退，甚至灭亡。

3. "勤俭持家法"

管理成本是企业管理生产过程中的基本耗费，尽管如今微软财大气粗，但在成本控制方面一直保持着"创业维艰""勤俭持家"的心态，在资金运用上精打细算、锱铢必较。整个公司不招私人助理、不设专用停车位或休息室、不许星级出差报销……节省的花费只为用在刀刃上。

（二）日本松下集团

日本作为中国的邻国，受中国影响较大，自然包括文化，如日本人说的日语、穿的和服、品的茶文化、吃的饮食文化等。正因如此，日本同中国一样，属于高度关系文化。然而，日本文化既有不同于中国，又不同于西方的发展规律。究其原因，日本单一的种植经济需要整个家庭及邻人的相互协作的劳作方式；单一民族、单一化的岛国的社会因素需要重视集体力量、发挥集体智慧。这也就造就了民族昌盛、学无止境、亲和一致、家族意识的独特文化特征。[①]

日本民族文化反映在企业管理模式和管理行为层面,于国家,强调社会责任感,注重人与自然协调观,追求社会利益而非经济利益;于集体,重视集体团结合作,奉行终身雇佣制;于个人,崇尚重义轻利,注重服从和忠诚。日本企业管理模式一直是各企业相继追捧的。其中,以松下集团主导的一次人事变革为典型,堪称21世纪的"明治维新"。松下集团在日本经济持续不景气,企业经营恶化的背景下,围绕人事管理进行了一场变革。

1. 岗位职责标准重新拟定,拉大薪酬等级级差

一直以来,松下集团的人事管理是采取年功序列制来实行的,基本上没有什么变动,注重稳定性,避免政策随意变动引起员工及组织人心惶恐。然而,松下集团面对业绩下滑惨烈、经营危机加大、管理者工作能力低下的局面,不得不痛下决心,从上至下全面实行人事变革,重新拟定评价标准,拉大薪酬等级级差至3倍,奖罚分明,充分激发员工的工作积极性。

2. 员工考核标准量化、细化,晋升降级有理有据

在岗位职责标准重新制定的基础上,严格执行员工工作职责的管控,并在月度、季度、年度进行系统的考核评价,通过"评价—展示—对话—改进"四个过程的量化考评,不仅可以增加员工收入,还可以提高工作流程的效率。在此次变革中,松下集团还设立"勤劳津贴",以奖金和休假二者结合的方式激励优秀员工。

3. 以"实绩主义"来雇用员工,有为者有位

与传统人事管理招聘的事务性人才相区别,松下集团把产品营销业绩指标数列入考核,实则就是"以实绩主义论英雄""有为者才有位"。在松下集团严格的资格筛选制度和层层招聘、选聘制度下,其晋升唯有资格测试考核达到合格,才予以通过。整个人事考核公开公正,摒除了个人偏好的随机选择和派系斗争较量的影响。与此同时,工资制度改革双管齐下,从资格和能力两方面来权衡工资发放,渲染竞争意识,从而达到组织能力提高的效果。

---

① 赵美岚. 新时代中国企业文化塑造研究——稻盛和夫企业经营哲学的启示 [J]. 企业经济, 2018(12): 103-108.

二、国内科技企业文化建设与思政工作实践的成功案例

中国作为上下五千年华夏文明古国，拥有着优秀的传统文化。其中，儒、道、释三家思想犹如三枝独秀，贯穿文化精髓命脉，故有所谓"以佛治心、以道治身、以儒治世"的说法。儒家提倡"仁礼安邦"，道家提倡"无为而治"，佛家提倡"万法皆空"，这些人生哲学造就了中华民族勤劳务实、发奋自强的民族特性，也影响了政治思想、经济结构、科技前沿等方面[①]。中国传统文化的这股神秘力量，在对现代企业管理重要影响方面，中国学者余凯成将其七个文化因素进行整理归纳，构建了"7P"模型，如下图 5-1 所示。

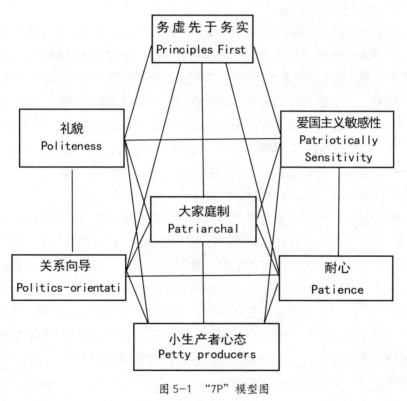

图 5-1　"7P" 模型图

---

① Zhang Baohui. Study on the Culture of Confucian Merchants and the CorporateCulture based on the fit between Confucianism and Merchants. In：2018 4th International Seminar on Education，Arts and Humanities. Zhuhai，2018：7–8.

对于欧美国家企业发展历程，中国企业的发展历史较短，并且同我国社会发展处于初级阶段一样。从社会因素来说，在中国特色社会主义环境下继续摸索中国特色企业管理模式；从发育程度来说，我国企业管理文化和模式，都还不成熟、不完善，还处在初级阶段。我国企业必须从这个实际出发，不忘初心、砥砺前行。当然，我国不少企业在探索过程中，以中华民族文化为主基调，谱写出与欧美日国家不同的企业文化。

（一）华为技术有限公司

华为作为当今世界通信界响当当的品牌，其核心业务的全面性与全球性越来越强，这与华为所强调的全方位责任感是分不开的。

1. 爱国主义敏感性

Patriotically Sensitivity——产业报国、科教兴国。在个人与国家的关系上，中国人的世界观往往认为二者是相统一的，应拥有强烈的爱国主义和民族责任感。而身为华为人，他们以为祖国昌盛而奉献，为民族振兴而奋斗，为中国梦实现而前行作为自己的远大追求。一是研发科技产品，制订全球计划，积极开拓国内外市场，抢占国际市场份额，产业报国，促进我国经济增长。二是反馈社会，积极投身于公益事业和科技事业，设立各类基金，援助受灾地区，支助贫困学子，科教兴国，促进我国教育事业发展。

2. 耐心（Patience）和礼貌（Politeness）——客户至上

华为始终选择提拔紧盯客户、紧盯市场的员工。华为人将耐心和礼貌全投入在客户身上，并提出口号"以客户为中心，以奋斗者为本，长期坚持艰苦奋斗"。提出的"三个根本保障"既有内在联系，又相互支撑。以客户为中心是长期坚持艰苦奋斗的方向；艰苦奋斗是实现以客户为中心的手段和途径；以奋斗者为本是驱动长期坚持艰苦奋斗的活力源泉，是保持以客户为中心的内在动力。究其原因，正是百年西方管理学的核心思想，绕来绕去还是离不开一个根本：如何围绕消费者的需求，为公司定位，为管理者定位，为公司的产品定位。

3. 大家庭制

Patriarchal system——爱屋及乌。儒家文化传播的"修身、齐家、治国、平天下"这一理念，提倡的就是以大家庭制为主的管理模式。大家庭制，顾名思义，就是以整体组织为一个大家庭的管理理念，全员为了共同理想而奋斗献身。而每一个成员又受这个大家庭保护着。他们既有着经济物质基础，又有着崇高精神文明，二者相得益彰，共建华为共同体，荣辱与共。[①]

（二）中天科技集团

中天科技集团是一家成立于 1992 年的民营高新技术企业，现有员工 1.5 万余名，下设 70 多家子公司，在 58 个国家和地区设立办事处，在 7 个国家设立海外工厂，2018 年销售额 538 亿元，形成涉及信息通信、智能电网、海洋装备等多个领域的多元产业格局，成为中国 500 强企业、中国光电线缆制造行业领军企业、全球光纤光缆最具竞争力十强企业。

随着我国经济发展进入新常态，全面深化改革进入攻坚期，国内经济下行压力持续加大，中天科技集团在快速发展过程中遇到了一系列新问题和新挑战，员工的思想观念更加多元、多样、多变，思想活动的独立性、选择性、差异性明显增强，特别是随着信息技术迅猛发展，网络成为员工接收信息、沟通联系的主要渠道，网络社会和现实社会互动日益加深，思想政治工作的难度明显加大。面对新形势、新问题，中天科技集团党委积极作为，探索创新，在实践中创建并组织实施"精神家园工程师工作制"，有效提升了员工的思想觉悟和道德水平，增强了员工对企业的归属感和认同感，激发了企业生产经营管理各个环节的创新活力，有力推进了企业持续健康发展。

1. 坚持改进创新，建强队伍完善机制

中天科技集团党委认为，非公企业思想政治工作要取得实效就不能走僵化的老路套路，必须积极探索创新，形成一套较为科学的思想政治工作组织体系、运行机制和工作方法。集团党委结合企业自身实际和特点，提出精神家园建设，参照研发工程师、工艺工程师、采购工程师、质量工程师等职位及其工作制度，设立了"精神家园工程师"岗位，并在实践中逐步完善了相关制度标准，形成具有中天特色的"精神家园工程师工作制"。一是建立覆盖全面的精神家园工程师组织体系。目前，集团拥有一支专兼

---

① 李非，邹婷婷. 基于民生公司的传统"家文化"思想研究 [J]. 管理学报，2018（10）：953-961.

结合、数量充足、素质优良的千余人精神家园工程师队伍，形成三个层面组织架构：集团党委书记、董事长担任集团精神家园总工程师；各二级单位负责人担任本单位精神家园总工程师，并配备一名专职精神家园常务副总工程师，负责本单位精神家园建设日常工作；所有车间、班组都配齐配足精神家园网格工程师，实现了横向到边、纵向到底，无盲点全覆盖。二是明确精神家园工程师的基本职责、目标任务和工作流程。集团制定《精神家园工程师工作职位说明书》，对精神家园工程师的基本职责、目标任务、工作流程等都做出了详细规定。精神家园工程师要关注员工思想动态，协调员工工作矛盾，解决员工生活困难，引领员工精神文化，目标是增强企业凝聚力战斗力，服务和促进企业和员工共同发展、共同进步。精神家园工程师每日需深入员工生产生活一线，及时了解员工思想动态，形成工作日志，每两周向常务副总工程师报送主要工作情况；各二级单位每季度进行工作总结，交流工作经验，找出工作短板；集团每半年召开一次工作总结会，开展经验交流、部署下一步工作。三是完善精神家园工程师考核标准和激励机制。各二级单位一把手每年初与集团签订工作责任状，将精神家园工作列入考核内容，每项考核标准量化。进一步完善激励机制，根据精神家园工程师的职责要求，把精神家园工程师分为助理工程师、工程师、高级工程师等层级，并制定了相应的评聘标准。对评上相应职称的精神家园工程师，给予与其他工种的工程师同等待遇。

2. 坚持政治引领，为企业发展立根树魂

中天科技集团党委在加强和改进思想政治工作中，始终坚持以习近平新时代中国特色社会主义思想为指导，把牢企业发展的思想之舵。一是政治引领，把准航向。中天科技集团党委充分认识到，习近平新时代中国特色社会主义思想，是新时代中国共产党的思想旗帜，是国家政治生活和社会生活的根本指针。要保证企业坚持正确方向、应对风险挑战、科学健康发展，就必须认真学习贯彻这一思想。二是统一思想，凝聚共识。集团党委书记、董事长、精神家园总工程师带头宣讲习近平新时代中国特色社会主义思想，用通俗易懂的语言讲清目标、讲明方向、讲透责任，激励引导广大员工心往一处想、道往一处走、劲往一处使。集团各级党组织通过开展"书记讲党课"、党支部学习会、答题测试等活动，持续深入推进习近平新时代中国特色社会主义思想下车间、进班组、到一线，构建了学习宣传贯彻习近平新时代中国特色社会主义思想的立体格局。举办中天文化大讲堂，邀请当地各级党委宣传部、党校和社会知名学者、专家，结合企业发展实际深入解读党的十九大报告，帮助企业员工正确理解把握十九大报告的重要思想、重要观点、重大论断、重大举措，坚定广大员工积极投身新时代中国特色社会主义建设事业的信心和决心。三是教育引导，立德树人。集团党委坚持以习近平新时代中国特色社会主义思想为指导，聚焦企业员工思想建设、道德建设，坚持教育引导，强化实践养成。开展《不忘初心、继续前进》《中天正能量》《做最美中天人》等企业文化宣讲100余场，引导员工认识到社会主义核心价值观同个人利益和幸福生活息息相关，使其自觉成为爱党爱国、敬业奉献、诚信友善的典范。充分发挥共产党员、精神家园工程师在企业思想政治工作中的先锋模范作用，开展《感恩同路、真诚奉"线"》《党建＋家园》等形式多样、内容丰富的主题系列活动，引导员工树立正确的世界观、人生观和价值观。打造《精神家园报》《中天电视》等阵地平台，挖掘报道先进典型，寻找身边正能量，在企业营造积极向上的良好工作氛围。

3. 坚持紧密融合，激发企业创新创造活力

中天科技集团党委坚持把企业思想政治工作融入企业生产经营管理全过程各方面，与生产经营管理同部署、同落实、同考核，有效避免了"两张皮"，真正让思想政治工作落到实处、取得实效。一是发挥精神家园工程师桥梁纽带作用。当在生产经营中遇有突击任务时，就有精神家园工程师到生产现场做思想工作，详细说明突击任务的原因、性质和意义等，做好凝心聚力工作；当节假日需要加班时，精神家园工程师必须身先士卒，带动更多的员工加入志愿队伍；当生产经营活动中遇到问题矛盾时，精神家园工程师则要出面了解具体情况、向上反映诉求、协调处理矛盾，把问题解决在萌芽状态。二是激发员工创新创造活力。集团党委深刻认识到技术创新对于像中天这样一个高新技术企业的极端重要性，必须采取切实措施，培养企业的创新意识，激发每位员工的创新创造活力，为此，结合实际探索设立了"知识产权银行"，积极开展"我工作、我思考、我建议"（简称"三我"）活动。集团12 000多名员工都在知识产权银行开设了户头，每一项创造、

创新和建设性的建议，都按照不同的积分标准，经过严格审核，存入银行账户，年底给予兑现。集团年度奖励额达上千万元，贡献最多的员工一年能兑现近万元的奖励。这一做法，有效激发了员工的积极性、主动性和创造性，为企业的技术创新提供了源源不断的动力。三是政策向生产一线倾斜。每年劳模和先进评选向生产一线倾斜，坚持在生产一线寻找最美中天人，企业涌现出一大批省市县劳模和最美一线员工。通过一年一度的技工之星评选，涌现出上千人的优秀匠人队伍。

4. 坚持以人为本，增强企业向心力凝聚力

中天科技集团党委高度重视思想政治工作在凝聚人心、温暖人心等方面的重要作用，将思想政治工作蕴于企业文化建设之中，倾力解决员工实际困难，为员工营造干事创业的良好环境。一是及时准确掌握员工心理动态。集团党委大力推行"葡萄图绩效动态管理"，员工每日班前选贴笑脸、一般或哭脸工作脸谱，用于展现当日心情。当员工选择哭脸时，精神家园工程师将主动与员工交流，及时关心安抚员工。同时，按照不同时间节点和人员特点，精神家园工程师开展新员工恳谈、重点员工恳谈、转正恳谈、离职恳谈、家庭恳谈、宿舍恳谈等，通过与员工面对面谈心交流、家访、微信等方式，了解员工思想动态，倾听员工内心诉求，征询员工意见建议。二是创设"员工关怀云平台"。利用大数据、云计算等先进科学技术手段，构建精神家园"员工关怀云平台"，将员工访谈记录、员工满意度调查等内容及时录入系统并定期进行大数据分析，计算员工幸福指数，形成员工意见的关键词检索列表，既了解员工个性化的诉求，又掌握员工普遍性的意见，提升精神家园工程师的工作效率和水平。三是积极推进工作方式方法创新。精神家园工程师充分发挥活跃在一线、深入了解基层员工的工作优势，因地制宜创造了"能人讲堂""蓝领创新工作室""匠人精神""姐妹话吧""都来搭把手"等上百项创新举措，有效化解了员工的思想之疑、精神之困，拉近了企业与员工的距离。四是开展丰富多彩的精神文化活动。精心打造的《精神家园》舞台剧被搬上南通市道德讲堂。设立中天文艺轻骑兵、越剧班、球类小队等各种组织，经常开展戏剧演唱、书画摄影和篮球、乒乓球、羽毛球、钓鱼比赛等活动，极大地丰富了广大职工的精神文化生活。

（三）金天科技集团

1. 金天科技集团简介

湖南湘投金天科技集团有限责任公司（以下简称"金天集团"）系由湖南湘投控股集团有限公司投资设立的国有大型企业集团，注册资本 12.20 亿元人民币，截至 2014 年末，金天科技集团总资产达 42 亿元，集团及控股子公司员工总数达到 1000 余人。公司主要致力于金属新材料产业的投资、研发、建设与经营，目前已投资建设了"三钛一铝"四个金属新材料产业化项目，分布在常德、长沙、益阳和湘西自治州，分别是金天钛业、金天钛金属、金天新材料和金天铝业高科技公司，形成高端钛材精深加工和金属粉体两大主导产业。公司主要投资经营钛材加工和铝粉制造两个业务板块，主要从事铝粉及钛两种金属材料的精深加工，公司下属子公司金天铝业主要生产研发与经营微细球形铝粉；金天钛业、金天钛金属、金天新材料公司（以下简称"三钛"）主要从事钛及钛合金加工材的研发与制造，主要产品为高纯钛锭、钛合金、冷／热轧钛带卷、钛焊管、钛设备，具备从海绵钛加工成高性能钛及钛合金锭，到生产钛带卷，到钛焊管及钛设备的钛加工完整产业链。同时，金天集团在钛铝金属产业链的上下游寻求了一些合作，参股了一些上游资源与下游产品应用企业。

2. 金天集团发展历程及其企业文化体系

（1）公司发展历程

第一阶段：公司初创，主要从事物质贸易，首要任务是求生存，没有固定的文化理念，主要精神是艰苦创业、团结拼搏。

金天科技集团成立于 1996 年，设立时公司的名称为湖南省经济建设物资有限公司。设立初期，公司的主要经营方向是一些物资贸易，注册资金仅 500 万元，公司创始人周慧带领 8 名员工开始了公司的创业史。公司当时的主要业务是为省内大型工业项目、基础项目提供设备、物资采购、物流服务。1996—2000 年这 5 年期间，为金迪化纤、蟒塘溪水电站、金源大酒店等项目建设所需重大设备的采购服务，其中许多关键设备是从国外进口，公司年贸易额达数亿元。为这些大型工业项目（很多为省重点项目）的成功建设做出了贡献。在公司一次创业阶段，公司属于贸易服务类企业，公司的主要任务是生存，也就是要盈利，艰苦创业、团结拼搏是当时主要的文化理念。

第二阶段：公司转型进入实业投资，逐步形成多元化的产业格局，逐步产生了多元化经营的理念。

公司于 2001 年 6 月更名为湖南金天科技有限责任公司，并投资设立湖南金天铝业高科技公司，完成微细球形铝粉工业试验性项目建设，从此，公司转型进入实业投资时期。2002 年投资生康科技，2003 年投资金天医疗，2004 年投资美姬生物，形成进入金属粉体、生物、医疗等多个产业的多元化格局。

这一时期的经营理念是：多元化经营、分散风险、注重效益、讲求实效。

第三阶段：公司进入金属新材料专业投资发展阶段，并逐步退出非主业的医疗、生物等项目，形成做大主业、做精产品、做好创新、做强企业的发展思路。

2004 年，投资设立湖南金天钛业科技有限公司，并于 2006 年 11 月 28 日，金天钛业的"高性能钛及钛合金加工材产业化"项目奠基典礼仪式在常德德山开发区项目建设地举行，项目被列为省重点工程。公司开始进入金属新材料专业投资发展阶段。

2006 年开始，对于公司非主业的医疗、生物等项目及资产通过转型、出让等方式逐步退出。

2007 年 5 月 30 日，公司轧制出了中国第一个具有自主知识产权的大盘重宽钛带卷，被国家发改委高技司、中国工程院、中国有色工业协会、世界钛业协会等单位及相关专家誉为中国钛工业的里程碑。这也是湘投金天集团独有的技术优势。公司大盘重宽钛带卷的试轧成功，在已揭晓的"中国 2007 年新材料领域最具影响力九大事件"中，被列入首项事件"大飞机项目正式立项，全面带动新材料研发及工程"的重要新材料成果，同时被评选为湖南省 2007 年十大科技新闻。

金天集团以热轧钛带卷的成功开发为基础，于 2007 年底在湖南长沙高新区组建了湖南湘投金天钛金属有限公司，加速进行新产品、新技术的产业化。这也将结束我国钛带卷依赖和受限于进口的局面，力争为落实我国国民经济发展对高质量、高精度钛薄板的需求做出突出贡献。

2008 年，公司在湖南益阳投资设立湖南湘投金天新材料有限公司，主要生产各类钛管材，努力打造成为一个高性能钛及钛合金焊管和其他高端金属管材制造为一体的高科技产业基地。

这一阶段公司主要是在进行"三钛"项目建设，并适时退出非金属新材料领域，逐步走专业化生产经营道路。

第四阶段：公司金属新材料产业逐步成型，公司进入二次创业阶段。

2013年以来，随着"三钛"项目逐步建成，公司将以往以"项目建设"为主逐渐转型到主抓生产经营。金天科技集团采取纵向一体化战略，以钛材加工为核心，实施纵向打通、横向拓宽的方针，掌控上游资源，开发高端精品，打造完整的钛产业链。产业链各项目之间紧密关联，可以在资本、作业、技术、销售等层面充分发挥相互间的协同作用，充分发挥集团化、集群化的战略优势，提高企业的竞争地位。目前，金天集团先后投资参股了航空动力、国电南自、三角航空、遵宝钛业等多家上市或准上市公司，延伸拓宽了公司的钛产业链。在金属粉体领域，公司不断对原有铝粉生产线进行技改，提高产品品质，降低成本，参与国际竞争。

公司逐步形成"做大主业，做精产品，做好创新，做强企业"的发展思路，并提出了以金属新材料产业为中心体，纵向打通、横向拓宽、形成产业集群，构建人才机制创新与合作机制创新两个平台的"一体两翼"的发展战略。（图5-2）

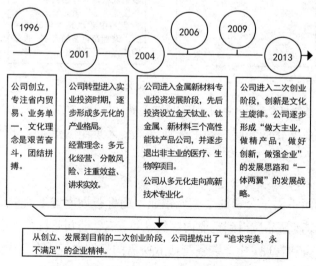

图5-2　金天集团发展历程及企业文化形成轨迹

（2）金天集团的企业文化体系

经过近二十年的发展，金天集团逐步形成一个基本的企业文化体系，见图 5-3。

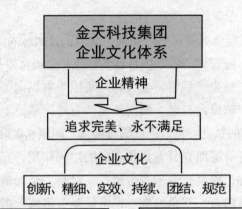

**金天科技集团
企业文化体系**

企业精神

追求完美、永不满足

企业文化

创新、精细、实效、持续、团结、规范

发展思路：
　　做大业主、做精产品、做好创新、做强企业。

发展战略：
　　以金属新材料产业为中心体，纵向打通、横向拓宽、形成产业集群，构建人才机构创新与合作机制创新两个平台的"一体两翼"的发展战略。

经营理念：
　　客户优先，科技引领

人才理念：
　　坚持以事业凝聚人，以创新吸引人，以爱心团结人，以机制稳定人。现代企业是在竞争中生存和发展的，这种竞争无论是产品竞争、质量竞争、品牌竞争，还是服务竞争，归根结底就是人才的竞争：人才是企业之本，人力资源是现代企业的主要也是最稀缺的资源，谁拥有更多的人才，谁就能成为市场竞争中的主宰者。

图 5-3 金天科技集团企业文化体系图

资料来源：根据金天科技集团《员工手册》整理

按照企业文化的四层次理论来划分，金天集团的企业文化体系基本为如下情况。

①物质文化

金天集团下属子公司的"金天铝业"商标被湖南省工商局认定为湖南省著名商标，产品品质得到行业内广泛认可；三钛公司坚持"以最好的技术、最先进的装备和管理，生产装备制造业所需的高端材料"的经营管理理念，引进德国、美国、奥地利等国的先进装备，各关键装备代表目前国内最高水平；公司质量检测手段达到国际先进水平，建造了功能齐全的产品性能检验实验室；此外，公司还建有员工宿舍和各类文化体育场所，比如"职工之家"，里面有球类、棋类及健身器材，既可以交流棋（球）艺，又可以锻炼身体，为职工提供了良好的工作生活环境。作为湖南省创新型试点企业，可以说金天集团具备先进的物质文化。

②行为文化

金天集团领导层都很注重个人的行为表现，非常注重企业形象，但这种做法并未有效传达到公司各个层面，造成公司中高层管理者工作非常积极主动，而基层员工则需要按部就班，责任感不是特别强的状况，员工较少创造性地开展工作，习惯于被动执行。此外，目前，公司也引进了一些具备创新素养的高端人才，如金天钛业引进了士后作为公司的总工程师。然而，总体上讲，金天集团的领导层大多是国有体制培养出来的，其开拓精神和创新行为的力度还不够大，其对员工的创新典范作用还比较有限。总体来说，金天集团的行为文化比较规范但略显按部就班。

③制度文化

A. 企业领导体制

公司属于国有独资公司，湖南省国有资产管理委员会是公司的实际控制人，其投资关系如下图5-4。

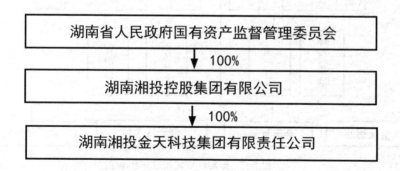

图 5-4 金天科技集团股权结构图

资料来源：2013 年金天科技集团公司债券募集说明书

公司不设股东会，由出资人湖南湘投控股集团有限公司行使股东职权，承担股东义务，决定公司的重大事项。根据金天集团的公司章程，公司设立了董事会、监事会和日常经营管理机构。由于公司属于国有独资公司，股东只有一家，没有设立股东会，公司设立了董事会，董事会成员为三人，均由股东湘投控股集团委派；公司设立了监事会并设有职工监事，监事任期三年，期满经股东委派连选可以连任；公司设立了日常经营管理机构，设总经理一名，由董事会聘任或解聘。

  B. 组织机构

  公司设置了十个职能部门，分别是市场中心、投资部、风险控制部、财务部、发展部、综合管理部、资产部、安稳办、资金部和技术中心。总经理领导各职能部门日常工作，对董事会负责，公司组织架构图如下（图5-5）。

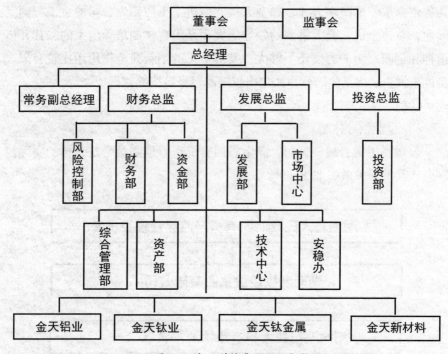

图 5-5 金天科技集团组织机构图

资料来源：据公司内部材料及 2013 年金天集团债券募集说明书整理

  公司的组织机构系直线型组织结构，还属于传统的机械型组织，是典型的上下层级的架构，还不够扁平化，不利于跨部门跨职能的创新合作与协调，对创新型企业文化的组织支撑不足。

C. 管理制度

公司在行政与人力资源、全面预算管理、风险控制、财务管理、安全生产、项目投资管理、审计纪检监察、绩效考核等方面都有较为完备的管理制度和实施办法，如《全面预算管理办法》《对外投资管理办法》《差旅费报销管理办法》《固定资产管理办法》《信息披露事务管理制度》。公司的制度体系较为完善，但制度规定的往往是做什么工作要按什么流程干，什么不能干，干好了给予什么奖励，干错了要追究什么责任；而在鼓励创新的容错机制上却存在不足。比如，公司的《奖罚制度》对以下行为予以奖励：

a. 为公司创造明显经济效益的；b. 为公司挽回重大经济损失的；c. 为公司取得重大社会荣誉的；d. 为公司提升管理、降本增效取得显著成效的；e. 合理化建议得到公司采纳并产生直接或间接效益的。

此外，公司对过失进行相应的处罚，过失分为：严重过失、中度过失和一般过失三种；处罚的形式分为警告、经济处罚、降级降职、辞退等几种，给公司造成经济损失的还将追究其法律责任。

④精神文化

金天集团的核心精神是"追求完美，永不满足"，企业核心文化是"创新、精细、实效、持续、团结、规范"，这是公司从 1996 年创业至今沉淀下来的文化精髓。

（四）株洲时代新材料科技股份有限公司

株洲时代新材料科技股份有限公司是中国中车旗下株洲电力机车研究所有限公司控股的 A 股上市企业，是中国中车的新材料产业平台。始建于 1984 年，其前身为原铁道部株洲电力机车研究所橡胶试验室，2002 年 12 月在上海证券交易所上市。2014 年 9 月，成功并购德国 ZF 集团旗下橡胶与塑料业务（博戈公司）。主要从事减振降噪、轻量化等高分子材料的研究开发及工程化应用，产品延伸到橡胶、塑料、复合材料、功能材料等多个领域，产品主要应用于轨道交通、汽车、新能源和特种装备等领域。

企业党委深刻把握习近平总书记"把抓好党建作为最大的政绩""思想政治工作是国有企业的传家宝"等重要指示要求，落实全面从严治党主体责任，落实党委意识形态工作责任制，完善理论中心组学习制度，坚持正确政治方向、旗帜鲜明讲政治的思想基础。近年来，公司党委在中国中车和株洲所党委的指导下，坚持落实责任抓紧抓牢，把思想政治工作摆在突出位置，创新方式推动思想政治工作进基层、进车间、进班组，推动广大党员干部更加自觉认同党的主张、执行党的决策、弘扬党的精神、践行党的作风，为企业改革发展提供坚强的思想政治保障和精神支撑。

1. 直面发展难题，凝聚鼓舞士气

企业在发展的过程中，其特点在于海外员工的比例超过了 50%。在新能源、轨道交通、汽车行业等发展形势严峻的条件下，企业在投资规模和产业规模方面进一步扩张，面临着全球管控升级及财务风险增加、经济效益继续提高等问题。企业党委积极落实党的十九大精神及习近平同志在国有企业党建工作过程中的会议精神，直面问题，狠抓经营生产和党建不放松，坚持发挥国有企业思想政治工作的优势，确定了以升级变革为中心的指导思想，坚持"高科技、信息化、国际化"的发展思路，加强"两学一做"，积极践行"以人为本"的理念，立足于提高企业发展转型期间的思想建设水平，坚持为改革发展提供坚实的政治保障。

2. 坚持顺势而为、适时调整战略

企业在进行思想政治创新过程中，进一步将着力点放在处理新问题、应对新形势及适应新变化的过程中，并且做到顺势而为，重视产业的协同，加强规模效应，在技术方面力争领先全球，与当前发展改革的要求相契合，并且明确了奋进的目标和发展的方向。

在过去几年中，企业将原有的六个产业单元整合为三个，并购了德国博戈，业务形态发生了较大的变化，同时在内部积极推进了绝缘、工塑产业的所有制改革工作。为此，党群组织形态根据行政组织构架的调整进行相应的调整，在完成架构的调整之后，在人力上保障投入，在各关键的事业部专门配置了专职副书记，对党建工作和党组织、员工思想等职能进行明确，保证有资源、有能力去做员工思想队伍的稳定工作。同时，党委带领群团组织服务企业战略发展需要，在企业推进的汽车保险杆、涂料等业务的剥离上，各党组织、群团组织联合发力，通过集体商谈、现场办公、个别谈话等多种手段保障了员工的思想整体稳定性，从而保证了产业战略目标的有效达成。

3. 突出重点工作，坚持多点发力

公司党委充分落实党建引领，助力经营工作的开展，全面聚焦年度经营工作目标任务，重点关注经营重点、难点，多措并举，凝聚员工奋力拼搏。

党委按照株洲所党委"一体三化"管理机制推进基层党组织工作。首先，坚持党纪工团横向一体，凝聚合力；坚持纵向统筹联动一体，确保党委到直属党（总）支部到基层支部"一盘棋"；推进"日常工作标准化"，为基层组织提供标准化工具窗体，明确工作流程和内容；并先后制定了《党风廉政建设责任实施细则》《党群工作考核管理实施细则》等制度，通过明确考核的方式促进管理，近几年企业党建基础工作进步明显。其次，根据"重点工作项目化、特色工作品牌化"的要求，每年初确立、评审党群类重点工作项目，所有党建项目根据项目管理和 PDCA 循环的方法实施，要求每个党总支年初有想法、年中有计划、年底有成果。每年度的党建项目涉及产业重组、降本增效、员工幸福感提高、"一支部一特色"基层组织建设、一线员工文化融合、管理提升等多方面，党建项目的开展推动了党委工作与经营生产的有效融合。

4. 重视党风廉政建设

每年度逐级对党政负责人进行考核，签订相应的党风廉政责任书，以党风廉政建设为基础，落实"一岗双责"。每年度持续开展廉洁从业自查自纠和专项清理，对违纪违规问题严肃执纪问责。在执纪问责的四种形态上，采用民主生活会、组织生活会、新任干部约谈、廉洁谈话等方式加强队伍建设。加强规章制度废改立，每年定期梳理制度的有效性。效能监察工作延伸至企业运营的重点环节，在招待费、产业剥离应收账款和存货、低效闲置设备、物资采购、科研项目等方面开展效能监察和专项督查，针对问题提出监察建议并限期整改，降低运营成本。及时认真查处信访举报，铁面执纪查处，对侵吞国有资产、利益输送等问题一经发现，严肃依规查处；关注关键岗位人员及其亲属、特定关系人违规经商办企业进行关联交易的风险。结合遵义党员干部培训班，以及"干部队伍建设年"活动的开展，组织干部学习规章制度，通过"微信打卡""微信答卷"等便捷在线的方式检验学习成效，强化党员干部合规管理意识。

5. 注重文化宣传，激发能量

通过"请进来、走出去"的方式进行跨文化融合，并且在海外并购企业的过程中，重视协同发展，保证企业的发展活力，并且积极建设出一支立体化的宣传团队，企业的品牌美誉度得到较大提升。近年来，企业全新改版的英文网站，新建了技术展览馆和综合陈列室，制作了新版宣传片，对企业的影响力进行扩展，让员工具有较强的自豪感和归属感。在微信公众号中开通"员工心声"，每半月举行"面对面领导接待日"，定期在内网 OA 中发布"员工留言反馈墙"，及时公布员工意见的闭环情况，对未闭环事件采取周跟踪制，在员工减压室建立"二维码吐槽吧"。多种双向沟通渠道的建立，加强了员工思想动态的管理，建立了员工与领导之间畅通的桥梁。

6. 重视群团工作

以职代会为基础进行民主管理制度的建设工会以"快乐工作，幸福生活"为目标，广泛开展创先争优和技能竞赛活动；以提高内涵品位，认真组织开展形式多样的文体活动，认真组织实施"六送三关注"，坚持开展精益改善提案、管理改善提案工作，努力做好员工权益保障工作，建立了四个园区员工减压室，关注员工心理健康。举行了"感恩您的奉献、欢送您的退休"2018 荣休员工座谈会和"幸福是奋斗出来的"的主题宣传活动，员工的幸福指数进一步提高。工会组织为鼓励员工士气，加强员工凝聚力，定期开展十年以上"资深员工慰问"等活动，每年度举行新老员工篮球赛、足球赛、羽毛球赛等文体赛事，建立了排球俱乐部、钓鱼俱乐部等十多个协会，不断激发员工活力。团委重视青年员工的成长，定期开展青年沙龙的活动，重视国际化人才培养，组织相关的青年员工与国旗进行合影，并且参观各抗日纪念馆，将员工的爱国情怀激发出来；倡导节能减排和绿色办公等活动，重视公益活动，开展希望工程、一元捐、看望抗战老兵等活动。

（五）中网卫通

与大型企业相比，中小型企业的规模较小，拥有的可抵押资产相对较少，经受的市场风险大、收益不确定。中小型企业中的科技型企业是国民经济稳定快速增长的不可忽视的力量，是国家经济发展的重要增长点。与传统企业不同，中小科技型企业具有典型的知识、技术和人才密集、以追求创新为核心的特征。目前，我国中小科技型企业的传统发展模式遇到了前所未有的瓶颈和限制，迫使其原有的发展经营战略亟须转型升级。其中的一些先进企业通过实行自主创新战略顺利地实现了转型升级，使得公司的事业和规模得以迅速扩大，述绩蒸蒸日上，越来越获得业界的认可和其他企业的效仿。对于中小科技型企业而言，选择自主创新发展道路实现转型升级，需要变革或完善原有的企业文化，构建适合于中小科技型企业自主创新战略和生存环境的企业文化形态乃是亟待解决的问题。所以，中小科技型企业要想成功实现战略的转型，需要建立与自主创新战略相适应的企业文化形态，以使企业文化服务于自主创新战略。

南京中网卫星通信股份有限公司在自主创新中走在了中小科技企业的前列，这与其在企业管理中将思想政治教育融入企业文化建设中，企业生态文化的创建和成功运行，是分不开的。

1. 中网卫通概况

南京中网卫星通信股份有限公司下（简称"中网卫通"）成立于 2000年 6 月，是一家从事卫星通信设备、卫星网络工程和卫星营运服务的高新技术企业，是国家重点项目——建设规模达 1.94 亿元的"微机卫星接收系统核心部件产业化示范工程"的承担单位，拥有国际上先进的柔性（三网合一）卫星地球主站和终端设备制造技术。[1]

中网卫通专业从事卫星运维服务、系统集成和卫星通信系统设计制造，自主设计研发了国内领先的移动气象台、卫星应急通信便携站、固定站、卫星应急通信指挥平台、DAB 卫星数字接收机等产品，并结合实际应用，开发了柔性卫星通信系统及终端，为客户提供投入低、利用率高、工作效率好的卫星双向宽带通信服务。[2]

中网卫通以知识产权战略为核心战略，努力创造国产名牌，形成"员工知识化，知识成果化，成果产权化，产权资本化，资本人本化"的知识产权创新体系，有效地把知识产权融入科研、开发、生产和经营各个环节。公司成熟掌握了国际卫星通信的前沿技术，在卫星通信、地面通信及互联

① 南京中网卫星通信股份有限公司 _360 百科 https://baike.so.com/doc/4581650-4793032.html.

② 南京中网卫星通信股份有限公司 _360 百科 https://baike.so.com/doc/4581650-4793032.html.

网技术与计算机技术融合的新产业占领了新的制高点，已拥有134件专利、5项科技成果、5项软件著作权及25件注册商标等，是三个国家卫星通信标准编制承担单位。[①]

中网卫通致力于做中国一流的卫星应急通信系统服务商，荣获"中国优秀VSAT营运企业"称号，拥有的卫星地球主站能够为上万个用户提供卫星通信服务。公司的产品已遍及全国39个省、市、区（县）。[②]

中网卫通具有一套完整的企业文化体系——"森林论"，并且森林论在企业内部获得了广泛认同，获得中网卫通员工的支持，在外部也获得了相关企业的认可。"森林论"在中网卫通内部充分体现了文化治理的作用机制（如图5-6所示），过改变员工的经营理念与行为方式，形成一致的价值观，增强对企业的信任以提高工作积极性，充分发挥自身潜力，减少内部交易成本。

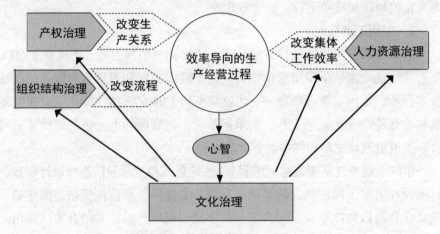

图5-6　"森林论"的作用机制

2. 中网卫通企业文化定性分析

对中网卫通的企业文化的定性分析将按照刘光明[③]的分析方式来分析，主要分为企业外部因素与企业内部因素，内部与外部的分析维度如图5-7所示。

---

① 南京中网卫星通信股份有限公司_360百科 https://baike.so.com/doc/4581650-4793032.html.

② 南京中网卫星通信股份有限公司_360百科 https://baike.so.com/doc/4581650-4793032.html.

③ 刘光明.企业文化教程[M].北京：经济管理出版社，2008：52.

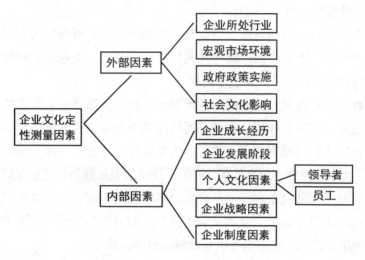

图 5-7　企业定性分析因素

（1）企业文化外部因素分析

企业所处的外界因素对企业文化的影响至关重要。企业文化的形成、企业制度的制定、企业外部设施的建设及员工思维的形成都是深受外部环境的影响的。因此，国家政策、经济及文化环境一定会对本企业的文化形成产生影响，于是，对企业文化的定性研究应当首先从外部环境的研究开始，对中网卫通企业文化的分析主要包括以下几个方面。

①企业所处行业

每个行业都有本身相对奇特的行业模式与行为方式，这就造就了它们的企业文化侧重于不同的方面。对以制造为主要经营方式的企业来讲，它们注重技术和质量，对质量的把关和产品数量都有着严格的控制，在其业内专业型的技术人才最受重视，因为他们把握了产品的核心技术。对于以销售为主的企业而言，企业注重员工服务及企业在外界的形象，要求员工机动灵活，注重营销策划，公关人才在企业内受到重视。

中网卫通是以卫星通信、卫星网络工程和卫星营运服务为主的高新技术企业，其特点是技术、人才、知识相对密集，对人才的要求也以创新型人才为主，这样的特点与要求决定了中网卫通的企业文化应当能够吸引并保留这样的人才，注重员工创新，珍惜员工的创新成果，并鼓励员工积极创新，调动员工的创新积极性。

②宏观市场发展

宏观市场对企业的发展战略也有一定的影响，只有当市场有需求、人民有需要时，企业生产的产品才能获得外界的认可，企业才能够根据市场环境随时调整自己的战略及人才需求。

随着近几年各种紧急事件的频繁发生，社会逐渐意识到完善的通信体系在紧急关头的重要作用。中网卫通的应急卫星通信技术曾在"奥运火炬珠峰登顶""汶川地震救援""奥运会和残奥会举办""神七载人航天飞行"等活动中均发挥了重要作用，提供了优质的卫星通信和气象保障服务，并自主研发了移动气象台、卫星应急通信便携站、固定站、卫星应急通信指挥平台、DAB卫星数字接收机等产品，并结合实际应用，开发了柔性卫星通信系统及终端，在市场上也获得越来越多的认可。

③政府政策的实施

我国是一个处于社会主义初级阶段的国家，国家政策实时影响着企业的制度制定，生存规则，等等。一个企业的发展离不开政府政策的支持，企业与政府之间也是共生共存的关系，只有相应的政策支持，企业的发展之路才能更加通畅顺利。

对于中网卫通而言，政府各项政策制度的颁发为其发展奠定了良好的基础，如《航天发展"十一五"规划》《关于促进卫星应用产业发展的若干意见》等，《国家中长期科学和技术发展规划纲要《2006-2020》（下简称《纲要》）更是将自主创新作为国家战略提出，并提出了大幅度提高研发经费的要求。这些政策的出现都为南京中网走自主创新战略及培养创新型人才提供了依据及支持。

④社会文化的影响

企业员工所处的社会文化不自觉地会带入企业中来，所以一个企业所处的社会文化如何也很直接地影响到企业文化风格。企业成立于一个地区，与这个地区共同成长的企业从领导者到员工大多生长于这一个地方，一个企业的文化特征很大程度上是这个地区人文特征、商业特征的缩影。因此，在对一个企业的企业文化进行研究时，对该企业所处地区的历史、文化进行了解将能够更好地了解这个企业的文化。

中网卫通成立于南京，可以看到大多数南京文化的影子，南京是一座历史悠久、经历过磨难的城市，南京人则铸就了越挫越勇、勇往直前、团结一致的做事作风，注重整体的协调和发展，注重企业与员工的共赢，以及企业与客户的共赢。

（2）企业文化内部因素分析

对企业文化的内部因素分析主要从企业传统文化因素、企业所处的发展阶段、企业内部员工行为因素、企业所执行的战略、企业制定的制度等几个方面进行研究。

①企业成长经历

企业的发展历程对企业文化的形成有着深刻的影响。企业文化的建设过程从本质上来讲就是企业在成长过程中通过去粗取精、抑恶扬善所提炼的精华。企业曾经历过的事情或者所积累的经验，并在这经验当中总结教训，形成一些传统，并逐渐成为企业所有员工认同的价值观和处事方式。

纵观中网卫通的发展历程，从工程项目到产业化的提升、从单一产品到系列产品的提升、从设备供应商向系统服务提供商的提升等转变，在这个转变中，南京中网吸取了一系列教训与经验，最终确定坚持走一条具有自身特色的创新发展道路，坚持吸引创新型人才的人才战略，也影响着企业内部创新型文化的形成。

②企业所处的发展阶段（图5-8）

不同企业所处的发展阶段不同，决定了企业需要进行不同的管理方式，这也进而影响到了企业的文化特点。企业从创业期、成长期、发展期到成熟期再到衰退期，完成了一个循环过程。在这个过程中，企业会汲取一些经验和优秀的文化，并逐渐摒弃不良风气。在企业创业期，领导者应注意对短期行为的及时修正；企业成长期，是企业文化建设最重要的阶段，企业应当及时塑造自己独特性的文化；在企业成熟期，需要注意企业惰性的产生。

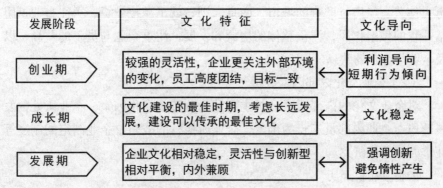

图 5-8 企业不同发展阶段的文化特征

中网卫通如今处于稳步上升的发展期,企业文化体系也趋于稳定,因此,目前,只是随着战略的调整需要在某些方面进行一些改善,并要兼顾企业内部与外部、管理的灵活性与创新性的相对平衡。

③个人文化因素

个人文化因素主要指企业领导者与员工的思想素质、文化素质和技术素质对企业文化的影响。领导者的人生观、世界观、价值观及文化素养、管理理念、工作经验、行为方式等对企业文化的影响十分显著,从某种意义上来讲,企业文化就是企业领导者价值观的反映,企业领导者对企业文化的影响机理,如图 5-9 所示。

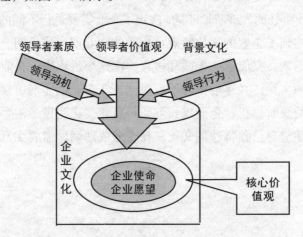

图 5-9 基于价值观的领导相关要素

从对中网卫通的领导者研究发现,中网的领导者都奉行"以人为本"

的价值观，这也是中网卫通"森林论"的最初由来，也一直影响着中网的做事风格与行事方式，以及在日常工作中对员工的考评标准。

④企业战略

企业文化与企业战略的关系密不可分，成功的战略离不开强有力的文化支撑。例如，联想集团认为文化支持系统一直是联想在经营中战无不胜的有力武器，是战略转型的支柱。同时这也说明，不同的战略会塑造和强化不同的文化。不同战略的文化特点，如表5-1所示。

表5-1　同战略对应的不同文化特点

战略	战略重点	文化特点
领先者战略	独创、首创	冒险精神、开拓精神
跟随者战略	跟进和改良	稳健、务实精神
低成本战略	扩大规模、降低成本	生产型
差异化战略	创新和差异	开发型
纵向一体化战略	强调专业化分工，专、细、精	追求严谨、效率和质量
多元化战略	开放思维，涉及多个行业	追求灵活、多变、开放
国际化战略	开放、竞合、运用国际资源	开放、合作、资源共享

了解中网卫通的企业战略可知，中网卫通以集成创新战略为主，其本质特点是强调创新，因此在"森林论"中便体现了其创新引导性这一面，中网的企业精神之一也强调了"创新"这一方面。

⑤企业制度

企业的相关制度在企业内要求员工严格执行，这不仅约束了员工的行为方式，也在一定程度上对员工的思想及精神上有一定的影响，最后所有的员工都受到一定的影响并认同这种制度。当企业制度被员工认同、遵循时，其制度精神内涵在不知不觉中被转化为员工内心信念和行为准则，相应的企业文化也就形成了。这也解释了不同企业员工不同的观念和行为方式，最终就塑造了不同的企业文化类型，追其根源与其制度有一定的关系。

中网卫通的制度比较严格，凡是制度中所涉及的条例，员工都要严格遵守，否则会受到相应的惩罚。这在某种程度上也反映了中网卫通的企业文化的庄重性及规范性。

3. 中小科技型企业自主创新发展的生态文化需求

（1）自主创新发展道路对生态文化的选择

随着知识经济的到来，世界各个国家都认识到了科学技术的进步对国家经济可持续发展的重要性，把自主创新放在国家战略的重要位置。对于中小科技型企业而言，其规模小、技术能力不高，但是对技术的依赖性又比较高，所以，中小科技型企业要想长期发展，必须在技术创新方面有所提高。

中小科技型企业长期以来一直是靠模仿、引进其他大型科技型企业的技术手段促发展，这种方式难以得到大型企业的核心技术，与其他企业相比在竞争上没有技术优势。中小科技型企业的技术创新立足点是自主创新，生存与发展靠的是自主创新，核心竞争力的提高依然是自主创新。如果中小科技型企业自主创新能力不能得到提高，将无法摆脱技术落后的地位，只有通过自主创新开发出具有自主知识产权的产品，才能在高度激烈的市场竞争中保持竞争优势。

但是，当企业战略发生变化时，企业文化也应当快速变化以适应新的战略。我们应当知道的是，一个良好的企业文化体系能刺激企业的技术创新，而不合理的企业文化将会阻碍企业的技术创新。以制度文化为例，在企业内如果对员工技术创新成功不给予明确的界定、对主要创新人员不给予相应的表彰奖励，那么该创新主体就会失去创新动力，在示范效应下，其他员工可能也不会进行自主创新，降低了企业整体的创新积极性。所以奉行自主创新战略，必须对原有的企业文化进行变革，完善企业的文化体系，建立基于自主创新的企业新文化。

中小科技型企业走自主创新发展道路需要良好的企业生态系统和生态文化。这是因为一般情况下，单个的中小企业由于规模、资源、人才、知识等实力限制，实行自主创新战略往往举步维艰。在残酷的市场竞争中，中小企业和企业种群单独存在困难，必须利用或借助其他组织和群体的资源和支持，必须建立合作协同的企业种群和企业群落统一战线，必须建立基于企业物质、信息和资金的企业生态关系链，必须建立和维护相关利益者生态平衡的利益共赢链，才能使中小科技型企业共享知识、信息等资源，实现资源互补，获得相对稳定、有利的生存发展环境，促进中小科技型企业的自主创新发展。在这样的生态系统下所建设形成的企业文化即企业生态文化。

企业生态文化将企业比作生态系统，其主要特点之一便是对企业人才的多样性具有包容性，认为"存在就是目的"。在自然生态系统中，每一个物种的存在都有其价值性，是自然中食物链上的一分子，中小科技型企业的生态文化也认同这种原则，每一个员工都有其长处，企业应当帮助员工挖掘自身的长处并为企业所用。但是生态文化也遵循自然生态系统中"物竞天择"的生存原则，随着企业这个大环境的变化，只有真正适合企业、认同企业价值观的人才才能留下来，反之则注定要被淘汰。

（2）现行企业文化与生态文化差距分析

对于中小科技型企业现行企业文化而言，一般与企业生态文化存在一定的差距，主要表现在以下几个方面。

①现行文化的单一性与生态文化的多样性

很多中小科技型企业现行企业文化追求统一性，表现在员工在工作时必须要身着统一服装（工作服），企业内大部分员工成长背景相似，企业内所有员工必须严格遵守企业所制定的规章制度，不允许企业员工有违背企业价值观的思想和想法，员工必须严格在组织规定的范围内工作。公司领导把企业组织看成是各种零部件一样的职工组成的机器，企业任何人都可以像是零部件一样被替代，在企业内，员工的欲望、目标被企业所禁锢，企业集权现象明显，人本管理程度较低。

但是生态型企业文化追求多样性，为员工的创造性提供相应的平台，鼓励员工提出新的想法、意见，以提高产品的核心竞争力为根本目标。

②现行企业文化现有事业为主与生态文化追求新机会

中小科技型企业现行企业文化大多是以保护现行事业为主而制定的相应的制度，追求现有事业的利润最大化，不敢尝试新的事物，导致丧失了很多适应新市场的机会。企业不敢尝试新的变化，总是怕现有事业会受到"变化"的干扰，影响现有利润，等等。

生态型企业文化认为变化是适应新环境走向成功的过程，所以喜欢变化，注重追求新的机会，企业组织的相应政策是为了创造新产品和新市场，员工为企业的变化积极探索，认为变化是生活必要的一部分。

③现行文化的敌对文化与生态文化的共生文化

现有企业文化认为做企业必须要有胜负之分，竞争对手，甚至顾客都是其需要征服的对象。他们认为企业经营就是"弱肉强食"的战争，否则稍有不慎就会被其他企业所吞并。因此，他们的企业文化奉行"战争文化"，要努力摆脱食物链的最后一级。

生态型企业文化认为企业应当与供应商、顾客是共生关系，与竞争对手之间应当是共存关系。企业是供应商的顾客，供应商为企业提供产品，两者都能从对方获取一定的利益，企业与顾客之间的关系也是如此，可以说他们的关系是互利共生的。企业与竞争对手的共存关系使得双方通过合作来共同分担产品开发的成本与风险，获取规模经济效益，还能共享资源与人才。

④现行文化的领导为主与生态文化的全员参与

中小科技型企业现行的企业管理模式以领导管理为主，员工是上级的命令执行者，高层领导制定的决策或制度都是在高层之间讨论决定，员工只负责听从执行。

在生态型企业文化中，奉行全员参与的管理模式，企业的决策或制度必须由员工参与制定，他们可以发表自己的想法或意见给上层领导作为参考，领导者可根据员工的意见对企业制度进行一定的修改或完善。这样制定制度的结果员工对企业制度能够更好地接受，也能够更加迅速地执行。

4. 中网卫通的企业生态文化建设纲要

（1）中网卫通的企业生态文化建设目标

第一，根据生态系统理论，完善南京中网现行的企业文化体系"森林论"。将生态系统理论更好地融入"森林论"当中，作为中网卫通以后的企业文化准则。

第二，改善南京中网企业文化原有问题，使其企业文化更加适合其自主战略，支撑企业更好地发展。

（2）中网卫通的企业生态文化建设方案

①核心价值观

A．公司使命

企业使命——为网络无处不在

企业愿景——国内名列前茅的卫星通信系统服务商

B．公司精神

团结、创业、诚信、创新

C．公司宗旨

员工满意：员工是企业最重要的财产之一，员工在企业中工作能够获得成就感和幸福感是企业获得成功的重要标志之一。

客户满意：客户是上帝，打造出让客户满意的产品和服务是企业持之以恒的追求。

股东满意：股东是企业的基石，唯有将基石牢固，企业才能长久发展，为股东创造更多的价值，让股东满意是企业使命的基础。

社会满意：我们的工作是要回报社会、回报祖国，为我国的卫星事业发展做贡献；本着对社会负责、让人民满意的要求，做合法公民，做良心企业。

②基本经营政策

A．资源配置的主要原则

企业的资源配置以保证核心业务为主，以产生稳定的现金流和利润；在核心业务的基础上将资源分配到第二个层面业务，使第二层业务发展壮大；最后将剩余资源分配至第三层面业务上，寻求未来发展机会，为企业以后的转型做准备。

B．市场地位

市场是企业的核心追求。中网卫通的市场地位在短期内是业界最佳电信建设总承包商，这样的市场地位需要公司采取良好的手段去保持，其必须清楚公司三个层面的业务都是什么，市场份额如何，以后会达到什么样的状态，未来前景如何，等等。特别是系统集成、移动业务等新市场的市场份额和销售额更为重要。

C. 市场品牌规划

品牌就是价值。中网卫通公司品牌凝聚着几十年来所有员工的心血，中网卫通的所有员工都必须保护自己企业这十几年来所创造的企业品牌。同时，每一位员工还将通过自己的努力提升企业形象，为企业品牌创造新的价值。与此同时，中网卫通将会利用自己的品牌价值为社会和公众创造福利，发挥自己的影响力和号召力，带动企业自身员工与其他企业，一起为社会谋福利。

中网卫通必须在品牌的设计、推广等方面保持高度的一致性，本着全面整合、统一管理的原则规划管理中网卫通公司品牌资源、无形资产。

③组织结构政策

A. 决策管理的目的在于保证决策过程的科学性和决策结果的有效性。主要原则有：

a. 明确决策主体的决策范围，不出现推诿塞责的现象；

b. 明确决策主体的决策程序，任何非程序性决策都需要上报领导；

c. 明确决策主体的决策责任，任何决策都需要有相关记录和决策结果，任何参与决策的人员都必须承担一定的责任；

d. 决策中主张民主，决策后强调集中。对决策过程、执行情况、实施结果要进行制度化监控。

B. 中网卫通公司组织的建立和健全，必须：

a. 降低管理成本，提高员工之间、部门之间的协作效率；

b. 确保公司目标和战略的实现，强化每个员工实现目标的责任；

c. 快速响应顾客的需求和市场的变化，简化工作流程；

d. 加大信息交流，发掘创新和优秀人才，培养企业的未来领袖；

e. 建立健全内部客户服务制度，将公司内上一道流程的负责人及下一道流程的直接负责人视为客户，而且对其全面负责。

④人力资源政策

a. 公司管理层将员工的可持续发展及人才培养作为自己的职责；

b. 建立完善、形式多样的培训体系，将原有的积分考评制度进行修改，使其更加公平公正，且具有激励作用；

c. 对员工的考核评估有针对性地改进和提高，公司应当根据实际以分公司、部门为单位按期展开考核，并使之与内部调动、晋升、录用、调离等机制相配合；

d. 对于公司员工的晋升发展制度，主张以成绩定岗位，对于在岗位上表现出众、能力超群的员工获得有限晋升的机会，执行竞争上岗制度。

5. 中网卫通企业生态文化创建实施

中网卫通新的企业文化方案制定之后，对文化体系进入实施阶段，使得员工真正接受新的企业文化。企业文化的实施在前文所说明，在相关组织保障、制度保障、经济保障下，落地实施主要分为三个步骤：文化牵引（导入阶段）、机制配套（深化阶段）、实施推进（固化阶段）。最后利用 PDCA 循环（深入改进阶段）对企业文化进行改进。

（1）中网卫通的生态文化导入

在生态文化导入阶段首先需要的是企业高层的重视，一个企业好比一个磁场，高层领导在这个磁场中是一个高势能的粒子，而其他员工则共同构建了这个磁场，并被高势能的粒子所吸引，当高层领导大力推动企业文化时，才会引起员工的重视，并将这个"磁场"加以稳固，文化导入模型图如图 5-10 所示。

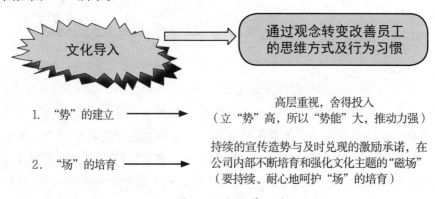

图 5-10 文化导入阶段

中网卫通的企业文化在实施的过程中应当注意以下三点。

第一，要让中网员工意识到企业文化的重要性。企业的主体是员工，企业文化最后的作用对象也是员工。因此，中网员工必须要认识到企业文化对他们的重要作用，以及新的文化即将对他们产生的影响。新的文化必将会对员工的思维方式及行为习惯进行改变。

第二，企业文化的实施应当引起高层领导的高度重视。中网卫通的领导者应当是企业文化的提倡者、推动者，在企业文化的实施中居于核心地位，因此要求中网卫通的领导者能够在文化实施中起到带头作用，并舍得在企业文化的建设上加大投入，带领全体员工参与到企业文化的实施上来，高层领导在企业文化中的作用如图5-11所示。

第三，企业文化在实施过程中，中网卫通领导应当及时兑现在文化手册中所给予的承诺。企业对员工的承诺是企业给予员工的激励，如果只是承诺而没有后续兑现，员工对企业将会失去信任，认为企业文化只是"空头支票"，丧失了企业文化体系在企业中的威严。

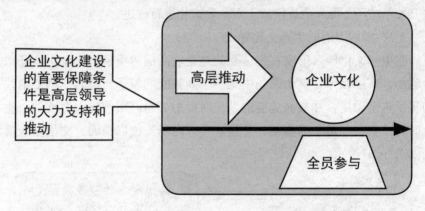

图5-11 高层对企业文化建设的作用

（2）中网卫通的生态文化深化

生态文化深入阶段，需要制定相配套的制度与企业生态文化相适应，这套制度应当是企业文化实施的体系保证。这套制度是向员工说明实施生态文化的决心，是对员工的承诺，使文化实施有章可循，有法可依，并通过这套制度使员工在观念上接受生态文化。配套制度的模型图如图5-12所示。

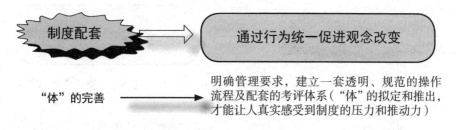

图 5-12　制度配套

中网卫通的文化的实施需要相应的制度，建立完善的管理制度，明确中网卫通的企业文化管理要求。制定的工作流程应当透明规范，每一位员工都有了解工作流程的权利；中网人事部门应当制定完善的培训、考核、评估、晋升与激励机制，并随时检查制度的执行情况，考察制度的有效性，在需要时可改革、变化某些制度使之更容易被执行与接受，提高员工的竞争意识与进取心。

在前面的分析中我们可以知道中网卫通的"森林论"文化还不够深入人心，员工对企业文化的了解可能仅仅停留在表面上，因此，中网卫通应当加强文化在员工内心的落地生根。

因此，中网卫通在日常的经营活动中，要进行定期的经验教训与体会总结，定期举行公司活动，如公司运动会、公司兴趣组、公司演讲比赛等，让员工切身参与进去，在活动的体验中，让员工感受文化的魅力与力量。同时，参与公司活动有助于增进员工之间的凝聚力与信任感，增强员工对南京中网的归属感。

（3）中网卫通的生态文化固化

生态文化固化阶段，领导者应当根据制定的配套制度大力实施推进，使生态文化真正落地。通过建立责任承诺机制、建立实施结果的跟踪体系、建立分明的考评方法来确保企业生态文化的实施，保证企业生态文化顺利进行。企业生态文化实施推进模型如图 5-13 所示。

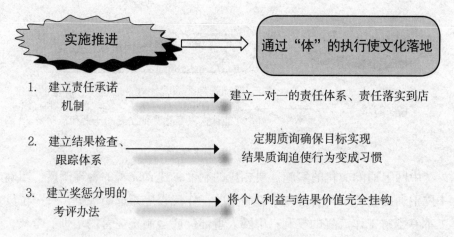

图 5-13 实施推进

中网卫通的生态文化固化是通过对企业文化制度的执行来实施推进的。

第一，建立责任承诺机制。每一位员工都责任明确，不能出现职责不明的情况。

第二，建立结果检查、跟踪体系。对结果的检查与跟踪可分为定期检查与结果检查：定期检查是上级规定时间节点，在责任执行中检查避免在执行过程中出现偏差；结果检查是直接在任务完成后对结果进行检查，看执行结果是否与所期望的结果相一致。

第三，建立奖惩分明的考评方法。将员工个人利益与制度执行结果紧密相关，使得员工认真执行企业文化制度。

第四，中网卫通的标准色为蓝色和白色，蓝色代表天空，白色代表中网，表示信息自天上来，形成完整空间，也代表着企业要成为行业中的翘楚。在中网卫通大楼，也是以这两种颜色为主，与企业标志相呼应。

（4）中网卫通的 PDCA 循环改进

需要注意的是生态文化观念及组织员工行为习惯的形成都是循序渐进的，需要漫长的时间去适应，企业文化的建设也是一个不断循环、不断提升的过程。

企业在不断成长，也会在慢慢吸收各种各样的经验，经历各种各样的事情，当新的文化体系成立后，也会在企业成长的过程中出现不适应或不合适的地方，这就需要文化的循环改进。

企业生态文化的循环改进需要在生态文化出现问题时企业领导者制订相应的计划（P）去改进这些问题，然后执行（D）制订的计划去改进这些问题，最后对改进的结果进行检查（C），若出现问题再进行处理（A），处理之后形成固定的企业生态文化体系。以此循环，在原有文化的基础上随时进行完善与更新，然后再形成新的文化，使企业文化达到新的水平。企业生态文化的 PDCA 循环模型如图 5-14 所示。

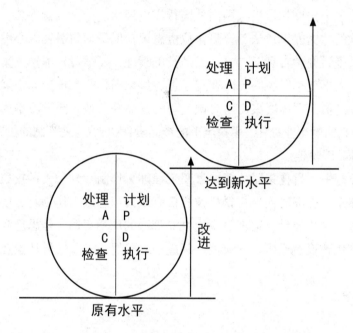

图 5-14 中网卫通的企业文化 PDCA 循环改进示意图

企业文化是作为一种新的管理方法和管理科学提出的，其实质是从过去以重物轻人，转为重视人，重视职工的心理与需求的思想，重视建立以先进文化为指导的群体意识和理念。笔者认为，企业文化的主要方面是重视人的价值观，它是企业成功的原动力，并对企业的其他要素，如思想觉悟道德行为规范、科学精神技术业务素质等起到导向推动、支持作用。人是企业文化的主体，人的潜力的发挥是企业成功的根源，要充分挖掘人的潜力，最有效的方法，就是要在职工中广泛深入地开展形式多样、生动活泼的思想政治教育工作，传播先进文化，抵制落后腐朽文化侵蚀。发挥思想政治工作在企业文化建设中的作用。

尽管在经济全球化的浪潮下，各国企业都在相互学习、借鉴彼此的优秀管理经验，但是真正富有民族性的东西是学不来的，只会东施效颦。中国企业要想培育企业文化，必须以中国传统民族文化为基础，以传统文化精髓为神韵，以欧美、日本企业的先进管理模式为形态。在此基础上，因地制宜、量身定制，创新出具有中国特色的管理模式[①]。

　　新时代科技型企业在优化企业文化建设上，需从经营理念、员工管理、品牌打造三个角度加以借鉴国内外同行先进经验。一是经营理念，要学习美国微软的"居安思危法"，强化危机意识，但是切勿引发人心惶恐。毕竟中国人爱讲究"吉利"二字。二是员工管理，要学习日本松下集团痛定思痛的"人事变革"决心，以客观公正、量化细化的考核指标来规范员工行为，提高员工群体凝聚力与忠诚度。三是品牌打造，要学习华为产业报国、科技兴国的企业责任，用户至上的产品责任，"大家庭"制的员工责任，从而提升品牌价值。

　　另外，中天科技集团"精神家园工程师工作制"、金天科技集团的企业文化体系、株洲时代新材料科技股份有限公司思政工作创新、中网卫通的企业生态文化建设方案都是现代企业管理的成功案例，是思想政治教育与企业文化建设有机融合的典范，其成功经验值得新时代科技企业学习与借鉴。

---

① 宋鹏. 现代企业管理的"义利"之道 [J]. 人民论坛，2017（14）：92-93.

第六章　新时代科技企业思政工作
发展建设路径

　　与其他类型的企业相比,科技型企业开展思想政治工作是存在一定优势的。对高素质的员工队伍开展思想政治工作,创造高素质员工队伍,也是保证科技型企业长久发展的必然选择。

　　习近平在全国宣传思想工作会议上指出,宣传思想工作的社会条件已大不一样了,我们"有些做法过去有效,现在未必有效;有些过去不合时宜,现在却势在必行;有些过去不可逾越,现在则需要突破"①。当前,中国特色社会主义进入新时代,人民的物质生活、精神生活得到极大的满足,获得感、幸福感、安全感得到进一步提升,科技型企业职工的思想观念也发生了很大的变化,科技型企业不但需要对市场环境有着正确的判断,而且也要对社会环境有敏锐的嗅觉。思想政治工作是企业发展的最鲜明的特点和最独特的优势,新时代的到来,对科技型企业思想政治工作提出了一系列新思想、新观点、新要求,这就要求科技型企业要认清新时代思想政治工作的使命与方向,激发企业职工勇往直前的奋斗精神,以新的面貌适应新时代发展,迎接新时代挑战。

　　本章从当前我国科技企业思想政治工作开展落实过程中出现的问题及成因分析出发,在借鉴国内外优秀科技企业文化建设与思政工作成功经验的基础上,从创新科技企业思政工作理念、完善科技企业思政工作内容体系、加强思政工作队伍建设、精准满足职工发展的需要等方面入手,以点及面,有针对性地提出具有实际可行性的科技企业思政工作的对策路径,以此为

---

① 中共中央宣传部编. 习近平总书记系列重要讲话读本 [M]. 北京:学习出版社,人民出版社,2016:196-197.

我国新时代下科技企业思政工作的整体发展建设提供帮助。

一、创新科技企业思政工作理念

理念是指对事物运行规律的理解和解读。一般而言，企业理念包括两个层次：一个是规章制度层，如企业日常经营中的经营制度、规章制度、生产方式等；另一个是精神文化层，包括企业领导者对本企业运转、壮大的理解，企业文化，企业管理方式，企业员工的精神面貌，等等。科技企业思想政治工作的理念，应服从和服务于企业理念，在遵循企业经营理念的前提下，积极进行自身理念的探索和创新。

（一）创新党在科技企业发挥政治核心作用的方式

中国共产党是中国特色社会主义事业的领导核心，包括科技企业在内的各个领域党的建设，直接关系该领域的发展。科技企业作为国民经济的重要支柱，在中国特色社会主义建设中发挥着重要的作用。科技企业思想政治工作为科技企业发展提供政治保障和精神支持，科技企业党组织是推动科技企业思想政治工作的主体，要卓有成效地开展思想政治工作，就应坚持党在科技企业的领导，创新党在科技企业发挥政治核心作用的方式。

党的历代中央领导集体，特别是改革开放以来的领导集体，都十分重视科技企业党的建设，坚持党在科技企业的领导，创新党在科技企业发挥政治核心作用的方式，是科技企业思想政治工作与时俱进的重要表现。

1. 坚持党在科技企业的政治核心作用是历史的要求和时代的呼唤

坚持党在科技企业的领导，创新党在科技企业发挥政治核心作用的方式，不是空穴来风的外部强加，亦非心血来潮的临时决策，而是科技企业在长期的发展中经过历史对比而形成的科学抉择，是现阶段建立完善合理的现代企业制度的现实需要。

（1）坚持党在科技企业的领导是历史的要求

科技企业在成立、成长、改革、发展的各个阶段，都离不开党的领导，是在党的正确领导下，科技企业取得了骄人的成绩。企业的兴旺发达，与坚强有力的领导分不开。党的领导有方、企业班子团结奋进，企业的发展就顺风顺水、蒸蒸日上，党的领导软弱无力、领导班子人浮于事，企业的发展就困难重重、濒临险境。从国有科技企业改革发展的历程来看，企业改革能否顺利进行，企业发展的目标能否实现，主要取决于企业党组织这个"领头羊"强不强，取决于"领头羊"有没有战略思维。国有科技企业真正步入市场以来，亏损较严重的企业，多数与企业领导班子领导不力、决策失误有关，许多利税大户，就是因为班子涣散、管理混乱、中饱私囊，才使国有资产严重流失，企业经营出现困难。当然，更多的企业经受住了改革的严峻考验，在新的历史起点上乘着大环境的东风，有力地破浪前行，不断开创着企业发展的新局面，与企业党组织的正确领导密不可分。

第一，良好的政治素质保证了企业改革的正确方向。

领导班子不断加强思想作风建设，思想素质和政治素质显著提高，为企业沿着正确的方向发展提供了坚强的思想保证。党组织一方面加强廉洁自律，一方面建立报酬与付出相衔接的薪酬制度，有力地保证了班子坚强的战斗力。企业党组织遵循市场经济规律，把物质鼓励和精神激励相结合，实行领导者的收入与其业绩相挂钩的办法，不断激发领导班子的创造热情。同时，严格责任制和重大失误追究制度，鞭策和约束领导班子勤廉为公，心系发展。

第二，不断健全的监督制度保证了企业改革的纯洁本色。

计划经济体制下，一切听从上级安排，企业自主权力很小，贪污腐败现象较少，而在市场经济条件下，企业获得一定的自主权，企业领导干部掌握了较大的资源，客观上为贪污腐败现象的滋生提供了可能。为了预防腐败，保证企业党组织的纯洁性和战斗力，在改革过程中，企业不断地建立健全监督体制和工作机制，对企业班子作出的一些重大生产经营决策进行审议，对企业财务收支活动进行定期或不定期的审核，还建立了外部董事制度和外部审计制度，深入基层，对各企业领导班子的工作、企业财务状况进行不定期的突击检查，及时纠正发现的问题。这些制度的实行，帮助企业领导班子经受住了改革风浪的考验，保证了改革的顺利进行。

第三，科学的用人体制保证了企业改革的人才支撑。

长期以来，社会对人才的认定存在着误区，一直依照1982年有关部门提出的标准，即"具有中专以上学历和初级以上职称的人员"这样一个人才标准，在一定程度上造成了人才队伍建设的混乱，主要表现在三个方面：

一是大量有才之士因为学历和职称这两道"门槛"被摒弃在人才大军之外；二是一些人为了成为"人才"千方百计提高学历，猎取职称，甚至不惜弄虚作假；三是由于旧人才标准的静态特征，现有人才空享待遇，不思进取，严重阻碍人才的创新与发展。在企业中，这种现象比较突出，成为制约企业发展的瓶颈之一。为了打破瓶颈，为企业发展争取源源不断的人才支持，科技企业在改革中创新人才的界定标准，普遍实行市场化配置人才和党管人才相结合的办法，为企业留住和培养了大批人才，保证了企业发展的人才支撑。

（2）坚持党在科技企业的领导是时代的呼唤

坚持党在科技企业的领导，不仅是经过历史对比而形成的科学抉择，而且是企业适应中国和世界经济发展的大势，增强竞争力的现实需要。

第一，坚持党在科技企业的领导是巩固党的执政基础的需要。

中国共产党是中国特色社会主义事业的领导核心，办好中国的事情，关键在党。历史的发展表明，什么时期党的创造力、凝聚力、战斗力比较强，这一时期党就能制定正确的路线方针政策，就能带领群众实现现代化建设的一次又一次突破；什么时期党的活力不够、思想僵化、迷信盛行，这个时期就要成为曲折发展期，就会带来生产的停滞和民主的倒退，甚至还会引起群众的种种怨言。因此，加强党的建设、增强党的执政本领、筑牢党的执政基础既是党的建设的重要课题，又是党所领导的伟大事业的现实要求。

坚持党在科技企业的领导，加强科技企业党的建设，有益于增强党的阶级基础和扩大党的群众基础。

工人阶级需要党维护和发展自己的根本利益，党也需要在工人阶级中建立自己的组织，壮大自身的力量。在科技企业建立党的基层组织，自党诞生之日就开始了。国有企业是工人阶级最集中的地方，是党的阶级基础的主要力量。随着社会主义市场经济的完善和现代企业制度的建立，尽管一些工人群众的工作岗位发生变化，但这并没有改变工人阶级的地位。工作在科技企业的工人阶级，与先进的生产方式相联系，是先进生产力的代表，是推动我国先进生产力发展的基本力量，是党的强大的阶级基础。适应现代企业制度的要求，加强和改进科技企业党的建设，充分发挥企业党组织的政治核心作用，有利于密切党同工人阶级的联系，不断增强党执政的阶级基础和群众基础。

第二，企业党组织是完善法人治理结构的建设性力量。

现代企业法人治理结构是企业的所有者、公司法人和经营者三者之间的一种组织结构。所有者指股东，公司法人代表一般是董事长，经营者是（总）经理。企业法人治理结构主要就是指股东会、董事会、经理层这三者之间的相互制衡和有效运转的关系。通过这一结构，股东把自己的资产托管给公司董事会，从而使股东的资产形成公司的法人财产；公司董事会把公司法人财产委托给公司经理层，在公司董事会的授权范围内代理经营。监事会是由股东大会选举产生的公司常设性职能机构，对保证股东会、董事会、经理层三者之间的正常关系有着重要的监督作用，它是企业法人治理结构的制衡关系中一个重要因素。

一方面，股东会与董事会之间的关系实际上是信任—托管关系；董事会与总经理之间的关系是委托—代理关系。两种关系的界定是清晰的，简而言之，在信任—托管关系中，股东大会既然通过信任投票把公司的法人财产的全部责任委托给董事会，就不再干预公司的经营管理事务，也不能随意更改托管关系；另外，在这种关系中，不存在与绩效挂钩的激励问题，董事一般不领取报酬，表明不是一种雇佣关系。而在委托—代理关系中，董事会只是把部分经营权利（日常经营管理权）委托给了总经理，存在着雇佣关系和激励办法，董事会可以随时更换总经理。而另一方面，从实际上讲，股东会、董事会、经理层之间的关系要远远复杂于理论上的信任—托管关系或委托—代理关系；股权、法人产权和经营权之间存在着一系列的矛盾，信任—托管关系和委托—代理关系就是在矛盾中发展和实现的；分权的界限也不是绝对的，股权、法人财产权、经营权之间在一定条件下也存在着相互交叉、互相转化的可能；权力制衡也只能是相对的。

首先，股东会和董事会之间的信任—托管关系怎样实现？随着股东的多元化、股权的分散化、法人产权的不断强化，董事会怎样才能真正做到对股东的忠诚，就是一个很大的问题，尤其是在股东不直接参加董事会的情况下。世界和中国的许多企业，董事是拿薪酬的，并且与绩效直接挂钩，许多是实行年薪制，原有的信任—托管关系实际上已经变成了委托—代理关系，变成了雇佣关系。在这种情况下，董事的权益显然大于他的责任，董事关心的就可能是自身利益的最大化。

其次，董事会与经理之间的关系怎样理顺？董事会和总经理之间的关系在法人治理结构中占有极其重要的地位，两者之间的关系极其微妙，二者的目标不同。从理论上讲，董事会追求的是法人财产的最大化，从而实现股东利益的最大化；而经理层追求的是自身人力资本的增值和个人报酬的最大化。因此，如何协调两者之间的不同目标，使两者为股东利益的最大化而合作，是法人治理结构中一个至关重要的问题。如果董事会中的大部分董事都是内部董事，即公司的管理者，那么，董事会的决策权和经营权之间的划分就不那么清晰，董事长就可能插手日常经营事务，总经理就可能处于附属的地位，而在这种情况下，董事会和经理层之间往往会存在尖锐的冲突，权力之争异常激烈，内耗是十分严重的。我国科技企业的董事会大部分由内部董事构成，因而董事长和总经理之间的矛盾也就比较普遍、比较突出。如果董事会中的大部分成员是外部董事，即来自公司外部，就像美国、澳大利亚的上市公司那样，经理就会有很大的权力空间，而董事会对公司内部的具体经营的情况却可能不像内部董事那样了解，又可能出现掌握信息不对称等现象。

最后，内部人控制的问题如何解决？内部人控制是现代企业分权制度的产物。作为所有者的股东无论在专业技能上，还是在信息掌握上，或是在经营管理公司资产的权力上，都无法与专职负责经营管理的经理人员相提并论。经理人员通过自身的权力、信息的掌握、素质的专业化实现对公司的实际控制是可能的。尤其是在董事长和总经理由一人担任的情况下，或者在公司内部高管人员兼任公司董事的情况下，公司的决策和执行集于一身，经理层自己监督自己，经理人的自利性会淹没其作为董事对股东的忠诚，内部人控制是必然的。因此，应该说，在现代企业的法人治理结构中，内部人控制已经不是个别现象。建立一个合理的公司治理结构，要求董事会与经理层之间既相互独立又相互联系和制约，形成有效制衡、高度协调、高效运转的机制，而这在实际中是一种很难达到的和谐状态。

因此，不难发现，即使在比较规范的现代企业法人治理结构中（或者在西方企业的法人治理结构中），也存在着大量的矛盾和问题，而这些矛盾和问题并不是仅仅依靠法人治理结构本身就可以解决的，也不是简单依靠法律手段就可以毕其功于一役，因为，这些矛盾和问题基本上属于道德、文化等潜规则的矛盾和问题。①

　　科技企业党组织怎样协调企业法人治理结构的内部关系，使企业领导班子形成整体合力，是科技企业党的建设的一个重要内容，也是一个全新的课题。科技企业党组织要通过自身既融合（渗透）于又超脱于企业法人治理结构的特点，充分发挥政治优势，积极推动企业法人治理结构实现最理想的运作。所谓融合（渗透）于企业法人治理结构，就是指党组织参与企业重大问题的决策，就是指"双向进入""交叉任职"，就是指把党管干部、党管人才同企业法人治理结构依法行使用人权有机统一起来。所谓超脱于企业法人治理结构，就是指党组织不是企业法人代表和直接经营者，党组织的活动属于企业的领导方式和活动方式范畴，这在各国都有不同：企业党组织的意志和意见不具有法律强制力，不具有法律效力和法律责任，而具有重大的政治社会影响力；党组织在企业中的组织工作、宣传教育工作、思想政治工作、对党团的领导协调工作和其他多种形式的工作是党组织系统内部的工作，法人治理结构并没有这些结构或工作的预设。科技企业党组织通过组织的纽带、法律的载体、实践的方式，使企业法人治理结构的整体合力得到充分发挥。党组织结合企业法人治理结构的实际状况开展工作，主要有两个方面的含义：一是坚持和推进企业法人治理结构的规范运作和合理安排，这是从正面来讲的；二是处理和解决企业法人治理结构中的具体问题和矛盾，这是从反面来讲的。科技企业党组织在企业法人治理结构中的作用是政治核心作用，这就要求：当企业法人治理结构尚未成型时，企业党组织要发挥建设性作用；当企业法人治理结构还不完善时，企业党组织要发挥改善作用；当企业法人治理结构出现失衡时，企业党组织要发挥平衡作用；当企业法人治理结构出现阻隔、分歧和分裂时，企业党组织要发挥沟通、协调和整合作用；当企业法人治理结构出现散乱时，企业党组织要发挥团结和凝聚作用；当企业法人治理结构出现缺位时，企业党组织要通过法定程序发挥补位作用；当企业法人治理结构出现偏差时，企业党组织要发挥矫正作用。

① [美]布雷克利，史密斯．施泽曼著，管理经济学与组织架构[M]．张志强，王春香，译，北京：华夏出版社，2001：476；478.

2. 创新党在科技企业发挥政治核心作用的方式

（1）科技企业党组织发挥政治核心作用的内涵

1989年8月，党中央下发了《关于加强党的建设的通知》，明确指出"党在企业的基层组织处于政治核心的地位"。从确定党在国有企业发挥政治核心作用至今已经30余年。30余年来，正是在这一原则指引下，国有企业党组织在国企改革发展稳定中，发挥了重要作用。

科技企业首先是个企业，是个经济组织，它要在经济运行规律和经济活动规则上进行生产经营活动，以获得利润的最大化为自身使命。但是，企业总是生活在一定的社会关系中，与社会中其他经济实体或社会活动主体紧密相连，而不可能游离于社会关系之外。企业要与社会关系中的其他活动主体和谐相处，就应该有一套约定成俗的规则，所有企业都在这一规则所规定的框架之内运行，违背了规则要受到惩罚，遵循了规则就能获得更大的信誉、更多的利润。这套规则通常是由两部分构成的：经济法与经济伦理。不同的国家、不同文化背景的企业对两者的依赖程度是不同的，一般来说，市场经济刚刚开始发育的国家，先是依靠强有力的经济法律来规约企业与企业之间的关系，等市场经济发育到一定程度，则要依靠经济伦理，也就是道德的力量来建筑企业的良好信誉。不管是执行经济法律还是践行经济伦理，都需要一定的组织来承担这份责任。

与伦理道德关系在我国社会中的重要地位相联系，我国企业在生存和发展中要处理的社会关系，很大程度上表现在企业信誉、品牌形象等方面，与此相适应，企业内部尤其是国有企业内部就要设立党组织。随着我国法制建设的日益完善，法律关系在我国社会中越来越重要，但伦理道德在我国社会中的重要地位是长期的，不论是哪个时期，不论在什么样的社会活动领域中，伦理道德都会被放到很高的位置。可以说，企业作为经济组织，不仅存在于各种社会关系之中，而且，为了协调一些重要的社会关系，在企业内部还会存在调节社会关系的要素或机构，这是企业生存和发展所必需的。科技企业党组织存在的必要性由此可见。

一直以来，在企业党组织发挥政治核心作用的内涵上，存在着两个认识上的偏颇，一是认为党组织的政治核心作用就是"党只管党"，只管企业党建和思想政治工作，而对企业的生产经营不管不问。另一个偏颇是认为党组织的政治核心作用是以党代政，由党委包揽一切，把党组织混同于企业中的一个事务性组织。本书认为，科技企业的政治核心作用，既包含保证党的路线方针政策在企业的贯彻执行，在政治上对科技企业实行领导，也包含科技有企业党组织加强自身建设，不断增强党组织破解难题、领导发展的能力，进而增强党组织在企业的凝聚力、战斗力、发展力，紧紧地团结企业的职工群众，把企业的各种力量凝聚在自己周围，形成真正的"政治核心"。

（2）科技企业党组织发挥政治核心作用的具体内容

第一，保证监督党和国家的方针、政策在本企业的贯彻执行，这是科技企业党组织的首要职责。科技企业的利益与党和国家的利益，总体上是一致的，但有时也可能发生具体利益不一致或不完全一致的情况。当这种情况发生时，企业党组织就应该加以引导，以确保党和国家的方针、政策在本企业的贯彻执行。就是要发挥对党员领导干部、经营管理层及其他人员遵守法纪的监督作用。

第二，支持股东会、董事会、监事会和经理（厂长）依法行使职权，这是科技企业党组织发挥作用的关键。随着科技企业走出国门、走向世界，国有资产与外资合资经营的情况越来越多，合资企业的治理结构中并没有建立党组织的内生性要求，相反，受意识形态遗留的影响，外方甚至还会对企业党组织的成立心存芥蒂，同样的事情在正在迈向现代企业制度方向的国有企业也存在，企业党组织要在企业中发挥政治核心作用，必须有所作为，以自己的实际行动赢得企业所有者和经营者的支持。

第三，全心全意依靠职工群众，支持职工代表大会开展工作。企业职工是企业的主人，是企业增强创造活力和竞争力的源泉，坚持全心全意依靠工人阶级的方针，既是党的宗旨在企业的体现，又是企业发展的现实需要。职工代表大会是企业的自治性组织，是职工实现自我教育、自我管理的形式，也是企业有效地协调职工与经营管理层、共青团、工会等组织的桥梁。

第四，参与企业重大问题的决策。中国共产党是中国特色社会主义事业的领导核心，办好中国的一切事情，关键在于党。执政以来，党已经经历了从革命党到执政党，从计划经济条件下领导人民建设的党到在改革开放和社会主义市场条件下领导人民建设的转变，方位的转变对党提出了新的要求。新时期，各级党组织把发展经济作为一切工作的中心，聚精会神搞建设，一心一意谋发展。科技企业党组织如果不参与到企业重大问题的决策中，不对企业的发展献策献力，势必在企业发展中的作用越来越弱，也就难以起到它作为基层党组织应该发挥的作用。

第五，加强党组织的自身建设，领导思想政治工作、精神文明建设和工会、共青团等群众组织。就全党来说，党的建设任务比过去任何时候都要繁重，加强党组织自身建设比过去任何时候都显得必要，科技企业党组织在企业改革发展的历程中面临的任务比过去任何时候都要复杂，所以企业党组织必须在党的建设总体布局中加强自身建设。思想政治工作、精神文明建设等是企业的长期性建设，工会、共青团等是企业的有力帮手，这些工作都必须在党的领导下进行。

（3）创新科技企业党组织发挥政治核心作用的方式。

新时代下，国有科技企业要深入理解习近平国有企业改革发展思想的内在逻辑，准确把握国有企业改革的发展规律，不断加快国有企业思想政治工作部门的布局优化，贯彻落实"专兼结合、一岗双责"的任职方式，有效实行"双向进入、交叉任职"的思想政治工作的新机制。

第一，落实"专兼结合、一岗双责"的任职方式

科学规范"三会一层"决策机制，有效落实"专兼结合、一岗双责"的任职方式是国有企业高效运行、提升法人治理水平的重要载体，也是新时代背景下深化国有企业改革、建立健全现代企业治理体系、促进思想政治工作与生产经营管理相结合的有效抓手。新时代下，科技企业要落实"专兼结合、一岗双责"的任职方式，构建各负其责、协调运转、有效制衡的公司法人治理体系，保障思想政治工作的顺利开展。

科技企业要规范"三会一层"（党委会、董事会、监事会、经理层）的决策机制。党委会的功能定位就是把方向、管大局、保落实，董事会在重大决策前必须先交党委会研究通过作为前置条件并写入公司章程的有关规定；董事会是国有企业中最高利益的代表，享有整个企业管理层的最高决策权，具有组织、协调、代表的性质，监督经理层开展具体业务；国有企业要进一步完善运行监督机制，强化监事会当期监督、事中监督和专项监督，推动形成对重大事项实行"一事一报告"，对监督检查情况实行"一

企一公开"的监督新体系；总经理对董事会负责，向董事会报告工作。

科技企业领导干部在党的建设、党的意识形态工作、思想政治工作上，要落实"专兼结合、一岗双责"的任职方式，并根据新时代党对思想政治工作的新要求，进一步完善企业决策层议事规则，建立健全目标明确、责权分明、运转协调、渠道畅通的新时代国有企业思想政治工作领导体制和工作机制，确保思想政治工作在科技企业中全覆盖、无盲区。

第二，实行"双向进入、交叉任职"的新机制。

随着国有企业改革的深入发展，国有企业董事会与党委会需要各负其责、协调运转、有效制衡，科技企业也要实行业务干部和政工干部"双向进入、交叉任职"的思想政治工作新机制。这并不是要政工干部凌驾于业务干部之上，也不是要削弱业务干部的权利，而是在思想政治工作过程中，通过业务干部与政工干部相互沟通、有机结合、有效互动，使思想政治工作与生产业务等其他工作相互融合，共同为科技企业中的各项工作严格把关，避免出现经济工作和思想政治工作"两张皮"的现象，从而使业务干部、政工干部更好地发挥带头作用。

新时代下，在实际的科技企业思想政治工作中，不能墨守成规，要抓基层、打基础，充分调动企业各方的力量，探索思想政治工作新机制，及时、适时地针对企业思想政治工作出现的新问题展开具体、实际、可操作性高的解决方案。首先，科技企业要充分发挥党组织的领导核心作用，进一步履行董事会的决策职责、强化监事会的监督责任，明确经理层的经营管理分工细则，实现思想政治工作的有效开展和企业治理的科学规范。其次，要在思想政治工作新机制中明确思想政治工作第一责任人，承担科技企业思想政治工作的重任，逐步构建以企业党组织为主导，团组织和工会等其他群团组织共同协作的新时代思想政治工作新格局。最后，要把思想政治工作深度融入企业生产经营的全过程，实行业务干部和政工干部"双向进入、交叉任职"的新机制。

新时代下，科技企业必须实行业务干部和政工干部"双向进入、交叉任职"的新机制，构建思想政治工作与生产经营管理等工作相互促进的良性机制，实现思想政治工作与其他工作的有效结合、共同发展。

3. 以党建创新促进思想政治工作创新

新时代背景下，科技企业党建工作与思想政治工作之间不仅在指导思想上一致，在教育内容、指导方法和工作队伍方面也有一定程度的交叉，这些都为两者的深度融合提供了可能。

（1）党的领导是科技企业思想政治工作的根本政治保障

党政军民学，东西南北中，党是领导一切的。习近平明确指出，要通过加强和完善党对国有企业的领导、加强和改进国有企业党的建设，使国有企业成为党和国家最可信赖的依靠力量。新时代下，我国科技企业的独特优势就是坚持党的领导，这同时也是科技企业开展思想政治工作的根本政治保障，如果离开党的领导，科技企业就会失去其根基，迷失方向。党的领导是贯穿于科技企业思想政治工作的一根红线，在具体开展思想政治工作的实践中，要贯彻落实党的领导，牢固树立党要管党的要求、从严治党的意识，坚定不移地加强党的政治领导、思想领导、组织领导。

中国共产党在长期的革命建设实践中充分发挥思想政治工作优势，积累了丰富的经验，形成优良的传统。党的十九大以来，在国有企业宣传党的政策方针的同时，要按照"全面覆盖、发挥作用"的原则，保证企业的业务工作开展到哪里，党的组织就建设到哪里，党的工作就延伸到哪里。新时代下，国有科技企业要认真贯彻落实《中国共产党国有企业基层组织工作条例（试行）》，紧跟党中央关于国有企业党的建设工作和宣传思想工作的会议要求，以国有企业党建工作创新带动思想政治工作创新，努力实现国有企业党建的科学化、规范化，解决思想政治工作"一条龙"的"龙头"带动问题。[①] 新时代下，科技企业要坚定不移地坚持党对思想政治工作的领导，主动把握新形势和新要求，以党建工作的高质量发展推动思想政治工作的高质量发展。

（2）树立思想政治工作与党建工作协同创新的工作理念

在科技企业中，党建工作与思想政治工作的奋斗目标和努力方向基本是一致的，只是着眼点和着力点不同。新时代条件下，科技企业要树立思想政治工作与党建工作协同创新的工作理念。如何以党建工作创新为抓手，

---

① 孔全. 对创新国有企业思想政治工作的思考 [J]. 探索，2011（06）：126-130.

进一步推动思想政治工作的创新，是目前亟待解决的重点和难题。

科技企业在具体的工作实践中，要善于发现存在的不足并积极总结经验教训，努力形成思想政治工作与党建工作积极互动、紧密联系、深度融合的科学发展趋势。一方面，增强党建部门和思想政治工作部门的团结合作，在思想认识上保持工作目标一致、目的相同，在工作开展中加强资源共享、项目共建，即各相关部门要划分和落实各自的工作职责，增强相互之间的有效沟通、通力协作，在职工思想教育、党员关怀帮扶、工作考核评价等方面相互配合，共同担当、一起完成。另一方面，要将党建工作和思想政治工作的软指标转化为硬要求，通过强化相关负责部门考核、各级党委书记考核、思想政治工作者考核、职工个人考核等述职考评工作，不断更新与完善考核评价机制，实现职工与企业的共同成长、党建工作与思想政治工作的相互融合。

因此，要做好企业思想政治工作，就要坚持党的领导，以党建工作作为引领，树立协同创新的工作理念，全企业上下从各级基层党组织到各个部门到广大党员干部再到全体职工群众协调配合，形成有效合力，才能使思想政治工作拥有更广泛的群众基础和更广阔的发展空间。

（3）寻找思想政治工作与党建工作的融合着力点和突破口

办好中国的事情，关键在党。做好思想政治工作，关键在党。习近平强调："坚持党的领导、加强党的建设，是我国国有企业的光荣传统，是国有企业的'根'和'魂'，是我国国有企业的独特优势。……坚持建强国有企业基层党组织不放松，确保企业发展到哪里、党的建设就跟进到哪里、党支部的战斗堡垒作用就体现在哪里，为做强做优做大国有企业提供坚强组织保证。"[①]

新时代下，科技企业的思想政治工作要在坚持党的领导下进行，在贯彻宣传党的十九大精神下组织开展。同时，"打铁还需自身硬"，企业要坚持党管干部的原则，把这一原则与思想政治工作人员选聘机制结合起来，打造一支思想稳定、素质全面、作风过硬的思想政治工作队伍。首先，党委书记要"学会弹钢琴"，不仅要能抓住企业思想政治工作的目标任务和

---

① 习近平. 习近平谈治国理政（第二卷）[M]. 北京：人民出版社，2017：176.

重点难点，还要有驾驭全局的长远眼光和处理突发事件的工作能力；其次，要发挥党员干部及先锋模范的带头作用，表彰和宣传思想政治工作先进典型的优秀事迹，成立党员互帮互助小组，加强党员与职工群众的交流沟通；最后，党支部带头，大力加强思想建设、组织建设和作风建设，坚持开展党建工作与思想政治工作的理论知识培训，深入企业具体实际，针对各自部门遇到的新问题、新情况，提出改进的意见或建议，以实现思想政治工作与党建工作的良性互动。

因此，科技企业要实现思想政治工作的创新，就要紧跟党建工作发展的步伐，顺应新时代的变化和要求，在实践中归纳和总结工作规律，担负起国家赋予的思想政治工作的时代责任。

（二）坚持以人为本理念，促进职工全面发展。

在科技企业，"以人为本"所体现的就是"尊重知识，尊重人才"这一理念。在这一理念的基础上，做好职工思想政治工作，坚持管理、服务、支撑一盘棋，充分调动每一位职工的主观能动性，围绕全局，服务全局。既要坚持教育人、引导人、鼓舞人、鞭策人，又要做到尊重人、理解人、关心人、帮助人。贯彻以人为本的理念就要更加注重人文关怀和心理疏导，关注职工的生活质量、发展潜能和幸福指数，从现实处境和切身利益出发，有效缓解其思想矛盾、心理冲突和情感困惑，增强思想政治工作的针对性和实效性。

1. 对人的科学认识和把握

科学认识和准确把握人的本质，对于科技企业思想政治工作坚持以人为本的必要性，把握科技企业思想政治工作的规律性，增强科技企业思想政治工作的针对性，提高科技企业思想政治工作的实效性，都有重要意义。因为认清人的本质问题是认识人的首要的和基本的问题，也是思想政治工作及其学科建立的理论基础之一。

马克思主义经典作家关于人的本质的科学论述，一方面，与片面强调人的本质的自然属性或认为人的本质是灵魂、理性等抽象神秘主义的认识划清了界限，为人们科学地理解人的本质指出了一条唯一正确的途径；但另一方面，也绝不是主张社会本质是人的全部内容。肯定人的本质是社会关系的总和，具有阶级性，并不等于否认人的共同的自然属性。人是自然属性和社会属性的综合体，是最复杂的社会存在物。克服片面性，综合考虑人的综合体中各种自然因素和社会因素的作用，是思想政治工作及其他与人有关工作必须把握的重要原则。长期以来，马克思主义人的本质理论对科学认识思想政治工作对象，认识和把握人的思想形成的物质原因和社会根源，以及人的思想行为形成变化的特点和规律起到了重要作用。但是，由于对马克思主义人的本质理论理解的片面性和绝对化，在思想政治工作的理论和实践中也出现了一些偏差。例如：在对人的本质的认识上，认为人的社会本质是人的全部内容，重视人的社会性和阶级性，轻视人的自然属性与心理属性，抹杀人的本质的丰富内涵；在对待教育对象上，忽视教育客体的独立性、自然性、能动性和创造性，缺乏尊重、理解和关心的平等民主观念；在价值取向上，重人的社会价值，轻人的自然价值，把社会价值与个人价值对立起来，忽视思想政治工作在满足个人发展需要方面的功能和价值，片面强调社会和集体利益的先天合理性，过分强调了人的精神需求，忽视人的物质需要，导致思想政治工作的空对空和人文关怀的缺失。上述认识上的偏差和实践上的失误，影响了思想政治工作的效果和形象。

科学认识马克思主义人的本质理论的科学内涵，全面认识人的本质的丰富性和多样性是确立思想政治工作以人为本原则的前提和科学依据。马克思主义关于人的本质在其现实性上是一切社会关系总和的论述，既表明了人与动物的根本区别，指出了人的自然性、实践性受社会性制约，又揭示了人的本质是自然性、社会性、实践性的统一，三者相互制约又完整统一，共同构成人的本质的科学内涵，是理解人的全部丰富性和社会性、复杂性的基础，为我们科学地认识人、把握人提供了重要的指导作用。认识人的本质的丰富性对于马克思主义思想政治工作具有十分重要的意义。

人的本质的丰富性表现为人的需要的多样性，人的实践的丰富性，人的社会关系的广泛性，决定人的思想产生、发展原因的多样性。因此，思想政治工作在考察教育对象时，必须坚持系统原则和具体问题具体分析，从社会总体和普遍联系上考察每一个人，从不同对象、不同类型的区别上把握每个人的思想观点，从人们所处的历史环境、社会背景及物质生活条件和社会经历中，弄清人们思想活动的具体特点和现实根源，找到它发生发展的规律性和正确的处理方法。同时，人的本质的丰富性，还表现为人不仅有思想觉悟和思想感情，还有自己的需要、愿望和尊严，以及个性心理特点和行为方式。思想政治工作要避免单纯就政治论政治的教育，不仅要关注人的思想意识层面，还要关注人的心理层面，尊重教育对象人格，形成沟通、理解、信任的平等关系，激发教育对象主体意识，发挥他们的积极性、主动性、创造性，使他们按社会要求塑造自己良好的思想品德，不断发挥思想政治工作在完善人格、丰富个性、促进人的发展中的作用。

另外，人的本质的丰富性决定于人所处的时代、社会地位、发展环境及职业、文化素质和性格不同，特别是随着我国社会经济成分、组织形式、就业方式、利益关系和分配方式的日益多样化，不同群体和个体之间思想差异日益增大，多种价值观、不同生活方式并存，人的需要越来越丰富多彩。因此，尊重人的多样化，正视人的思想的差异性，研究不同对象的特点，针对不同需要进行分层次教育，是思想政治工作的重要要求。

总之，思想政治工作必要性根源于人的本质属性之间的相互制约，思想政治工作的有效性根源于人的实践性和社会性，思想政治工作的规律根源于人的本质属性的普遍性，思想政治工作的目的、原则、方法根源于人的本质的具体性和发展性。所以，人的本质决定人在思想政治工作中的主体地位，只有从人的本质出发，坚持以人为本，尊重人的主体性、多样性、能动性，把握每个人特有的丰富本质，找出其形成、变化、发展的条件和规律，思想政治工作才拥有科学依据，才能掌握运行规律，确立正确的途径和方法，提高思想政治工作的成效。

2. 以人为本理念应体现在思想政治工作的各个环节

新时代科技企业思想政治工作的理念创新应坚持以人为本的理念，将以人为本理念体现于思想政治工作的价值观念、工作内容、方式方法、教育环境等环节上，这是思想政治工作创新的现实路径。毛泽东曾经指出，要实现思想政治工作的新发展，"就得和群众在一起，就得去发动群众的积极性，就得关心群众的痛痒，就得真心实意地为群众谋利益，解决群众的生产和生活问题"[①]。

---

① 毛泽东选集（第1卷）[M]. 北京：人民出版社，1991：138.

（1）实现思想政治工作的社会价值和个体价值的统一

科技企业思想政治工作要以人为本，就必须坚持尊重人、关心人、理解人、鼓舞人，就是要关注企业的职工群众，实现思想政治工作的社会价值和个体价值的统一。要坚持围绕思想政治工作对象的价值取向、实际表现等来展开和实施。

一是尊重人，树立思想政治工作者与工作对象平等的观念。当今，科技企业思想政治工作的对象是享有独立人格、具有现代意识、崇尚科学与理性的职工。思想政治工作过程中思想政治工作者必须绝对尊重工作对象的人格，照顾工作对象的自尊，一切为了工作对象，全面依靠工作对象，坚持从职工群众中来到职工群众中去。以人为本要求对人的充分信任，对人的潜能和智慧的充分肯定，对人追求自由民主方面的充分支持。以人为本理念的本质在于对人性的唤醒和尊重，提高人的主体意识，弘扬人的主体性，促进个性发展，从而最广泛地调动人的积极因素，最充分地激发人的创造活力，最大限度地发挥人的主观能动性。思想政治工作者要懂得教育人首先要尊重人。把尊重自己和尊重他人统一起来，摆正自己的位置，严格要求自己，严格约束自己的行为；在与企业职工的接触中，谦虚谨慎、戒骄戒躁，虚心听取他们的意见和建议，尊重他们的权利。这样，才能赢得企业职工的尊重，才能为顺利开展思想政治工作奠定良好的基础。

二是关心人，树立正确的利益观。关心人很重要的一点是关心人的利益。在社会主义市场经济条件下，社会成员日益表现出趋利性特点，人们的思想认识与其合理利益满足的联系越来越紧密，能否处理好二者的关系，直接影响到思想政治工作的质量和效果。这就要求科技企业思想政治工作者在做思想政治工作时必须高度重视企业职工的物质利益，以马克思主义的利益观来引导人们正确认识和处理各种利益关系，鼓励人们通过正当手段追求个人利益。必须从维护广大职工群众的根本利益出发，深入职工群众的思想实际和生活实际，切实关心群众疾苦，多做得人心、暖人心、稳人心的工作，这样才能引导好、保护好、发挥好职工群众的积极性。

三是理解人，建立思想政治工作者与工作对象之间沟通的桥梁。理解是沟通思想和感情的桥梁和纽带。思想政治工作者在与群众的接触中，要学会换位思考，设身处地为对方着想，想职工之所想，思职工之所思，急职工之所急。当今社会，人的个性特征日益鲜明，针对这一状况，更要因材施教，不同的人，性格不同，思想政治工作方式也应不同，要多看别人的长处、优点，信任他人、肯定他人，多交流、多通气，在思想的沟通中，逐渐达成共识，减少误会，增进了解和友谊。要尊重思想政治工作对象的心理、年龄特点和规律，无论内容和方法，都必须遵循教育对象的年龄、心理特点和教育规律，充分注重人的天性，围绕人的心理年龄实际来设计活动的内容和形式。

四是鼓舞人，树立思想政治工作的社会性价值。思想政治工作以人为本，就要做到鼓舞人，注重开发人的价值和潜能，不断激发人的创造性。激励是对人的价值和工作的认可与肯定。压抑人的个性就等于扼杀人的创造力，对个性化人格的社会认同，是社会进步的一个显著标志，在协调人际关系问题上，体现以人为本，强化人们的包容意识，在相互合作、相互促进、相互激励中，形成思想碰撞、性格互补、知识增值，人才价值也因此能够得以放大、升华。要引导和鼓舞个人发展，为个性健康充分的发展创造必要的环境与条件。要开发人的智力，培养人的创新精神，激发人的创造性，以便在更大程度上实现自我价值，同时为社会进步做出更大贡献。正是从这一点出发，思想政治工作应该把以人为本，开发人的潜能、价值和创造性作为新形势下思想政治工作追求的重要目标。

五是服务人，树立思想政治工作者为工作对象服务的观念。企业党务工作者是企业思想政治工作的主体，广大员工是思想政治工作的客体。主体与客体是一个不可分割的整体，一个平等的统一体，没有主次等级之分，思想政治工作必须通过思想政治工作对象才能发挥作用，以人为本的理念要求思想政治工作者有正确的角色定位——既是工作的主体又是服务者，所以，思想政治工作者必须增强服务人的观念。

（2）在以人为本的基础上加强对工作对象的引导

科技企业思想政治工作必须把不断满足职工群众的精神文化需要作为出发点和归宿，使工作内容贴近实际，工作形式生动活泼，工作方法不拘一格。为此，要在理论引导、知识补充、思想道德等方面下足功夫。

理论引导。要有目的、有计划地组织理论学习，理论是行动的指南，用科学的理论统一思想，振奋精神，凝聚力量。要适时开展专题教育，培养党员干部职工良好的政治素质，树立正确的世界观、人生观、价值观，激发他们的工作热情，增强社会责任感。要紧密联系工作实际，抓住国内外发生的重大事件和重要纪念日，以增强理想信念为核心，在党员干部中大力开展爱国主义、集体主义、社会主义和改革开放成果教育。

知识补充。知识是人类进步的阶梯，信息社会中，科学文化知识的作用更为重要。科技企业要增强核心竞争力，在激烈的竞争中立于不败之地，尤其要加强知识的学习和创新。因此，思想政治工作必须把加强广大职工的学习作为重要内容。党的十七届四中全会就向全党提出了建设学习型政党、构建学习型社会的要求。思想政治工作应该为这一要求服务，要创造学习风气，净化学习环境，营造学习氛围。

道德教育。受西方价值观念的影响，拜金主义、享乐主义、极端个人主义有发展的趋势，人际关系在某些领域，已经变得复杂化、商品化、庸俗化。所有这些，对社会的发展带来了很大的隐形阻力，这些思想进入科技企业，成为企业长期发展的羁绊。因此，思想政治工作要重视道德教育，在企业内部加强社会公德、职业道德、家庭美德教育，帮助他们树立职业理想，遵守职业纪律，加强道德修养，构建社会主义的新型的人际关系。

（三）借重企业文化做思想政治工作

企业文化作为一种新的管理手段，在企业的生产经营中发挥着越来越重要的作用，从国际到国内，从中央企业到民营企业，各个类型企业的经营管理者都非常重视企业文化的形成和培育，都争相学习、借鉴成功企业的企业文化。从某种意义上说，哪家企业形成先进的企业文化，哪家企业就能在该行业站稳脚跟、赢得主动，哪家企业在培育先进文化上慢慢腾腾、无所适从，哪家企业就会处于被动。企业未来的竞争，将会是企业文化的竞争。正是因为企业文化在企业发展中有如此重要的作用，科技企业在做思想政治工作时，应注重企业文化，将企业文化作为思想政治工作的重要载体。

1. 在主体功能上，有利于实行说服教育、管理制约和凝聚协调一体化

思想政治工作具有说服教育、管理制约和凝聚协调三大功能。说服教育是一种理性灌输，管理制约是一种硬性规范，凝聚协调是一种情感内化。

但是，长期以来，企业思想政治工作没有理顺它与服务对象，以及企业内部各要素之间的关系，缺乏系统的功能模式和规范的运转机制。企业文化建设的引进并与思想政治工作结合使用，有利于突破影响思想政治工作效力的各种制约因素。

一是加强了"硬件"与"软件"的结合。从企业文化和思想政治工作的内容来看，企业文化包括物质文化、制度文化和精神文化，而思想政治工作主要是精神文化部分。制度文化是硬约束，是企业内部矛盾冲突时刚性裁决的标准。被员工认同的制度文化，是思想政治工作管理制约功能的有效利器。

二是促进了理性与情感的结合。从企业文化和思想政治工作的表现形态看，思想政治工作理性色彩强，企业文化感情色彩浓。思想政治工作做人的思想转化工作，主要靠马克思主义的革命真理和科学道理，有针对性、有说服力地解决人们的各种思想认识问题，偏重于理性。而企业文化则突出非理性，强调人的情感、心理等非理性因素对教育的作用。注重理性教育是必要的，但也不能忽视人的情感、心理等非理性因素，企业文化有助于将思想政治工作中的理性内化为个人精神构成中的情感需求。

三是强化了外界灌输和自我修养的结合。从企业文化和思想政治工作的实践形式来看，思想政治工作更多地讲灌输，而企业文化建设则主要靠自我锻炼修养。任何国家、集体、组织都有其倡导的主流价值观和行为规范，因此，灌输是必要的。而企业文化强调的是职工创造、为职工所用、由职工实践的姿态，恰好可以使灌输的内容，通过企业文化来消化吸收，激发职工的主动性、创造性和自律意识，使员工愉快地接受。

2. 在教育方法上，有利于推进政治思想、职业道德、科技文化教育一体化

社会主义企业具有维护社会利益和企业自身利益两类功能。以企业文化为抓手，能够很好地将企业员工的政治意识、职业意识和科技文化意识的培养教育融为一体，为企业的"两个利益"服务。从这个角度看，企业文化建设是传统思想政治工作的延伸和深入。

首先，企业文化的物质、制度和精神三个层面，在某种意义上突破了传统的思想政治工作模式，营造的是企业全面发展的文化环境。它所重视

并进行的科技文化教育，不仅为企业改进生产经营、提高管理水平和劳动技能服务，而且为思想政治工作的有效开展打下了良好的基础。

其次，由于企业文化渗透在企业的各个领域和各项工作之中，它以具体可感的方式塑造着企业共同的价值观念、工作作风和道德风貌。通过企业文化建设，可以比较全面地引导职工把理想、纪律、道德等政治教育的内容与具体的经济工作、生产活动密切地结合起来，从而缩短思想政治教育原则与现实工作问题之间的距离，使职工对思想政治工作产生一种亲近感和充实感。

3. 在价值导向上，有利于实现国家利益、集体利益和自我价值一体化

引导职工正确处理国家、集体、个人三者的关系是思想政治工作的重要内容。将思想政治工作与企业文化建设贯穿一体，无疑为思想政治工作注入了新的活力。

一是企业文化建设为多元价值的实现提供了付诸实践的载体。尊重、理解、参与是企业文化的主旨。在企业文化建设中，职工是作为主体而存在着的。它鼓励职工自强、自立、实现自我价值。但是，企业文化的一个根本要素是为实现企业目标服务，这一要素是针对企业发展战略目标而确立的，并贯穿于实现企业管理目标的全过程。所谓的自强、自立，都围绕企业的生产经营来实现。而社会主义国有企业不单要产生经济效益，而且还要兼顾社会效益。这又使企业在国家利益、企业利益和员工个人利益之间必须实现和谐统一。在这一过程中，我们必须认识到企业文化建设这个"载体"较有利于实现多元价值的统一和谐，而建设什么样的企业文化才是最重要的。

二是思想政治工作为多元价值的统一提供了理论指导。企业文化建设虽然强调集体利益观的培养，使职工个人的自我实现置于为实现企业发展目标服务这一前提下。但是，它塑造企业和职工价值观的着眼点是对竞争、效益、效率、开放等问题的基本观念和价值取向，是相对于一个企业而言。因此，要培养职工正确的价值观念体系，就有必要通过思想政治工作理论原则及其导向作用，教育职工树立正确的世界观和人生观、价值观，从而为实现人生理想目标及其人生价值努力工作。只有这样，才能从根本上防止和克服片面追求物质价值，忽视或轻视精神价值而变得目光短浅、格调

低下的现象；防止和克服片面追求自我实现，而丢掉集体价值、国家利益，把个人和集体对立起来的现象。

二、完善科技企业思政工作内容体系

习近平指出："要坚持守正和创新相统一，坚守党的性质宗旨、理想信念、初心使命不动摇，……"①新时代下，科技企业在开展思想政治工作的过程中要把握守正与创新的辩证法，做到守正为本，创新为要。

（一）要做到守正为本

中国特色社会主义进入新时代，科技企业思想政治工作也要紧跟新时代的前进步伐。从科技企业思想政治工作内容的角度而言，新时代思想政治工作必须坚定马克思主义的真理性，坚持运用马克思主义的基本理论、思想、观点和立场来组织开展科技企业职工群众的思想政治教育。从科技企业思想政治工作内容的属性来说，新时代思想政治工作必须体现党的意志，反映党的主张，维护党中央权威，维护党的团结。新时代下，科技企业思想政治工作的内容体系必须始终坚持党的领导，坚持正确的政治方向、舆论导向、价值取向，从讲政治的高度管好导向、管好阵地、管好队伍。

（二）坚持创新为要

新时代要有新气象、新作为，思想政治工作也必须适应新形势、新任务，拿出新思路、新举措。新时代下，科技企业思想政治工作要与时俱进、不断创新，真正实现"因事而化、因时而进、因势而新"。

创新发展是新五大发展观的基本要素之一，科技企业思想政治工作也必须在实践之中认真践行这一发展理念。创新思维的核心是突破传统，实现超越。突破传统思维定式，就是要用辩证的思维逻辑和全面发展的眼光，从整体把握科技企业思想政治工作的新情况，尤其要在思想政治工作的内容上牢牢掌握思想政治工作话语权。因此，科技企业思想政治工作内容在继承优秀传统内容的同时，还要不断增添新的内容，主要包括社会主义核心价值观教育、职业道德教育及心理健康教育等。

---

① 习近平. 习近平谈治国理政（第三卷）[M]. 北京：外文出版社，2020：535.

第一，加强社会主义核心价值观教育。党的十八大提出，倡导富强、民主、文明、和谐；自由、平等、公正、法治；爱国、敬业、诚信、友善，积极培育和践行社会主义核心价值观。习近平强调："社会主义核心价值观是当代中国精神的集中体现，凝结着全体人民共同的价值追求。"[①] 当前，积极培育和践行社会主义核心价值观仍然是新时代科技企业思想政治工作的主要内容，具有明确的政治性、目的性和先进性。新时代是最接近中华民族伟大复兴的历史时期，习近平指出："我们比历史上任何时期都更接近、更有信心和能力实现中华民族伟大复兴的目标。"[②] 国有企业要自觉地把社会主义核心价值观教育融入思想政治工作的各个环节，提高职工群众对于国家、社会、个人不同方面的理解和感悟，坚定实现中国梦的决心和信念，促进思想政治工作的开展和科技企业的健康发展。

　　习近平强调："发挥社会主义核心价值观对国民教育、精神文明创建、精神文化产品创作生产传播的引领作用，把社会主义核心价值观融入社会发展各方面，转化为人们的情感认同和行为习惯。"[③] 社会主义核心价值观分别从国家、社会、个人三个层面引领社会思潮，凝聚社会共识，符合新时代国有企业思想政治工作的目标任务。新时代下，职工的价值取向和思想观念呈现出多元化的发展趋势，企业职工对精神文化需求的关注也更加密切。科技企业职工树立正确的价值取向可以为企业的可持续发展提供强大支持，加强思想政治工作有助于企业职工形成奋发向上的工作态度，增强企业的社会责任感。因此，科技企业要将社会主义核心价值观教育渗透、融入、贯穿到日常思想政治工作中，突出理念引领、认同引领和价值引领，激发职工工作的热情，营造和谐的工作环境，促进企业改革发展。科技企业要坚持把社会主义核心价值观教育作为治企兴企的思想基础和凝聚力量的道德滋养，"国无德不兴，人无德不立"。把"自由、平等、公正、法治"作为科技企业管理的主要原则，这是社会层面的德；积极培育职工"爱国、敬业、诚信、友善"的价值观念，这是个人层面的德；共同为建设"富强、

---

①　习近平. 习近平谈治国理政（第三卷）[M]. 北京：外文出版社，2020：33.

②　习近平. 决胜全面建成小康社会 夺取新时代中国特色社会主义伟大胜利——在中国共产党第十九次全国人民代表大会上的报告 [M]. 北京：人民出版社，2017：15.

③　习近平. 习近平谈治国理政（第三卷）[M]. 北京：外文出版社，2020：33.

民主、文明、和谐"的社会主义强国而奋斗，这是国家层面的德；新时代下，科技企业更要以德育企、以德育人，不仅要引导企业职工认真学习重要会议内容，还要不断加强理想信念、思想水平、道德素质、廉洁自律等方面的学习，增强贯彻党的路线方针政策的自觉性，为科技企业和谐发展奠定坚实的思想基础和理论基础。提升职工群众对社会主义核心价值观的认同，推动企业职工提高精神境界、培育文明风尚，大力弘扬和传承"企业精神"，为建设具有卓越竞争力的世界一流企业提供强大的道德支撑和文化保障。

第二，强化职工的职业道德教育。职业道德是科技企业职工在工作中需要严格遵守的行为准则与行业规范。在新时代科技企业思想政治工作中，强化职工的职业道德教育依然重要，在一定程度上能够促进职工群众道德水平的提升和责任心的增强。

2015 年 4 月，中共中央、国务院印发《关于构建和谐劳动关系的意见》。文件指出："加强对职工的教育引导。在广大职工中加强思想政治教育，引导职工树立正确的世界观、人生观、价值观，追求高尚的职业理想，培养良好的职业道德，增强对企业的责任感、认同感和归属感，爱岗敬业、遵守纪律、诚实守信，自觉履行劳动义务。"[1]2017 年 10 月，党的十九大报告中进一步强调，要"激发和保护企业家精神，鼓励更多社会主体投身创新创业"[2]。这对于深化供给侧结构性改革，激发市场活力，实现经济社会持续健康发展具有重要意义，有利于促进新时代市场经济的健康发展和企业家队伍的健康成长，大大鼓舞了企业家对于新时代下企业发展的信心和承担更多社会责任的决心。

职工作为科技企业思想政治工作的对象，必须明确自身职责与企业整体发展之间的联系，不断提高自身的工作水平与业务能力。职业道德教育是企业思想政治工作顺利开展的支撑点。新时代下，科技企业在进行职业道德教育时，要加强对职工敬业奉献精神的培养，增强职工自觉抵制腐朽没落思想和封建迷信等错误思想侵蚀的能力。一是树立企业职工高度的职业责任感、道德感和成就感，引导职工养成高质量意识和诚信意识，依靠质量兴企，诚信立业，脚踏实地做好本职工作，提高自身道德素质和业务

---

① 中共中央、国务院关于构建和谐劳动关系的意见 [N]. 人民日报，2015-04-09.

② 习近平. 习近平谈治国理政（第三卷）[M]. 北京：外文出版社，2020：24.

能力，维护企业正面形象和企业声誉。二是培育敬业奉献的"工匠精神"。对科技企业职工进行"爱岗敬业、诚实守信、服务群众、奉献社会"的道德规范准则的教育，在一定程度上能够增强企业职工的责任心，使其热爱自己的本职工作，为企业的经济效益和社会效益的发挥贡献自己的一份力量。三是企业职工在上岗前要搞好企业道德培训工作，定期进行业务技术培训和思想道德强化，把企业道德教育作为一项日常性、常态化工作来抓。四是开展反腐倡廉教育。科技企业要加强企业的作风建设，上至领导干部下到基层职工，人人廉洁自律，以身作则，自觉进行职业道德的自我规范和自我约束，抵制不正之风的侵蚀。

第三，注重职工的心理健康教育。科技企业思想政治工作，是针对职工群众所展开的一种有目的、有计划的工作。中国特色社会主义进入新时代，面对快节奏、压力大的现代社会，人们的心理孤独感、焦虑感、抑郁感都需要疏导和释放。因此，思想政治工作与职工心理健康密切相关。科技企业思想政治工作另一个要关注的重点就是职工的心理健康问题。以国有科技企业为例，民营和外资企业等其他非国有企业的发展壮大，使得市场竞争不断加大，国有企业面临着前所未有的生产经营压力。在国有企业体制改革之后，原有的"铁饭碗"制度被打破，部分职工面临着下岗和转业的现实困境，岗位之间的竞争日趋激烈，工作竞争压力不断增大。新时代背景下，生活、工作节奏不断加快，一些国有科技企业职工难以适应这种新变化，容易产生情绪消沉、心理失衡、浮躁心理、焦虑心理、消极心理等一系列的心理问题，从而影响身心健康、丧失工作信心、降低工作效率，甚至可能会产生一些极端思想，做出一些过激行为。

想要解决以上这些情况，就要注意根据企业职工整体的心理状态来增添与心理健康教育相关的思想政治工作内容。科技企业要认清改革发展现状和主流，注重加强职工的心理健康教育，多关注职工的心理健康状况，把握职工的思想特征和心理状况，普及心理健康知识，提供心理健康援助。一是要探索建立心理疏导的长效机制，完善标准化思想政治工作评估，定期发放心理测评问卷，从多角度、多方面了解和把握职工思想动态，推动全体职工进行"思想健康体检"。二是企业可以实施职工心理援助计划（英文缩写 EAP），在每个基层单位建立"关爱小屋"，建立一支由观察员、辅导员、心理咨询师、EAP 内训师、QQ 群或微信平台管理员等专业人员组成的工作团队，为有效推进心理健康教育提供可靠的人才保障。三是建立企业党员干部一对一帮扶制度，通过党员干部与基层职工群众的交流、沟通，对职工的工作需求、生活需要，以及对企业的期望进行系统、全面、细致的梳理，并有针对性地解决职工群众在工作和生活上的难题，多开展与心理教育相关的活动，如心理情景剧、心理游戏体验等，丰富职工的业余文化生活，缓解他们的工作压力。四是设立心理疏导室，开设心理咨询服务，请心理医生或心理专家定期辅导，帮助职工正确认识心理问题，纠正错误心理观念。五是可以开设心理辅导讲座，普及正确的心理知识，使职工学会自主调节低落情绪和心理问题。针对职工心理问题及时沟通与解决，增强职工抗压能力，促进职工心理素质提升，保障职工的正当利益，减弱消极思想的危害。

三、加强思政工作队伍建设

（一）建立和完善企业思想政治工作组织领导机构

企业的组织领导机构是企业发展的重要保障。科技企业虽然能够按照要求配备公司的党组班子，但是对于党委以下的基层党组织缺乏有效管理，导致各基层的干部配备可能出现缺失的情况。还有一种情况就是一级党总支对于其他党支部的管理不够科学规范，虽然在组织机构上已经建立健全，但是上下级党组织之间的联系比较松散，不能形成有效的运行体系，思想政治工作开展的实际效果受到不同程度的影响。

针对以上问题，首先，要在公司内部配齐各级党组织、建立起完整的党组织机构，充分确保各级党组织间的上级对下级能够有效进行管理，避免党组织架构成为空中楼阁。在建立起完整的党组织机构之后，通过配齐配强相应的党务管理人员确保党建体系能够有效运转起来。在建成的党组织的机构当中，要将企业内的党员领导干部放在关键岗位上，加大对于领导干部"一岗双责"落实情况的考核，确保企业的领导干部能够将党建责任扛在肩上、抓在手里。其次，对于企业内的基层党组织要进行规范化管理，解决基层党组织管理缺失的问题。确保基层党支部内的支部书记能够按时换届、支部委员能够配备齐全，对于所在党员人数较多的党支部还要配备纪律委员加强对党支部的管理。最后，建立健全思想政治工作的领导机构，要靠完善的企业思想政治工作的制度建设，为具体党建工作的开展提供指导与保障，并将思想政治工作纳入制度考评体系中，进一步强化企业思想政治工作组织领导机构能够有效发挥引领作用。

（二）提升科技企业思想政治工作队伍的素质

在某些企业中，思想政治工作队伍的整体综合素质情况，成为限制党建工作发挥良好效果的一个影响因素，其具体表现在以下几个方面：一是专门从事思想政治工作的员工普遍年龄偏大，缺少青年员工对其进行补充；二是现有的党务工作者一般缺乏系统的思想政治工作相关培训，思想政治工作的专业素质较低；三是思想政治工作队伍没有发挥好自身的党建工作作用。以上问题的出现，造成了科技企业的思想政治工作推进的实效性受到影响，破解这一难题也成为科技企业必须要加以研究的重要政治任务。

为了解决这一问题，首先要在思想政治工作队伍的构成上下功夫。可以在企业的员工招聘计划中有针对性地聘用相关思想政治教育专业的高校毕业生，为本企业的思想政治工作队伍及时注入新鲜的血液，在队伍的年龄结构上有梯度地培养专门的党务工作者。其次，针对缺乏党务相关思想政治工作培训及队伍素质偏低的问题，可以在不同的企业间建立起思想政治工作经验交流平台，通过与高新技术行业内其他兄弟企业的沟通学习彼此的经验长处，取人之长补己之短，让好的经验成果得到充分的利用，最终达到提升整个思想政治工作队伍综合素质的目的，使科技企业中的每一名思想政治工作者都能够自身素质过硬。最后，通过召开专题会议或座谈会等形式，将相关思想政治工作者召集起来进行工作动员，使党务工作者能够从意识上认识到党务工作的重要性，进而将思想认识转化为行为动力，充分履行好思想政治工作者的职责与义务。

（三）加强对相关思想政治工作者的学习培训工作

时代在不断前进发展，科技企业所面临的内外部环境也一直处于变化之中。新的时代有着鲜明的特色，也给思想政治工作提出了新的要求。在这种时代背景下，只有不断加强理论学习，加大对于广大科技企业员工的思想政治教育培训，才能更好地掌握最新的理论知识，使思想政治工作在企业发展中活力长存。

应经常为科技企业的思想政治工作者组织开展思想政治教育的学习培训活动。首先，应当与所在科技企业的党校或干部培训学院联合制订培训计划，结合本单位党建队伍的基本情况，有针对性地对全体党务干部进行分批次的有重点的专项培训，进一步提升思想政治工作队伍的理论水平与政治素养。其次，在企业内部通过座谈、交流会的形式，邀请思想政治部或企业文化部等有关党建部门内比较有思想政治工作经验的员工进行经验分享，这种针对企业内部的经验交流能够使其他经验不足的同事迅速掌握本企业的党建基本情况，并且通过"传帮带"的形式，可以将多年来企业优秀的思想政治工作经验保留下来，促进良好企业文化氛围的形成。最后，加强对科技企业思想政治工作者的学习培训工作可以走出本企业的范畴，在行业内不同的企业间进行交流学习，并以此搭建一个思想政治工作经验交流的沟通平台，便于各家企业更好地展示自己的企业党建创建成果，也有助于思想政治工作相对薄弱的企业进行典型范例学习。利用交流平台开展学习培训互动，有助于提高思想政治工作队伍的工作能力，使思想政治工作在企业发展中发挥更大的作用。

四、"以价值创造者为本"，建立成就导向激励机制

（一）践行以"价值创造者为本"的理念来开展思想政治工作

科技型企业开展思想政治工作，要特别体现"以价值创造者为本"的理念。企业的本质是要创造价值，企业经营的目的就是实现价值的最大化。人才是创造价值的最根本的源泉，科技型企业最典型的特征之一就是人力资源是第一资源，而且是有丰富的高素质的人力资源。有满意度调查结果显示，在影响高素质人才满意度的所有因素中，薪酬、福利因素不是影响满意度最主要的因素，高素质的人才更加关注的是绩效评估、公司政策和被认可。鉴于此，在科技型企业的思想政治工作坚持以价值创造者为本的理念是十分重要而且必要的。

企业应践行以价值创造者为本的理念来开展思想政治工作。通过加大

人才培训、交流、开放力度，完善差异化考核机制及多元化的薪酬激励机制，将员工的高学历转化为高能力、高价值；鼓励科技人员深入一线，实行挂职锻炼的合作交流机制，围绕市场需求和工程实际开展技术创新；实实在在地开展科技人员职业发展通道的试点，鼓励更多优秀人才从事科研工作；提倡分享、协作、共赢的团队精神；将品德、能力、业绩作为评价、选人用人的根本标准，建立起一套以结果为导向，以价值创造者为本的考核体系，对科技人员的成果给予足够的认可，成立以其名字命名的工作室或授予相应的荣誉等，形成成就导向的激励机制，能够发挥科技人员更大的积极性。

（二）求同存异，推动组织绩效最大化

根据瓦尔拉斯一般均衡理论，当社会中的每个个体追求福利最大化的时候，能够推动社会福利和市场经济的发展，从而达到经济制度的均衡状态。与这类经济行为相似，在企业合理的制度约束和行为管控下，每个员工都追求个人利益最大化的情况，可以推动整个企业的发展。譬如，薪酬与绩效挂钩，员工绩效水平越高，获得薪酬水平越高，进而激励员工为了追求更高的个人薪酬水平，努力提升个人绩效，从而促进企业组织绩效的提升，也就推动了整体发展。但是，在毫无管控或毫无调节的状态，每个员工追求个人利益最大的状态是无序的，甚至是通过损害他人利益或集体利益以实现个人目标的，此时，思想政治工作的作用就显得尤为突出，政治引领决定了制度建设的方向。在思想政治工作中，为了实现组织绩效的最大化，应有共同的价值导向和全员认同的企业文化，员工能深刻理解企业的愿景并愿为此付诸行动，同时允许求同存异，允许个人为了自身价值、自身回报的最大化的行为。在科技型企业中，科技创新允许百花齐放，给予科技人员一定的自由度。

第七章　新媒体在科技企业思政工作发展
建设中的应用

新时代下，数字技术和新兴媒体的快速发展，改变了社会思想舆论的形成，网络已经成为社会思潮的集散地、利益诉求的放大器和思想舆论交锋的主战场。现如今，自媒体的话语权更加自主开放，传播方式更加迅速便捷，真假难辨的海量信息使传统思想政治工作难以奏效。但同时，社会生活空间和交际范围空前扩大，人们的生活方式更丰富、交流方式更便捷，使广大职工群众思想交流和观点碰撞更加容易，这就为科技企业思想政治工作的载体和手段创新提供了可能性。传统的、陈旧的思想政治工作方式慢慢变得与新时代发展特点不适应，开始出现与现代社会脱节的情况。因此，科技企业开展思想政治工作的方式方法不能再仅仅局限于"内循环"中，而应该实施开放的、创新的工作手段，依托互联网思维，搭建沟通新平台，充分利用现代新媒体手段和工具实现思想政治工作的科学化，增强思想政治工作的渗透作用。

本章在分析互联网环境下科技企业思政工作的特征和面临的机遇与挑战的基础上，提出新媒体在科技企业思政工作发展建设中的应用策略。

一、互联网环境下科技企业思政工作的特征

（一）科技企业思政工作更具时效性

曾经"读万卷书，行万里路"，如今人们只需要轻轻点击一下鼠标，就可以在互联网的平台上，知晓天下大事。互联网的时效性不知不觉沁入了生活之中，人们也因为互联网的影响，生活变成实时的在线化：在线学习、

在线购物、在线娱乐……加上通信互联网的不断成熟和迭代更新，手机网络已经从 2G 的龟速时代，发展到如今的 5G 的飞速时代，此外无线网络的大范围覆盖，也帮助我们更好地畅游网络。在公共场合，人们互相沟通第一句从"您吃了吗"变为"请问 WIFI 密码是多少"。为了"网络人心"，互联网公司也推出了网络平台，如淘宝、百度、微信等均有电脑或手机客户端，强有力地黏住了用户。互联网发展越快，人们获取消息的速度就越快，信息量越大，时效性越强，互联网化的生活越惬意。

受互联网时效性特点的影响，科技企业思想政治工作应当做出及时的响应，采取更快速的计划实施，将最新的政策方针、理论知识率先传播到员工内部，把握思想政治工作的时机、抢占思想政治工作的先机。长久以往，员工会更加信赖和参与思想政治工作的内容。这需要科技企业思想政治工作者具有更加敏锐的专业敏感度，及时捕捉国内外时政动态、把握企业内外的舆论信息。

（二）科技企业思政工作更具互动性

互联网是一个大舞台，赋予每个人表现的机会。从听广播、看电视这种单向传播，到如今视频直播的互动传播，越来越多的平民百姓都可以成为一种态度或观点的发起者。只要你足够吸引眼球，互联网就会把你塑造成"人生赢家"的状态，从草根逆袭为网红，受到亿万网民的拥护。马云曾说："梦想还是要有的，万一哪天实现了呢？"因此，互联网为大众用户提供了一个互动的展示平台，只要你敢参与、敢秀、敢闯，就会体验到备受关注的成功滋味。互联网时代崇尚"用户就是上帝"的信条，尤其是年轻群体，对互联网产品的需求更多、要求更高，甚至想要参与到互联网产品的设计环节。因此，企业要积极听取用户的意见和想法，鼓励他们贡献智慧和力量。

受互联网互动性的影响，科技企业思想政治工作不再是一个单向行为，而是更具备互动性。在沟通方式上，科技企业思想政治工作者和员工的沟通不再是单向沟通，而是多向沟通，而且沟通的有效性和实效性都随之加强，如借助微信群、QQ 群可以实现一对多的沟通方式，实现广而告之、众所周知。在参与方式上，科技企业员工不再是单纯接受，而是有了更直接表达的机会，如借助网站、微博发布帖子信息，员工对所发布的信息满意时可以选择"顶贴"或"点赞"，当员工对所发布的信息有所意见时，可以选择"踩贴"或者直接留言、表达自己的意见或建议。互联网环境下思想政治工作的互动性，就是要让广大员工感受到自身的主体性，形成一种参与的习惯。甚至，科技企业思想政治工作者还可以鼓励员工作为话题的发起者，充分发挥广大员工的创意和积极性，有助于提高思想政治工作美誉度和传播度。

（三）科技企业思政工作更具体验性

虽然互联网是虚拟的，但是其为我们提供了情景化的生活。比如，消费心理学中的著名案例"黑色星期五"，是指曾经美国的商场率先在感恩节期间创造的商场打折促销活动，市民凌晨零点排队入场的场面颇为震撼，火爆一时；如今，中国的阿里巴巴旗下的"淘宝"自 2009 年起每年 11 月 11 日创造了中国的"黑色星期五"，人们足不出户，坐在电脑前就可以体验如同逛商场和抢购促销品的快感。互联网将真实生活情景化，让人们在更加轻松、更加娱乐的氛围中生活。在互联网环境下，消费者作为买家，用户体验是至关重要的。网络上的商家和消费者是平等互利的，消费者可以轻松比选价格、质量等产品信息，以及浏览其他消费者对产品的评价情况，体验"砍价"的过程。也许你会在商场里购物，常常会遇到态度较差的店铺服务员而无能为力；但你在网络店铺上留下一个差评，会得到店家的理赔和致歉。只有不断提供高品质的产品、人性化的服务，消费者才能体验到更好的场景感，形成口碑传播，这直接影响到互联网相关行业的发展走向。

受到互联网体验性特点的影响，科技企业思想政治工作要学会站在"用户"的角度出发，也就是科技企业员工的角度。思想政治工作不仅是理论灌输和思想引导，还可以借助互联网工具，把思想政治工作开展得更加轻松、活泼。要充分考虑员工的具体需求和习惯方式，把思想政治工作办得更加贴近员工。要勇于听取、积极接受广大员工对思想政治工作的评价和建议，增强员工参与性的主体感，为思想政治工作营造良好的体验环境，进而增强国有企业员工对思想政治工作的参与黏性。

（四）科技企业思想政治工作更具公开性

互联网环境下，很多事物都可以借助互联网实现公正、透明的展示。

随着我国反腐力度不断加大，利用互联网途径进行举报，人人参与"苍蝇、老虎一起打"的过程，取得了很好的反腐效果。同样，网络的公开性也影响了我们的工作方式。例如，政府机关进行招聘时在网络上发布职位需求，录用前在网络上发布录用公示。如果，这中间有任何违规操作，群众可以匿名监督和检举，使得整个流程和结果都更加公正、公平、公开。再如，随着国家市场监督管理总局要求企业的工商营业执照、组织机构代码证和税务登记证"三证合一"，人们只要扫描证件上的二维码，就可以立即知晓这家企业的营业信息、奖惩记录等。在网络上，大家相互制约，需要我们在工作中多些真材实料。互联网对国有企业工作业务上形成约束力，对于思想政治工作亦不例外。

受互联网公开性特点的影响，科技企业思想政治工作在决策和实施过程中，可以接受到广大员工的监督。这对科技企业思想政治工作提出了更高规格的要求。第一是工作中的各项环节都"揉不得沙子"，严格要求企业按照标准化流程和国有企业的规章制度来办事。第二是在互联网平台上所呈现的工作内容都需要再三检查，网民一贯具有挑剔性的眼光，大到理论用法的不当，小到错别字和标点符号的错用，都会引起员工的格外关注。科技企业思想政治工作者需要对自己工作的严谨性提出更高的自检标准。当然，世间没有百分百的公平，尽管互联网自身有利有弊，但是互联网公众平台可以帮助我们的工作趋向透明，为我们创造了公开、公正的工作环境。

二、互联网环境下科技企业思政工作面临的机遇与挑战

（一）互联网环境下科技企业思政工作面临的机遇

1. 互联网拓展了科技企业思想政治工作的平台

传统的思想政治工作常会通过发送图书报刊、组织讲座学习、制作板报海报、悬挂横幅标语等方式进行宣传，不仅制作周期长、覆盖效果差，还占用了科技企业思想政治工作者大量的工作时间。然而，现在科技企业可以通过互联网媒介，如微博、微信、网站、论坛、邮件等，整合文字、图片、视频多种表现手法，以生动活泼的网络形式推送给全体员工。如此一来，不仅提高了信息传递的时效性，还确保了覆盖率、提高了阅读有效率。

在国有企业将这些上级信息传达完毕后，员工可以通过互联网工具进行主动参与、增强互动，如投票、提案、留言等。思想政治工作者和员工也能够实现高效的双向沟通，帮助思想政治工作者正确认识员工的思想动态，全面提高国有企业员工的参与率。

互联网环境下，无纸化办公逐渐成为国有企业办公和管理的主流。一方面，企业审批节点无纸化，上班时间可以通过电脑的办公服务系统审批，下班时间可以通过手机办公服务系统审批，非关键性节点，还可以通过微信方式获得信息确认，切实提高了工作审批的效率，有利于科技企业思想政治工作在获得重要理论成果后成为宣传的先锋。另一方面，科技企业思想政治工作所要下发的文件、通知、理论宣传读本等纸质版材料，均可以通过电子方式传达，如发送邮件、制作成电子书，不仅便于员工通过手机端来查收和阅读，还大大降低了工作的费用成本。因此，互联网平台增强了科技企业思想政治工作的覆盖率，提高了员工的参与率，使思想政治工作效率更高、成本更低。

此外，传统平台和互联网新平台应当强强联合、优势互补，可以实现1+1大于2的效果。例如，许多科技企业均引入外部成熟的互联网培训系统，如ORACLE（中文名为甲骨文）的在线学习系统，通过互联网可以紧紧联系遍布不同地区的员工，打破依靠传统的面授类学习方式无法快速满足庞大的员工基数的屏障。我们以思想政治专题培训为例，通过开展线上学习与线下学习相结合的方式，可以提升员工学习效率。适合自助学习的内容，由员工在面授课前通过网络学习平台进行自学，并在线上完成考试。完成自学之后进入面授班级，参加班级学习和研讨。面授班之后可以通过网络学习平台复习课程内容。线上线下相结合O2O（Online To Offline）的培训方式有效提升了干部培训学习工作的效率。再者，这套学习系统通过与内部人事系统、培训管理系统、知识库系统等做好无缝集成，可搭建起整合的覆盖全员的网络学习平台。该平台功能丰富，支持在线调研、在线视频课程、在线案例、在线考试、在线评估等，并具备强大而完善的报表统计能力，为科技企业开展规模化、深入全体员工的思想政治工作提供全面支持。

2. 互联网丰富了科技企业思想政治工作的内容

思想政治工作拥有了互联网渠道新平台，也推动了思想政治工作在内容上的补充和创新，可传播的与思想政治工作相关的内容越来越丰富。如今的互联网环境下，也是一个追崇人人分享、人人共享的时代，如科技企业可以在微博、微信上即刻转载最新的时政热点，形成一传二、二传三、广而告之、众人皆知、线上与线下互动的氛围。

互联网新平台，还可以投放与生活息息相关的常识、趣闻，增强用户黏性。例如，人民网、新华网、中国共青团等国家级媒体或党政机关，都已开通微博、微信，它们除发布马克思主义理论的相关内容外，还发布会群众关心的生活常识、影视剧推荐、旅游景点介绍、办公软件操作技巧等。因此，思想政治工作者不但可以借助互联网渠道传播马克思主义理论，还可以传播文学、经济学、科技热点等员工喜爱的相关内容。

科技企业还可以以思想政治工作为理论指导，发布企业文化相关的内容。思想政治工作和企业文化工作，两者可以相互借力、相得益彰。例如，企业文化活动的主题应符合国有企业思想政治工作的要求，思想政治工作内涵也可以借助企业文化活动这一载体进行有效传播。

此外，在思想政治工作内容的甄选上，不同层级的员工，关注的内容也有所不同。科技企业思想政治工作者可针对各种类型、各种层级员工需求各异的特点，推送更具有针对性的内容。在不同的层级员工中，以适当的方式嵌入思想政治工作的内容。尤其是基层员工，因为其基数最大，更应该主要借助互联网模式进行推送马克思主义理论的基本理论知识。而对于中高级管理者，则主要推送反腐倡廉、管理技巧等内容。针对不同岗位的员工，推送与其岗位相关的行业热点和该岗位行业行为操守、行业标杆等内容。通过分层分级的、有目的性的内容推送，提升思想政治工作的针对性和效果。

3. 互联网改进了科技企业思想政治工作的方法

借助互联网新平台，科技企业思想政治工作的方法不断改进。互联网环境下，通过互联网工具，人与人的沟通可以建立在平等、自主、自由的原则上进行。因为可以设置匿名的条件，国有企业员工可以没有任何心理障碍、自由地发表心声，与思想政治工作者进行平等的交流，传递更多真实有效的信息内容。这种倾诉的方式，能增强员工对思想政治工作者彼此之间的信任感。思想政治工作可以借助互联网平台，实现一对一、一对多、多对多的工作方式，即员工有关思想政治工作痛点个性问题一对一解决，共性问题一对多解决，头脑风暴性问题多对多解决。

互联网平台为确保人民当家作主提供了良好的手段支撑。科技企业可以充分利用互联网工具，鼓励员工参与民主决策，如开展网上投票、网络征集、网络公示等环节，高效、全面地收集建议和意见。最终，思想政治工作者通过数据化、立体化方式形成最终的决议，让整套工作流程更具备说服力，让后续工作的开展更具备可执行性。

借助互联网工具，与思想政治工作相关的信息变得数据化，有利于比较、分析，从中挖掘规律，对今后的工作产生更科学的指引。很多带有调研功能的网络软件，都可以在调研电子问卷发放结束后，系统化生成数据图表，如 Microsoft office excel 格式文件，协助思想政治工作者分析大数据，减轻工作负担，优化调研工作方法。

4. 互联网优化了科技企业思想政治工作的展现形式

科技企业思想政治工作在平台、内容和方法上得到新的发展，其工作展现形式也有更多创新的手段。借助网络传播的工具，思想政治工作的展现形式更具生动性和感染力。从互联网用户思维的角度，思想政治工作不再"硬邦邦"的了，形式更加鲜活，可以更加柔软地触及直达员工的内心。科技企业思想政治工作者应通过整合图片、文章、视频等素材，将思想政治工作声情并茂地展现在员工面前。通过营造这种简单、轻松、生动的教育和学习氛围，提高国有企业员工的"黏性"。

互联网工具帮助思想政治工作者可以不受时间、空间的限制，无时无刻不可以进行思想政治工作。思想政治工作者不必再拘泥于办公室内和上班时间，一旦有了最新的事态发布，他们都能抢在第一时间，分享给全体员工。甚至，工作日的传播有工作时的状态，节假日和休息日的传播有休闲的方式。同时，互联网的交互性，有利于调动员工在思想政治工作中主动展现自我、表达自我。科技企业员工完全可以自己制作图文并茂的网络素材，发表自己的观点，畅所欲言。科技企业思想政治工作者将这些好的言论和好的分享进行转载、转发，不仅是对员工进行了宣传和肯定，还能延续这种扩散的展现形式。科技企业思想政治工作从以往的"听我说"，转变成"听大家说"。而且，通过员工所表达出来的共性观点，更加容易产生集体性共鸣，有利于实现马克思主义理论全面落地的好局面。

（二）互联网环境下科技企业思政工作面临的挑战

1. 科技企业传统思想政治工作机制面临的挑战

互联网时代来临，越来越多的互联网工具逐渐改变了我们的生活和工作习惯。科技企业思想政治工作传统的做法，多为"统一组织"，如参加上级党组织举办的或自办的思想政治教育主题活动。这种主题鲜明的活动，都是具有明确的活动目标和成熟活动方案，但只能筛选出一小部分员工参与和表达，不能保证全体员工共同参与和发声的效果。但在互联网环境下，科技企业思想政治工作面临着更多的员工自发性需求的行为。科技企业开展思想政治工作时，员工的主体性越来越凸显。因此，科技企业思想政治工作者和科技企业员工互为主体、客体，相互影响、相互施教。科技企业思想政治工作者在受到地位的冲击和影响后，科技企业员工从单一的接受思想政治教育，变为不仅可以自由选择，还可以对其进行自由的评价，这无疑对未来科技企业思想政治工作的模式和机制提出了更高的要求和挑战。

科技企业思想政治工作的机制从单一的靠党组织去想、去做，转变成一种集思广益的工作思路，积极鼓励员工提议、员工参与、员工发言的形式。实际上更加灵活多变的自发性的思想政治教育在流动传播，员工不必再接受企业强制的学习安排，员工作为"学习者"，可以自由"选课"。科技企业员工对于时政热点的需求变成由内而外的自发行为。同时，企业思想政治工作者也可以更敏锐地捕捉员工的即时动态。但是，如何引导员工去接收那些真实有效、符合社会主义核心价值观的信息，是科技企业思想政治工作者需要好好把控的因素。

2. 科技企业传统思想政治工作方法面临的挑战

在日新月异的今天，科技企业思想政治工作的方法也要与时俱进。科技企业思想政治工作的传统做法已形成一定的固定模式，如主题学习会、座谈交流会、读书看报、听广播看电视等。这种工作方式，先避开员工的感受不谈，足以保证思想政治工作"安全落地"，能够可视化地见证思想政治教育活动的实施情况。在传统方法手段中，在实体空间内，思想政治工作者可以有针对性地捕捉不同员工的真实反映。

在互联网环境下，科技企业员工迫切想要更具亲和、以人为本、体验性好的受教方式，如利用微信、微博、网站、论坛等媒体渠道，开辟更易用、易学的受教途径。但网站、论坛、微博等这些手段，存在于互联网的虚拟空间内，具有匿名性，对用户的限制性较小，言论自由的同时，思想政治工作者不能够根据信息提交的内容捕捉到确切的发起人。科技企业思想政治工作者的困境是如何能在虚拟的互联网空间内，既引导广大员工说真话，又能引导广大员工说正确的话。如果以互联网思维来看待则是，"互联网用户"的客群习惯和使用手段变化了，"互联网产品开发者"如何能够跟得上用户的节奏和脚步，及时研发出新的产品。而科技企业员工就是"互联网用户"，科技企业思想政治工作者就是"互联网产品开发者"。

反而言之，科技企业思想政治工作者，也迫切希望使用更加行之有效的工作新方法，使得自己的工作增加用户黏性。科技企业思想政治工作者不仅要意识到互联网时代新工具的重要作用，还要充分地学习这些互联网新工具的使用方法，更要学得好、用得精、玩得转。

需要格外注意的是，虽然互联网让人们的虚拟交流更加开放了，但却让人与人之间最简单的面对面沟通减少了。同理，通过互联网途径，科技企业在对员工进行思想政治工作的覆盖面骤然扩大了，但是面对面地真诚沟通和交流的机会却越少越少了。思想政治工作应该是理性的理论和感性的方法相结合的形式。借势互联网高科技带来便利的同时，既要利用好互联网这一张网，也要学会打破缺少交流的这一堵墙。科技企业思想政治工作者不能盲目跟风，一心只扑在互联网渠道上，反而退化了思想政治工作最基本的工作技能，要辩证地、综合地运用传统工作方法和互联网工作方式。

3. 科技企业思想政治工作者网络技术能力面临的挑战

互联网环境下的思想政治教育，需要充分掌握网络技术的能力，这是科技企业思想政治工作者必不可少的工作能力。如果说，思想政治理论素养是思想政治工作者的"干货"，那么网络技术能力则是呈现这些干货的强有力的"推手"。

一方面，只有科技企业思想政治工作者充分掌握了网络技术能力，才能通过互联网工具开展相应的工作。网络世界，包罗万象，人们足不出户，即可了解整个世界的信息。在具有海量信息的网络世界，微博、微信、论坛等互联网媒介，因为其高效、便捷的信息特性，以及交互、自由的使用特性，备受人们的广泛青睐。科技企业思想政治工作者要努力成为"互联网人"，学互联网、懂互联网、用互联网。思想政治工作者要具备信息捕捉的敏感度，养成互联网思维模式习惯，才能迎合员工的需求和所好，推动思想政治工作具体计划和行动符合当下时代潮流，使思想政治工作更具有针对性和实用性。

另一方面，只有科技企业思想政治工作者充分掌握了网络技术能力，才能抢占互联网环境下思想政治教育的制高点，使思想政治工作更具有说服力和可信性。目前，人们进入了"低头"的时间，大家喜欢低头不语，默默地通过手机来了解世界，甚至许多员工都沉溺在了虚拟的网络世界，这中间混杂着许多反动的信息、色情的信息。科技企业思想政治工作者只有掌握了必要的网络技能，才能更好地挖掘和推送符合马克思主义理论的信息，让员工陶冶情操、积极向上。

4. 科技企业网络舆情监管工作面临的挑战

（1）网络环境的挑战

互联网作为一个虚拟的环境，看不见、摸不着，却在无形中影响着我们的生活。在经济全球化和经济一体化的今天，西方发达资本主义国家掌握了许多互联网高科技技术。借助互联网，西方发达国家宣传资本主义"优越性"的假象，企图以此侵袭国人的思维，形成强势的跨国传播，但科技企业员工难辨真假。科技企业思想政治工作者不能改变员工关注的内容和习惯，所以应该学会引导员工关注科学的、正向的理论内容，甚至是学会发起正向的话题，去影响员工关注的内容和方式。科技企业如何正确面对内外部复杂的网络环境，并且对员工进行正向、积极的引导，是一项持续的挑战难题。

（2）网络匿名的挑战

过度自由的互联网世界，容易引起网络暴力事件。在一些网络热点事件上，网友喜欢刨根问底。在一些社会负面时间上，喜欢通过网友的合力，进行人肉搜索。如果这些具有煽动性和鼓动性网络行为超出控制范围，就会形成一边倒的过度抨击，或者双方对立争执的虚拟暴力行为。在揭露事实真相的时候，我们往往面对谣言四起的情景却无法辨认。例如，企业通过网络手段开展献言献策等调研活动时，因为匿名的方式，企业员工会比在"纸上"吐露更多。在面对这当中产生的一些无理的意见时，企业是忽略，还是面对？如何面对？如何作答？这一连串的问题，都需要相关人员做出慎重的考虑：如果果断回答了，是否会引起全体职工的非议；如果不回答，是否丧失了调研活动的价值；如果员工形成抱团的趋势，力挺某种对企业发展不利的选择，应该如何制止和引导？匿名人群是一个庞大的群体，他们的思维具有偏激性，习惯从众心理，没有自己的主见，具有动摇性特点。思想政治工作者要运用理性、科学的对话交流方式，引导匿名群体合法、正规地参与企业的意见表达环节。

（3）管理规范的挑战

互联网作为一个新兴的高科技市场，相应的法律法规难免还不够健全。很多网络行为没有明确的法律法规的约束，形成一定的法律盲区，也造成了一些企业行为的法律风险。作为当前人类的重要通信工具之一的手机，随着我国要求全面实行手机号码的实名制，主要通过手机号码来注册申请的各种网络账号也逐渐走上了实名制的道路。可见，国家和政府在互联网的监督管理行为逐渐渗透、逐渐增强。但面对全球网民基数大、素质良莠不齐的特征，通过法律途径对网络进行监管，还有很长的一段路要走。"国有国法，家有家规""无规矩不成方圆"。国家法律法规针对网络管理趋向成熟，科技企业针对自身网络行为和员工网络行为也应当有相应内部管理规定出台并落地。思想政治工作者需要主动联合本企业的相关部门，共同制定企业内部的网络实务的管理规范，有奖有罚、有章可循。如何建立一套行之有效的内部网络管理规定，对内形成网络行为约束、对外形成网络事件处理的合理化、科学化、实践化的规定，是摆在科技企业思想政治工作者面前的一道亟须解决的现实问题。

三、新媒体在科技企业思政工作发展建设中的应用策略

（一）借助新媒体创新科技企业思政工作模式

对于科技企业思想政治工作，完善的工作管理机制是重要前提，坚实有力的思想政治工作队伍是关键，源源不断的创新思想政治工作方法是重

要手段。因此，互联网环境下科技企业思想政治工作的当务之急，是借助互联网环境，应用新媒体调整国有企业思想政治工作的模式，不断完善工作管理机制，转变工作意识，推动思想政治工作又好又快地发展。

1. 借助新媒体，完善科技企业思想政治工作管理机制

科技企业的工作机制中，除应该对经营效益负责和考核外，还应当考核科技企业党组织机构完善程度和权力范围、党组织工作的体制流程和制度。笔者认为，科技企业主要可以通过互联网途径，从以下几个方面完善党组织工作管理机制，并且结合互联网会达到更好的效果。

（1）党组织生活机制

为确保科技企业能够与党和国家在思想上、行动上、方针上保持高度的一致，开展党组织生活会，研究党和国家的重大政策是必不可少的。传统的做法是，召集领导、员工举行座谈会、汇报会、分享会、学习会等实体活动。而当下的互联网环境为学习先进的党的知识，开辟了更多的可能。例如，作为我国大型国有企业之一的中国联合网络通信集团有限公司，其设有"中国联通学院"，既是负责国有企业管理人员和储备干部的培训的基地，又是面向内部员工的党校。兼备党校职责的中国联通学院，也在网站上开辟了网上党校，随时随地皆可学习，不再受到场地、时间等条件的限制，提高了员工党组织生活的参与度。

（2）党委参与决策机制

党组织在科技企业的地位，主要看其是否能在重大问题中起到良好的决策性作用。在这里需要指出的是，决策并不是剥夺国有企业的股东会、董事会等群体的职责和权力，也不是单纯地坐在会议室里当旁听观众，而是通过民主的方式实现权力制衡，规避"一言堂"的决策方式，保证决策过程合法合理，满足企业的发展需求，同时不侵犯股东甚至员工的合法权益。借助互联网工具，需要广大员工参与决策或提出意见的事项，可通过科技企业官方网站征集意见和建议；只需要科技企业管理团队做出决策的事件，可通过科技企业官方网站进行及时发布，做到广而告之。除此之外，需要保留决策意见的会议纪要、实施纲要，可通过科技企业办公平台，如OA系统进行签办和意见流转。相对于纸质文件办公和签署，网络办公在保存年限和查询功能上更加便利、高效。同时，也是留存科技企业管理团队

管理动作的最佳方法和途径。

（3）人才任用管理机制

人才队伍是科技企业源源不断向前发展的动力因素。党委要对科技企业人才管理发挥起重要监管作用，提倡任人唯贤，杜绝任人唯亲。在岗位内聘或人才外聘方面，科技企业的传统做法是通过员工推荐或者张贴招聘通知的方法。当下，科技企业可以借助互联网实现更多场景：不仅可以在企业官方网站上刊登招聘信息、人才提拔考察信息，还可以借助网络收集监督检举的邮件或者留言，确保人才招聘、录用、晋升、转岗路径的合规性。

（4）群众组织协作机制

在科技企业中，坚持党的领导下，我们还应当深刻地认识到工会组织、共青团组织、妇联组织的重要作用。互联网环境下，科技企业党委可通过微信平台、微博平台、QQ 平台，引导工会、共青团、妇联等群众组织，发挥自身的重要作用和力量，参与到国有企业发展的轨道中，为科技企业健康、快速、科学地发展贡献自己的重要力量。

（二）倡导互联网思维，转变科技企业思想政治工作意识

科技企业思想政治工作开展的好坏，总是与科技企业管理团队的重视程度密不可分。作为提升企业核心竞争力、促进科技企业改革的重要力量，管理团队的主动思考在制定本企业发展方向、动员广大职工、服务社会等可以发挥事半功倍的作用。因此，科技企业要充分发挥党组织的政治核心作用。坚持党组织对科技企业的领导地位，才能充分发挥科技企业的政治优势，才能充分发挥科技企业的核心竞争力，才能更好地推动科技企业的科学发展。

在科技企业思想政治工作越来越备受重视的今天，科技企业管理团队的意识也应当做出适当的转变。纵然如此，对于科技企业思想政治工作，既不能无所作为，也不能急躁冒进。

1. 科技企业思想政治工作要因地制宜

每家科技企业都有各自的发展领域、地区特点、时代特征。在加强企业思想政治工作中，一定要遵循因地制宜的原则，不能盲目地看到互联网对科技企业思想政治工作起到提升作用后，就照搬照抄。以目前央企为例，

国务院国有资产管理委员会将它们分为三个类别，分别是公益保障类、特定功能类和商业竞争类，因此不同类型的央企未来的改革方向的重点各有不同。例如，高科技技术领先的国有科技企业，可以建造更加酷炫的思想政治教育的网络平台，充分发挥互联网思维，制造网络热点，增加员工参与网络平台上的思想政治教育的黏性；而公益保障类的国有企业，可以重视内容方面的建设，通过手机载体形成思想政治教育文章的广泛传播。

2. 科技企业思想政治工作要以人为本

当认识到科技企业思想政治工作的重要性时，科技企业管理团队更应该冷静思考、善于分析，避免盲目整改，否则事倍功半，只会导致员工更加反感。互联网环境下，思想政治工作要遵循以人为本的原则，可借助互联网手段进行思想政治工作的调研，有针对性地开展相关的党建团建、专业培训、团队建设，绝不能生搬硬套，如通过"问卷星"平台设计的调研问卷可以生成二维码，二维码通过微信、微博、QQ可以生成手机问卷页面或电脑问卷页面，不仅提高了调研的参与度、针对性，还可以自动生成数据分析。

3. 科技企业思想政治工作要与时俱进

与时俱进，是马克思主义的重要理论品质。科技企业的思想政治工作不能直接照抄已有理论，还应该与实际情况、时代特征相结合，实现思想政治工作与时俱进。尤其是在互联网环境下，科技企业思想政治工作者需要运用创新思维，比如把看似零散的工作系统化，做到有章可循；把看似乏味的工作趣味化，从而更好地做好群众基础。

一方面，较以往的尤其是改革开放以前的传统性思想政治工作相比，当前科技企业在思想政治工作表现形式上有了更多的可能。除企业党报、党刊外，还能借助互联网形成无纸化的宣传，如在网站媒体开辟宣传阵地、借助手机微信推送手机报、借助微博即时直播党组织的活动等。科技企业管理团队、员工可以有更多方式去参与思想政治工作。

另一方面，科技企业思想政治工作看似枯燥无味，颇有"食之无味、弃之可惜"的感觉。互联网环境下，科技企业思想政治工作坚持与时俱进，应当在"趣味性"上做到提升。一是不断提升思想政治工作者自我工作的趣味。思想政治工作者作为思想政治工作的实施者，会将自我的情感感染给受教育者。因此，思想政治工作者需要定期或不定期给自己一个自我改造和自我提升的机会。这是一个需要长期持续的过程。简而言之，只有施教者感受到工作的快乐，才能把快乐带给企业员工。二是不断提升学习方式的趣味性。思想政治教育作为一门学科，不仅可以通过书本、理论、标语、党会等载体表现，还应该赋予更多生动形象的表现方式。在互联网环境下，科技企业思想政治工作者应当深度挖掘企业员工的喜好，通过结合时下新潮的社会热点，把原本枯燥而富有理论性的工作变得更加具有趣味性。比如，对于每年"两会"的热点学习，可以借鉴微博、微信等新媒体平台来进行互动等。借此，转换思想政治教育的学习方式，突出趣味性，更具备亲民化，使得理论学习更顺其自然地贯穿在活动之中。可以说，互联网真真切切地提高了学习环境的趣味性和积极性。

（三）提高科技企业政工队伍网络技术水平

1. 完善互联网环境下科技企业政工队伍的人才管理

互联网环境下的科技企业思想政治工作，拥有一支胜任的政工队伍是前提。但在很多科技企业尤其是国有科技企业会出现这些现象：没有专职的党务工作者，都是兼职兼责；认为党务工作不需要什么复杂的专业知识，谁都可以做；一些企业的党务工作都交给临近离退休的老员工；还有一些科技企业的党建工作者被习惯性归属于无发展的员工；庸俗地把科技企业的党组织、团组织、工会、妇联混为一谈，四个班子、一套人马……面对这个现实课题，我们应当建立完善科学的政工队伍的人才管理理念，不断提升科技企业思想政治工作者的岗位认知能力和工作能力。

（1）明确政工队伍的定位

科技企业要对思想政治工作队伍给予明确的职业发展规划，把思想政治工作和企业业绩放到同等重要的角色。科技企业政工队伍，对内肩负着思想政治工作，团结凝聚员工意识，贯彻企业发展方针和政策，对外肩负营造企业良好社会形象、督促企业履行社会责任的义务。科技企业应合理规划政工队伍向上发展的晋升通道和横向发展的薪酬平台。通过一系列的举措，加强企业政工岗位的吸引力，吸引优质人才源源不断地补充到科技企业思想政治工作的建设中来。

（2）界定政工队伍的任职资格

科技企业政工队伍要经过选拔后委任。思想政治工作其实也是一项具备专业化的岗位，不能随意安置人员上岗，要符合思想政治工作的任职资格。所谓任职资格是指，任职者为匹配工作所需要完成目标，所具备的技能、知识个性格等方面要求的综合。这与任职者的学历、专业、职称、工作履历、性格特征有着密切的关系。

笔者认为，一名合格的科技企业思想政治工作者应具备如下几个条件。

第一，必须是党员（含预备党员）或入党积极分子，这是胜任岗位的基本政治前提。

第二，必须对于党务工作拥有高度热忱的心态和协调能力，这是胜任岗位的主观条件。科技企业政工队伍保证自己思想不掉队，疏导心理情绪波动员工，帮助他们解开心结，解放思想、实事求是，从而促进科技企业大团队的凝聚力和战斗力。

第三，能够主动参与马克思主义理论的学习中来，这是满足岗位发展的理论动力。科技企业政工队伍要及时关注马克思主义理论的重大成果和新的表述，关心当前全球化视角下的经济形势和我国改革开放以来尤其是十八大以来的经济政策，熟知企业的动态和发展方向，在理论知识学习上源源不断、与时俱进。

第四，认同全心全意为人民服务的根本宗旨，能善于与党员和其他党派、群众互相尊重、平等友好，这是匹配岗位的工作环境需求。科技企业政工队伍要深入群众，了解广大员工的心理动态，能够充分站在科技企业发展和员工需求的角度，为企业发展着想，为广大员工办实事，充分发挥中国共产党理论联系实际、紧密联系群众、批评与自我批评的三大优良作风，维护科技企业稳定发展。

第五，勇于尝试新鲜事物，如微博、微信等，是互联网环境下思想政治工作的技术基础。具备一定的网络知识，可以帮助科技企业开辟网络为新的宣传阵地；充分发挥互联网思维，吸引广大科技企业员工主动参与思想政治教育活动，丰富教育内容、创新教育模式，从而提升科技企业思想政治工作的魅力。

（3）加强政工队伍的绩效管理

科技企业政工队伍要严格实施绩效管理，工作要符合 SMART 原则：目标必须是具体的（Specific）、可以衡量的（Measurable）、可以实现的（Attractive）、具有相关性的（Realistic）、有明确截止时间的（Traceable）[1]。"人心齐、泰山移"。思想政治工作做得好，可以凝聚全体员工的向心力，促成科技企业业绩的提升。科技企业管理者要意识到，思想政治工作也是有业绩贡献的，对业绩完成优秀的员工提出晋升或加薪，对于不能完成业绩或不适合政工岗位的员工，要及时更换。通过业绩考核，充分发挥政工队伍在思政工作方面的主观能动性。

2. 提升互联网环境下科技企业政工队伍的思想政治教育专业素质

互联网环境下科技企业思想政治工作，拥有一支思想政治教育专业素质过硬的政工队伍是关键。思想政治工作队伍要具有思想政治教育专业素质，具备一定的马克思主义理论修养，拥有正确的世界观、人生观、价值观，能够掌握中国特色社会主义理论，具有坚定的社会主义信念。作为科技企业的一员，要密切联系群众，引导群众执行党的路线、方针、政策。

提高科技企业政工队伍的思想政治专业素质有很多途径。传统课堂式学习是国有企业最常用的培训方式之一，可以一对多授课，可以邀请专家、学者等进行专题讲座。这种培训方式可以最简单直接地将理论知识灌输给思想政治工作队伍。自主式学习则有阅览理论书籍文献、在线学习等方法。其中，阅览理论书籍文献的方式，是最常规的自主学习方式。由于理论文献基本都是经过专家评审和出版认证的，所以这种方式的好处是，科技企业政工队伍可以接触到相对最科学、最规范的理论知识。思想政治工作者自学的同时，也要养成政工团队内部互相提问、互相分享的习惯。此外，科技企业应当多提供外出学习的机会，外派政工队伍积极参与上级党组织的专业培训，以便于他们汲取最先进的专业知识，把握最新鲜的专业动态。

科技企业还要学会利用多种渠道，来适时检验政工团队思想政治教育专业能力水平。例如，鼓励思想政治工作者参加上级党组织举办的外部交流活动、参加思想政治教育主题的演讲比赛、帮助他们将本企业思想政治

---

[1]　[美]彼得·德鲁克. 管理的实践 [M]. 北京：机械工业出版社，2009：152.

工作新闻报道向外部媒体报刊进行投稿、鼓励他们撰写和发表专业论文著作等。"磨刀不误砍柴工"，通过这些检验和鼓励，让思想政治工作者在实践中获取进步和提升。

3. 提高互联网环境下科技企业政工队伍的网络技术水平

互联网环境下科技企业思想政治工作，拥有一支网络技术水平过硬的政工队伍是必然需求。习近平曾强调指出："政治工作过不了网络关就过不了时代关，必须推动政治工作传统优势与信息技术高度融合。"[①] 如何能过网络关，同样是摆在科技企业面前的一个课题。

首先，科技企业应创造良好的互联网空间。随着科学技术的发展，办公网络从宽带到无线、从拨号到光纤，经历了快速迭代升级的过程。在这一进步的过程中，国有企业要不断优化自身网络资源建设和配置，为思想政治工作者提供合理的网络办公条件和环境，提供充分的硬件设施支持。科技企业应多派送思想政治工作者参加外部举办的网络技能培训，保证思想政治工作能跟得上社会进步的节奏，推动互联网思维的思想政治工作模式建立，进而提升思想政治工作的主动性和实效性。。

其次，科技企业思想政治工作者亟须促进个人网络技术水平能力提升。最灵活、最快速的办法是充分利用网络自学资源，如"网易云课堂"平台，内设"IT互联网""职场技能""语言学习""兴趣爱好"等主要分类。其中，"职场技能"模块有多种办公软件操作的教学视频，有利于思想政治工作者对基础应用的快速上手；"IT互联网"模块较为系统地讲授了计算机语言、网络软件产品的操作指南，有利于思想政治工作者对网络新生事物的迅速熟悉和掌握运用。

最后，在科技企业内的思想政治工作队伍的网络技术水平应该是互学互助、共同进步的过程。充分利用互联网产品的功能，搭建网络技术学习共享资源库，形成优质资源共享、优势能力互补、优秀人才互相激励的模式。

此外，科技企业还可以在内部开展诸如网页制作大赛、微信营销大赛等活动，一是盘活现有的互联网技术资源，促进网络技术能力的更新迭代；二是为思想政治工作者提供练兵练手的场合，活学活用、有的放矢；三是

---

① 中共中央宣传部编. 习近平总书记系列重要讲话读本 [M]. 北京：学习出版社，人民出版社，2016：252.

通过这些比赛，挖掘具备网络技术能力潜能的员工，适当引入这些员工在科技企业思想政治工作中的参与可能。

（四）应用新媒体创新科技企业思政工作方法

1. 开辟科技企业思想政治工作自媒体网络平台

关于自媒体的定义，首先是谢因波曼与克里斯威理斯两位提出的，两位于 2003 年 7 月在美国新闻学会媒体中心发布的"WeMedia（自媒体）"研究报告指出："We Media 是普通大众经由数字科技强化、与全球知识体系相连之后，一种开始理解普通大众如何提供与分享他们自身的事实、新闻的途径。"[①]简言即之，人们可以自发发表亲身所见、所闻、所感的事件的载体，如时下的微博、微信、论坛、博客等互联网社区。根据中国互联网络信息中心（CNNIC）第 48 次中国互联网络发展状况统计报告显示，截至 2021 年 6 月，我国网民规模达 10.11 亿，较 2020 年 12 月增长 2175 万，互联网普及率达 71.6%。工业互联网"综合性 + 特色性 + 专业性"的平台体系基本形成。[②]人们不再像原来那样，单方面被动接受事件，而是可以成为事件的发生者和传递者，通过自媒体网络平台，将信息传输到世界各地。

在我国，自媒体平台的基础需求基本为网络公司免费提供，其中腾讯和新浪作为我国大型互联网科技公司中的两家，提供了非常丰富的平台功能。同时，一些自媒体技术、软件，也是国有企业政工队伍可以尝试和开辟的互联网阵地。

（1）利用腾讯产品线的自媒体平台建设

①腾讯 QQ 群平台

即时通信软件平台 QQ 是我国最大的互联网综合服务提供商之一的腾讯公司旗下产品。科技企业政工队伍可借助企业员工 QQ 群，每周发布时政热点学习链接，让时政学习更加轻盈，增强 QQ 群的便捷性。QQ 空间内还设有许多小应用，如投票功能，当我们想要开展喜闻乐见的思政活动时，可以通过 QQ 群的投票活动来捕捉员工的想法和意见，增强 QQ 群的参与性。

① 刘冠群，谢正宇. 自媒体时代高校新闻网的发展困境及对策——基于国内 10 所高校新闻网的网上调查 [J]. 科技信息，2012（31）：45.

② 第 48 次《中国互联网络发展状况统计报告》发布 _ 新浪科技 _ 新浪网 [EB/OL]. https://finance. sina.com.cn/tech/2021-08-27/doc-ikqcfncc5168999.shtml.

QQ 群内还可以存储共享文件，科技企业开展的各类文化活动照片、视频，都可以通过 QQ 群上传，以供员工下载浏览，增强 QQ 群的实用性。

②腾讯 QQ 空间平台

QQ 空间（QQZone）是 QQ 账号的附带功能，可满足员工对个人关系链信息的需求，一般有 QQ 号的员工都会开通 QQ 空间权限，因此具备强大的用户基础。从传统的纸上办公，到如今的网络办公，员工上班第一件事就是打开电脑，打开 QQ，以保障工作上的即时联系顺畅可达。科技企业政工队伍可借助 QQ 空间发布企业动态、思政新闻等信息，每条信息下方均可以通过收集"点赞"和留言互动的方式，增强与员工之间的交流。

③腾讯微信平台

当下最火爆的即时通信和社交平台无疑是微信了。微信是腾讯公司于 2011 年初推出的免费应用程序，通过少量的网络流量消耗，实现即时通信服务的智能终端。微信的火爆主要有三点原因，一是腾讯自身开发了诸多功能，如"抢红包""摇一摇""打车""微信支付"等，能够满足人们的生活需求，可以迅速地抢占市场；二是微信可以摆脱笨重的电脑，借助手机为载体，加上手机网络从 2G 到 3G，再到 4G、5G 顺利覆盖的高速发展，凸显了手机便携、信息易达的优势；三是每个人都可以通过"微信朋友圈"功能自由表达观点和看法，还可以公开或隐藏，符合人们网络生活所需。科技企业员工也是主力用户群体之一。科技企业可以在微信中创建"企业公众账号"，并实现员工对微信账号的关注，增加思想政治工作的新渠道。企业公众账号的发布范围有两种选择：如果企业公众账号仅承担企业内部文化宣传职责，可以通过用户设置仅对本企业员工开放；如果企业公众账号同时承担对外形象宣传等内容，可以选择对外公开发布。企业公众账号的平台建设有两个方面：一是每日可以发布通信新闻专栏，每日至多 8 条，每日至多 1 次，可以推送企业新闻、企业文化宣传、党团活动宣传；二是利用账号对话页面进行自定义菜单设置，如关键字回复、链接其他互联网网站网页、链接其他第三方应用等。

（2）利用新浪产品线的自媒体平台建设

①新浪博客平台

博客"Blog"是舶来品，大约在 2000 年开始进入中国，是个人图文作品交互浏览和分享的网络平台。2005 年，新浪推出了新浪博客，如今每日用户访问量过数亿人次。新浪博客与 QQ 空间有类似之处。而新浪微博的优势在于，用户与用户间无需验证好友关系，也可以获取交互的博文信息，更加公开化。新浪博客的核心价值在于原创。对此，国有企业可以从两类人群入手。首先，科技企业成立自己的博客阵地，作为企业的思政天地，发布思想政治工作的相关新闻、文件、知识、通知等。为了提高科技企业博客的用户黏性，要积极发表员工撰写的文章、心得体会，让员工的心声有了官方的发声渠道。其次，鼓励科技企业管理团队成员开辟个人博客，分享管理感悟、成长历程，要充分体现科技企业管理者的思想政治觉悟，树立标杆榜样作用，对员工起到正面引导作用。

②新浪微博平台

新浪微博与新浪博客一样，是在充分借鉴和发扬了国外互联网产品的基础上创建的。早在 2006，美国的 Twitter 被认为是微博的起源。用户可以以简短的文字、图片来分享自己的动态，并供他人浏览。相对于博客，微博更具备"小而美"的优势。我国的众多互联网巨头，如新浪、搜狐、网易、腾讯都曾相继推出了微博功能，而新浪是其中表现最好的一支。由于新浪在微博大战中的一家独大，2014 年"新浪微博"正式更名为"微博"。相对于新浪博客的原创价值，微博的价值在于满足用户的兴趣需求，并以短小精悍的图文推送给用户群体。例如，利用微博开展时下热点或企业发展的讨论、即时直播思想政治教育活动动态、转载党和国家官方媒体的报道等。

（3）其他自媒体平台建设

除了常见常用的微信、微博等自媒体平台外，科技企业还可以运用主题网站、网络电台等平台、搭建手机客户端宣传途径、使用 HTML5 技术等。

利用主题网站自媒体平台。互联网时代，企业网站一定是必选动作。科技企业应在自有网站上开辟网上党校，借鉴互联网思维"O2O"模式，实现党校的线上与线下的结合，开通 BBS 论坛，实现网上网下多种交流互动渠道；建立在线学习平台，将思想政治教育纳入在线学习课程的范畴。

建立网络电台自媒体平台。利用手机载体，使用喜马拉雅电台 App、荔枝电台 App 等网络平台开通播客，从声音角度宣传国有企业思想政治工作。

搭建手机客户端自媒体平台。随着科技的发达和进步，建立自有 App

是时下热门，如中国联合通信网络有限公司，除了在网站上开辟了具备网上党校功能定位的"中国联通网络学院"，也推出了手机客户端，逐渐成为企业思政宣传和员工学习进步的工作。

使用 HTML5 技术作品传播到自媒体平台。曾经风靡的 FLASH 技术，如今已逐渐颓废。取而代之的是 HTML5 技术。HTML5 技术简而言之就是，可以在手机 App 中或网页上制作场景动画页面，实现在 web 网络上的传播，如易企秀、云来 App 等互联网软件和平台，均提供免费产品功能供广大用户操作和使用。原先需要 FLASH 花费大力气开发才能达到的效果，现在可以简单地通过 HTML5 技术实现，如将思想政治教育活动制作成微杂志、简报、通知，易于"病毒式"转发传播，实现过目不忘、耳目一新的效果。

2. 促使科技企业思想政治工作传统方法转向网络化

（1）传统宣传手段网络化

除了开辟新的自媒体宣传阵地，传统的宣传手段也可以借助网络平台实现共享。通过打通原有的封闭平台，经过网络进行各平台的连接，如科技企业内刊、党报、新闻简讯等，除了刊发印制，还可以筛选优质素材，同步发表到网络平台，实现一举两得。但切忌机械地"复制粘贴"，否则会造成网络平台的浪费。整体上，要充分发挥互联网思维的"客户导向"意识。与传统宣传手段相比，网络化后的国有企业党报、内刊、杂志在形式上要有设计感，操作上具有趣味性，内容上要有合理的推送计划。

（2）传统学习课程网络化

发展不止，学习不止。在科技企业，思想政治教育学习不仅可以出现在讲堂中，也可以出现在网络上。部分科技企业建立网上党校，推动网络思想政治教育，实现在线学习，逐渐在各大科技企业内试水，并且有逐渐扩大的趋势。目前，在线学习主要是指，企业通过互联网平台建立，点播思想政治教育课程，以实现员工可以足不出户、自由选择课程的学习平台。企业可以上传行业相关的教学视频、文件及思想政治教育相关的素材。当然，这对于教育机构组织来说，不是什么新鲜事，比如很多高校都已经建立了网络课堂，再比如我国网易公司也建立了网易公开课平台。那科技企业的线上学习与教育机构的网络课堂有什么不同，又如何做到区别化建设呢？

笔者认为如高校的网络课堂，基本是丰富课外学习的一种方式，网络课堂内的教学内容基本都已经在实体课堂上所呈现。网络课堂还可以帮助那些非该专业的学生有进一步聆听课堂的机会。此外，每所高校都会有公开课、录像课等，对于已拍摄好的课程资源，放在网络上与社会共享也是举手之劳。而科技企业的在线学习，则与高校的网络课堂大不一样。学习分数是高校评价学生的重要指标之一，而科技企业评价员工的指标是业绩，或者也可以称之为绩效。所以，在大数据时代下，科技企业通过线上学习方式来加强和改进思想政治工作，可以把在线学习纳入个人业绩考核的指标范畴中。此外，在线学习可以通过趣味性来调动员工的积极性。比如，对在线学习进行积分管理，还可以设立积分兑礼；按照在线学习课后考试成绩，设立分数琅琊榜，对成绩优异的进行奖励。优秀的课程，顺势通过自媒体方式进行转发和推荐，吸引个人回炉到在线学习平台继续深入学习。

3. 发挥互联网在科技企业员工中的引导作用

互联网是一把"双刃剑"。尤其是在思想政治工作当中，既可以成为我们的辅助工具，扩大宣传和影响范围，可谓之"神器"，但用不好，也可能招致各种困扰和麻烦。与传统媒体相比，互联网新媒体的影响力更大，传播更强，可以为不同利益群体的诉求进行表达，极其容易引起社会大众对某一热点话题的深度关注，稍有偏差，就会成为无限放大的社会问题。如何规避互联网的负面作用，借用互联网的引导作用，是我们应时刻把握的问题。

（1）建立科学的舆情监督机制

科技企业员工或多或少地在自媒体上直率地表达自己的观点和看法，而且都曝光在公众之间。政工队伍要通过多种渠道，积极关注员工的微博、微信发布情况，把握员工的思想动态和关注热点，确保思想政治工作更具有针对性和实效性。制定企业自身的使用全体员工的媒体制度，比如对于借以本企业名义促使微博加"V"官方认证的应当严格审批；身在科技企业重要岗位或敏感岗位的，其发表的状态要符合原则和企业形象。对于自我管理松散的员工发布了不良信息时，政工队伍要及时提出，并做好思想教育，不偏激、客观地解决。

其次，政工队伍还应及时查看企业自媒体信息的留言情况、回复情况、转发情况，正本清源，及时删除不良留言信息。这取决于互联网媒体的即时性，就需要我们做到及时沟通。已经造成社会不良后果的，要及时澄清和疏导。对于突发的网络舆论危机，要科学地采取公关手段。对于歪曲事实的情况，要及时反驳，努力把不良影响转向正面引导方向，确保科技企业员工的忠诚度和信任度。

最后，对于有条件的科技企业，还可以积极引入善于互联网信息监控的第三方公司来定期反馈企业舆情监测情况。定期搜索挖掘与国有企业相关联的关键词、热点动态等数据，并由第三方舆情监管公司进行大数据整理，可形成实时统计数据报表。科技企业政工队伍根据实施情况，还可以施加相应的措施。对于社会普遍关注和普遍反馈的信息，也应随时纳入思想政治工作下一阶段的工作内容之中。

（2）树立正确的网络引导方式

科技企业政工队伍要利用互联网新媒体，积极转载党和国家媒体的言论、报道，形成及时、迅速的政治氛围。我们要主动开展丰富多彩的网络主题教育，努力营造网络育人的正能量氛围。网络活动应围绕中国特色社会主义，结合中国梦教育，弘扬社会主义核心价值观。在新媒体平台上，宣传本企业的优秀员工的优秀事迹，树立榜样力量，形成示范效应。科技企业管理团队和政工队伍也应主动发表正能量言论，让科技企业的公众媒体和重要成员的私人自媒体集体联动起来。

与此同时，我们也应该清晰认识到，互联网拉近了科技企业员工的交流距离，却也疏远了实际距离。除关注线上的交流互动外，还应注重线下面对面的交流。采取访谈、走访等方式，实现线上和线下的交流互通，全方位发挥互联网的引导作用。

参 考 文 献

[1] [美] 亨利·艾伯斯. 现代管理原理[M]. 北京：商务印书馆，1986.

[2] [美] 特雷斯·迪尔，阿伦·肯尼迪. 公司文化[M]. 北京：三联书店，1989.

[3] [美] 德加·H.沙因. 企业文化与领导[M]. 北京：中国友谊出版社，1989.

[4] [美]特雷斯·E.迪尔，阿伦·A.肯尼迪. 企业文化：现代企业的精神支柱[M]. 唐铁军，叶永青，陈旭，译. 上海：上海科学技术文献出版社，1989.

[5] [美]约翰·P.科特. 企业文化与经营业绩[M]. 北京：华厦出版社，1997.

[6] 陈志. 科技型企业核心竞争力研究[D]. 北京：中国农业大学，2004.

[7] [美]埃德加·沙因. 企业文化生存指南[M]. 郝继涛，译. 北京：机械工业出版社，2004.

[8] 王向雷，文哲，李世明，主编. 企业文化战略[M]. 吉林：吉林人民出版社，2005.

[9] 张耀灿，郑永廷，等. 现代思想政治教育学[M]. 北京：人民出版社. 2006.

[10] 余仰涛. 思想政治学研究方法论[M]. 武汉：武汉大学出版社. 2006.

[11] [美] 迈克尔·布洛维. 公共社会学[M]. 沈原，等，译. 北京：社会科学文献出版社，2007.

[12] 张德. 企业文化建设[M]. 北京：清华大学出版社，2009.

[13] [美]彼得·德鲁克. 管理的实践[M]. 北京：机械工业出版社，2009.

[14] 王瑞祥. 中国企业文化建设纵横[M]. 北京：企业管理出版社，2010.

[15] 秦良州. 基于企业核心竞争力提升的企业文化战略构思[J]. 价值工程，2010（16）.

[16] 江育光. 企业文化在现代企业管理中的定位与思考[J]. 市场论坛，

2011（02）.

[17] 孔全. 对创新国有企业思想政治工作的思考[J]. 探索，2011（06）.

[18] 朱耀斌. 新时期国有企业思想政治工作研究：一个历史与逻辑分析的视角[M]. 广州：世界图书出版公司，2013.

[19] 刘光明. 企业文化[M]. 北京：经济管理出版社，2013.

[20] 谢志彬. 分析企业政治思想工作和企业文化的关系[J]. 神州，2013（01）.

[21] 刘永胜，欧日亮，王永刚等. 以企业文化建设提升软实力[J]. 中国矿业，2014（04）.

[22] 陈万柏，张耀灿. 思想政治教育学原理[M]. 北京：高等教育出版社，2015.

[23] 金鑫. 科技型企业核心员工离职现状与离职特征分析[J]. 企业技术开发（学术版），2015（02）.

[24] 李冰. 加强企业政工队伍建设的思考及对策[J]. 山东社会科学，2015（S1）.

[25] 燕波. 新常态下做好企业员工思想政治工作的几点思考[J]. 山东社会科学，2015（S2）.

[26] 师曼. 社会稳定视角下的思想政治工作创新[J]. 人民论坛，2015（36）.

[27] 朱琳. 企业政工干部素质建设的思考与实践[J]. 企业管理，2016（S2）.

[28] 佟德志. 现代西方政治话语体系的形成及其内在逻辑[J]. 国家行政学院学报，2016（04）.

[29] 宋鹏. 现代企业管理的"义利"之道[J]. 人民论坛，2017（14）.

[30] 宋慧颖. 思想政治教育视角下企业文化建设存在的问题及对策[J]. 山西青年，2017（03）.

[31] 雷佳民. 国有企业海外项目职工思想政治工作的思考[J]. 理论月刊，2017（09）.

[32] 李非，邹婷婷. 基于民生公司的传统"家文化"思想研究[J]. 管理学报，2018（10）.

[33] 赵美岚. 新时代中国企业文化塑造研究——稻盛和夫企业经营哲学的启示[J]. 企业经济，2018（12）.

[34] 徐曼，冯小桐. 新时代思想政治教育创新发展研究[J]. 思想政治教育研究，2019（03）.

[35] 李素英. 中华传统美德现代化的价值引导机制建设研究[J]. 山东行政学院学报，2019（05）.